大学生心理健康教育实践与探索

周秀艳　黄居源　屈艳红　编著

山东大学出版社

图书在版编目(CIP)数据

大学生心理健康教育实践与探索/周秀艳，黄居源，屈艳红编著. —济南：山东大学出版社，2018. 8
ISBN 978-7-5607-6131-2

Ⅰ. ①大… Ⅱ. ①周… ②黄… ③屈… Ⅲ. ①大学生—心理健康—健康教育 Ⅳ. ①G444

中国版本图书馆 CIP 数据核字(2018)第 195395 号

责任编辑：毕文霞
封面设计：赵 晔
美术编辑：牛 钧

出版发行：山东大学出版社
社 址 山东省济南市山大南路 20 号
邮 编 250100
电 话 市场部(0531)88363008
经 销：新华书店
印 刷：山东省东营市新华印刷厂
规 格：700 毫米×1000 毫米 1/16
19.75 印张 300 千字
版 次：2018 年 8 月第 1 版
印 次：2018 年 8 月第 1 次印刷
定 价：36.80 元

前　言

大学生心理健康教育是高校德育工作的重要组成部分。大学生正处于青春期向成人期过渡的重要时期，也是形成世界观、人生观、价值观的重要阶段，因而加强大学生心理健康教育工作尤为重要。大学生在成长过程中难免会遇到挫折和困难，产生心理困扰，高校心理健康教育工作者既要对个别学生的问题进行个体咨询，也要针对学生中存在的普遍问题进行辅导，更要用积极心理学的理论对学生加强引导，努力培养学生自尊自信、积极向上的心态。

本书通过鲜活的案例故事呈现出当前大学生常见的心理问题，并通过翔实的团体辅导方案、教育方案解决普遍性的问题。本书共分为两个部分：第一部分是心理咨询工作案例，分别从新生入学适应、自我意识、人际关系、生涯发展和情感 5 个方面介绍了当前大学生的心理特点、可能出现的心理问题以及通过个体咨询、团体辅导的方法解决问题的过程；第二部分是心理教育工作案例，是高校心理健康教育工作者以积极心理学理论为基础，从开展教育活动的角度，以提升大学生心理素质及能力为目的进行的实践探索，并在认真总结的基础上形成了特色活动方案。本书作者撰写的案例均具有典型性，且实用性和可读性较强。大学生从案例中可以了解到成长的困扰和解决办法，辅导员可以从中学习到专业的知识和谈话技巧,心理健康教育工作者可以参考案例中的一些专业视角。

本书是山东建筑大学心理健康教育工作者多年来开展心理健康教育与咨询的实践与探索,凝结着团队的集体智慧。主要编写人员有周秀艳、黄居源、屈艳红、张姿、刘莹、贾德芳、张庆强。其中周秀艳、张姿、刘莹主要负责案例撰写,张庆强、贾德芳负责各章导读部分撰写,黄居源、屈艳红负责教育活动案例的编辑整理工作。

由于时间仓促且作者水平有限,本书难免存在不足与纰漏之处,敬请广大读者批评指正。

作　者

2018 年 6 月 30 日

目　录

第一部分　心理咨询工作案例

第二部分 心理健康教育工作案例

第一部分

心理咨询工作案例

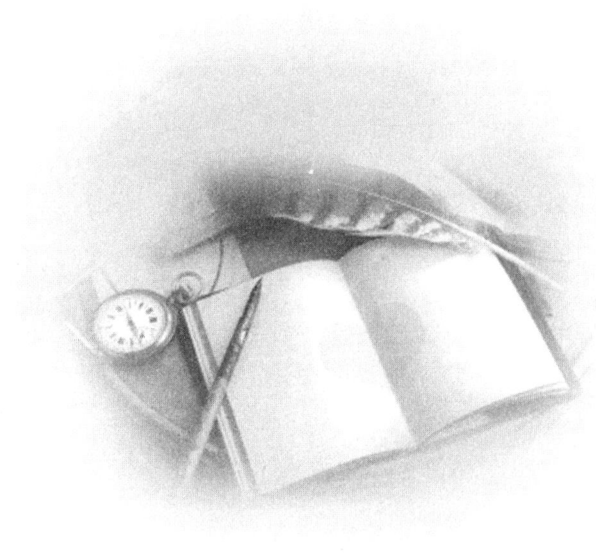

第一章　适应大学生活

导　读

人生的每一个阶段都需要一个适应的过程。那么，从中学进入大学，对于青年学生来说是一个非常重要的转折期。一般来说，这种转折对于青年一代来说是一项积极的生活事件，尤其对于个体来说，更是一个非常好的发展机会。但是，这种转折当中既存在机会，也蕴含着压力和危机。面对全新的环境，新生需要调整自我，逐渐实现个人与环境的融合。融合期间，大学生会面临内心的冲突和压力，由此导致他们在学习、生活、心理、思想等方面的不适应。高校若能及时地、有针对性地开展教育和管理工作，就能引导、帮助学生顺利度过不适应期；否则，一些学生会因为适应不良引发严重的心理问题，最终影响健康，荒废学业。

一、大学新生适应期的定义

心理学范畴上使用“适应”的概念时，通常有3个维度：一是生物学意义上的适应，即生理适应，例如人的感官对声、光、味、色等刺激物的适应；二是心理学上的适应，通常是指人们在遭受挫折后借助心理预防机制来使人减轻压力、恢复平衡的自我调节过程，相对来说，这是关于适应的一种狭义的概念；三是指个体对社会生活环境的适应，包括为了生存而使自己的行为符合社会需求的适应和通过努力来改变环境以使自己能够获得更好发展的适应这两个方面，这是关于社会适应的概念。大学新生心理适应教育主要是指高校对大学入学新生进行的适应性系列教育活动的统称。综观目前对大学新生教育的研究，理论界和实践界都十分重视，也普遍认识到了大学新生适应教育的重要性，但究竟什么是大学新生适应期，这一阶段的持续时间有多长等目前还没有达成共识。有人认为是一年，即大学新生第一年是最关键的转换期，尤其是最初的几个月是学生形成对高等教育的态度和价值，以及能否适应的关键时期；有人认为是入学到第一学期结束；有人提出“入学之初”这一模糊的概念。大学新生适应期的长短与学校环境、学生个性、性别、经历等因素有直接关系。新生心理适应的调查显示，大约70%的学生需要4～5个月的时间完成适应期，20%的学生需要大约一年的时间，还有10%的学生可能需要更长的时间。所以，我们认为大学新生适应期主要从军训结束开始至第一学期结束，4～5个月的时间。经过一学期的茫然、期末考试的考验和寒假的反思，到第二学期绝大多数学生都能从不知所措中解脱出来，基本适应大学的学习、生活，达到个体与环境的一种相互平衡。但是这种平衡，有的是良性的，即学生适应环境实现自我的发展、提升，找到了奋斗的目标和动力；有的是消极的，其适应是不争不抗，甚至是破罐子破摔，很难实现自我的发展。因此，相关学者和专家认为，高校是否能够正确地认识大一入学新生的心理适应性问题，并对其进行有效的疏导和调节，对学生接下来的三年或者四年的学习效率和生活质量，甚至整个人生都有着非常重要的意义。

二、大学新生适应期的表现

(一)对新环境缺乏理性认识导致失望、失落情绪

由于高中教育与大学教育的断层，学生入校前对高校概况、学习方式、专业设置等缺乏准确、全面的了解与认识，从一些非正式渠道了解到的信息对学生产生了误导，形成“首映效应”，造成心理抵触。新生经过激烈的竞争

才能进入大学，在高考的重压后期就会想要进行前期压抑的释放，所以此时学生本身心理就是一种不平衡的状态。如果起初在心理上就对大学充满了排斥与抱怨，在以后的生活和学习中，倘若遇到交际问题、学习障碍等情况时，焦虑心理会加重，长此以往，后果不堪设想。就拿新生所报专业来讲，有相当一部分同学报考时对所报专业缺乏认识，入学后发现所学专业的实际情况与想象中相差甚远，从而出现失望、反感、抵触情绪；还有一部分学生的专业选择是父母之命或是被调剂的，从而产生被迫接受的心理，在学习的过程中很难全力以赴，这种不情不愿的心理状态会导致学习动力不足，情绪失落。高中很多教师为激发学生学习动力，把大学描述得特别美好：优雅的环境、学富五车的大师、丰富的课余活动、自由自在的生活……以至学生对大学期望值过高，在脑海里形成了大学就是“天堂”“保险箱”的概念。可是学生入校后发现，很多事情与想象有一定的距离，学习仍然是天职，同学是来自五湖四海的精英，竞争更加激烈；燕鸟离巢，离开父母开始宿舍生活，与同学间的互动更加频繁的同时也存在地域文化的差异性，所以会有更为复杂的人际关系需要处理；教师的水平参差不齐，教学方式各式各样，教学理念不尽相同等等，理想与现实的差距使大学新生一时不能适应，产生沮丧、悲观、失望的情绪，造成心理抑郁。

（二）对学习不适应导致学习热情降低，信心丧失

满满当当的课程表、反复挖掘的教材、无时不在身边辅导的老师是大学之前学校生活的真实写照，是在老师的引导和辅助下的单一学习模式。步入大学，新生面临的是知识量激增，课余时间增多，自学成为主导等全新的学习模式，从而出现了很多的不适应，大致体现在 3 个方面：第一，对大学学习目的和学习目标适应不良。大学新生不清楚大学期间的学习目的，其学习目标缺失或模糊。可以说，很多学生从上学以来就没有弄明白学习目的、学习目标和学习方法，学习目的模糊或者错误，学习目标片面而单一，学习方法机械、陈旧，学习效率低下，学习成效甚微。学生长期生活在“三点一线”（家庭—教室—寝室）和“一个中心”（升学考试）的应试学习中，业余爱好和文化需求被遏制，天性遭到压制，心理和生理健康受到了极大影响。有的家长和学校还会给学生传递极其错误的思想和做法：“上了大学就可以好好

地玩耍，没有人管你。"这样一来，许多新生抱着"尽情玩耍""终于没人管"的心态进入大学，理想信念缺失，学习目标模糊，机械式应付学习任务，课前不预习，课上不认真听课，上课玩手机，课后不复习，考试临时抱佛脚，对考试完全没有信心，考试时冒险作弊。第二，对大学学习方法适应不良。许多新生缺乏学习的自主性和探索精神，机械与被动性学习，学习效率低，学习成绩不佳。许多新生不会学习，总希望大学老师能像中学老师那样灌输知识，不愿意主动地探索，依赖性过强，死记硬背，不注重知识内涵的理解，抓不住知识重点，课后也不去归纳和总结。学习方法不适应，"听不懂，学不会"，兴趣降低，自信心不足，克服困难的动力不强。针对这一现象，学生会逐渐地形成分化，一些人积极改变学习方法消除了学习方法的适应不良；而另一些人，长期处于学习方法适应不良，学习状况恶化，成为补考或重修"专业户"。第三，对大学考试方式适应不良。大学新生入学前适应了应试性经常性考试方式，入学后每门课每学期仅考一次，结果平时学习过程中放得过松，应考准备不够，导致临考时应对不足。大学考试方式与中学不同，也使得新生考试适应性困难增加。中学考试重理论笔试，大学考试综合性强，注重理论和实践综合素质的考查，考试涉及面广，包括专业知识、思想政治、文艺才能、组织管理、专业理论及实践能力等。大学新生对大学考试方式适应能力存在个体差异，表现为综合素质不同的新生，其学习成绩可能存在很大差异，这是新生专业学习两极分化的根本原因。综合素质高的新生能很快地在学习活动中脱颖而出，受到周围人群和老师关注，自我价值感高，学习动力强，自信心充足，学习状态较好；反之，综合素质较差，只会埋头读书的新生很少有机会展现自身才能，自我价值感较低，学习动力弱，自卑心理较突出，学习状态较差，这部分新生更容易表现出学习适应不良。宁波大学心理研究所的一份调查显示：80.1%的新生不知道在大学里怎样学习；50.9%的大学新生在老师没有布置作业的情况下觉得无事可做。缺乏明确的学习目的，缺乏自学的意识与能力，找不到合适的学习方法，对大学的教学方式不能适应，难以接受大学的师生关系等，学习上的不适应成为大学新生面临的最大、最突出的问题。

（三）对自我认识不足导致自卑、不自信

高中生的主要甚至说全部任务就是学习，根本无暇顾及其他。进入大学后，生活变得丰富，独立思考的时间增多，相互间的竞争因素增强：看到有演讲、音乐等方面特长的学生表现自己，一些只埋头学习的学生就容易产生自卑感；家庭经济困难的学生也会担心别人瞧不起自己。据调查，新生最大的心理问题就是自卑，他们非常敏感，别人不经意的眼神也会让他们胡思乱想一通。为了避免别人关注，他们将自己“武装”起来，做事畏首畏尾。进入大学后，原来的人际关系被打破，新的关系还没建立，虽然渴望友谊，但由于不自信，不愿意主动与他人交流，不喜欢在公众面前表现，导致不能很好地处理人际关系，缺乏知心朋友而感到孤独。为了排遣压力，调节情绪，一些学生会在虚拟的世界寻求慰藉，导致沉溺于网络，一发不可收拾。在中学时期的佼佼者，来到大学才发现人外有人。有些同学傲气受挫，郁郁寡欢，巨大的心理落差还有可能产生非常消极的想法，比如厌世和自杀。一般来说，大学生自我的认识与评价通常高于别人对自己的评价，尤其是新生，对他人的评价极其敏感，很在意别人对自己的看法。当别人对自己的评价过于低的时候，很难接受，心理就会产生强烈的不平衡感，因此而苦恼、不自信、不知所措或者怀疑自己。

（四）从小的习惯养成导致自我管理能力差，角色转变慢

进入大学后，学生首先面对的就是独立，要从被动管理向自我管理转变。新生要从非独立生活过渡到学会独居和共处，地域、文化、生活方式的差异都是新生需要面对和克服的问题。有些新生一方面独立意识较强，希望独立自主地支配个人生活，但缺乏独立生活经验，依赖性强，面对丰富多彩的校园生活无所适从；另一方面，渴望生活在集体中，获得团体归属感，但又希望保持自己独自的生活习惯和生活方式，遇到困难希望别人主动关心和帮助自己，而自己却不知道也不会主动关心别人。大学新生特别是男生进入大学后都有一种想彻底放松的想法，经过一段时间的放松后，他们又会感到空虚无聊，希望认真学习，但是从小习惯被管理的大学生却经常“管不住自己”，导致第一学期大量不及格现象的出现。此外，大学生知识的积累、素质的提升大部分都是在课余时间完成的，但一些学生不知如何有效利用课余时间，对时间缺乏科学的安排和规划；部分同学虽然意识到了时间的宝贵和课余时间提升素质的重要性，并且制订了相应的计划，但由于自控能力

差等因素不能很好地执行。生活方面，许多独生子女上大学之前从来没有打理过生活琐事，一下子很难适应这种无人管理的生活状态，自己也不会支配时间和金钱，久而久之在大学校园里变得自由散漫，生活没有规划，花钱大手大脚，经常入不敷出。自控能力差，时间管理能力欠缺导致很多学生迟迟不能转变角色，一时难以适应大学生活。

（五）情绪管理能力差，导致人际交往不融洽

大学同学来自五湖四海，地域风俗、语言、家庭结构、价值观、性格爱好和行为方式都不同。开学伊始，大家互不相识，同学之间的友情尚未稳定，大学生离家远，自尊心又强。离家的不舍，对父母的思念，生活上的不愉快、孤独感、交往困境等等都不愿向他人倾诉。已有的一系列研究表明，情绪表达行为作为情绪的突出外在表现，不仅仅是个体情绪和社会性发展的重要评价标准之一，还具有适应性的功能。情绪表达对于促进人际关系和谐，减少压力，促进心理健康有着重要意义。人际关系，即人与人之间的关系，是人类社会生活的一个非常重要的方面，更是大学新生心理适应内容的主要方面。在大学里，人际关系的特点之一是师生关系比较淡薄。新生适应期的同学情也比较淡薄，同学们被分配在同一个班级，但是由于一些大学扩招后，教室较为紧缺，基本没有了固定的教室，大学生们自由支配的时间比较多，很多同学都各忙各的，大家聚在一起交流的时间少之又少。进入大学的新生在新的人际关系网还没有建成之前，视野内的同学大都没有交情，他们常常在心理上感觉很孤独，内心的很多不愉快无法释放，无处倾诉。与中学相比，大学恋爱自由，大多数同学都想要在大学找一个伴侣。这就面临着和伴侣相处的压力，甚至是伴侣的人际关系带来的压力。如果处理不好，与伴侣分手则会产生更大的孤独感。大学新生对亲情、友情、爱情和交情缺乏深入了解和分析，往往平衡不好相互间的关系，遇到挫折和困难时情感控制能力差，思想和行为表现得比较冲动，释放情绪的方式不适当，不容易为他人接受，容易影响人际关系。人际关系就像一张无形的网，笼罩着每一位大学生，如果不能适应并处理好新型人际关系，可能会导致心理问题的出现。

三、大学新生适应期教育引导策略

(一)加强对新生适应期及新生教育的重视和研究,学习国外成熟的教育引导模式

近年来,我国教育部门和各高校对新生适应教育重视程度不断增强,也出台了很多的政策,但比较零散,尚未形成系统的教育体系;学界特别是学生工作者对大学新生的适应教育研究也有所加强,但研究内容重复性大,对不同地区、不同学校学生的特点考虑不足,实践探索不够,提出的对策表面化、形式化。其实,大学新生适应问题不是我国独有,西方对新生教育的研究与实践已经形成了比较成熟的体系。新生教育在美国作为一个实践性很强的学生事务功能领域,其理论、职能、体系随着高等教育大众化、普及化而日益完善。美国的新生教育有专门的协会和理论研究机构,制定了新生教育的专业标准,有专门的新生事务工作者,新生教育已经有了相对“独立的地位”,大学新生教育已经走向了专业化的发展道路,这些都是我们可以吸收借鉴的。随着我国高等教育大众化、普及化的到来,入学门槛降低,师生比提高,就业难,这些都给新生教育带来了困难,也就更需要加强对新生适应期以及教育的重视和研究。

(二)加强大学新生心理健康教育,完善心理健康教育体系

在新生心理适应教育中,心理健康教育地位不容忽视,这是社会各界的共识,更是做好新生适应教育的基础。根据当前大学新生心理适应教育中存在的问题以及存在问题的原因分析,需要进一步加强和改进当前我国高校的大学入学新生心理适应教育。当前我国大多数高校将新生心理适应教育放在开学第一周,试图通过这一周的心理适应教育就达到让新生适应的目的。从目前的新生心理适应状况来看,这似乎是不可能的,而且取得的效果也不佳。所以要想从根本上改进大学新生心理适应教育,首要解决的问题是从理念上对新生心理适应教育进行彻头彻尾的改革,打破大学入学新生心理适应教育仅限于入学后第一周的入学教育的局限。将新生的心理适应教育延长,然后有计划地从学生们的学习、生活、交际等不同方面持续而逐步深入地、潜移默化地积极进行,引导新生更好地适应大学生活,更加健

康而充实地成长。倡导以学生为本，服务学生的教育理念。从年龄结构上来看，以后的大学新生都是“00后”，应根据“00后”学生的心理变化以及社会的要求不断探索并创新大学新生适应教育的理念。教育的要求是以学生为本，所以大学新生心理适应教育也应该明确其目标，创设以学生为本，服务学生的教育理念，使之在实践过程中更具实用性和可操作性。倡导以学生为本，服务学生的教育理念的同时，努力做到层次性、专业化教育，践行以学生为本，服务学生的教育理念，满足大学新生在适应大学生活和学习过程中各种不同的需要。

（三）通过新生心理测评、思想调研等了解掌握新生特点，有针对性地开展工作

要开展新生教育首先要准确掌握新生的思想和心理状态与特点。同一时期大学生的思想心理特点会有很大的相似性，但不同地区、不同学校与专业的学生会有所差别，我们不能人云亦云，或想当然地取来用之。没有调查就没有发言权，新生入学后特别是军训结束后通过心理测评、思想状况调查问卷、研讨、访谈等方式来采集相关信息，尽可能全面地了解新生的信息，掌握新生思想、心理的变化特点，从而有针对性地开展工作。建立良好的心理健康教育校园文化是重要的教育资源，对学生有着潜移默化的影响和引导，具有滴水穿石的力量。营造一个乐观、积极向上、尊重、友善、宽容、朝气蓬勃的心理健康教育环境对学生心理健康成长是大有帮助的。大学新生在不适应问题上迫切希望有良师益友，得到他人的理解和亲近。学校要在构建和谐校园主题下，组织一系列丰富多彩、学生喜闻乐见的心理教育活动，使新生从一开始就在健康活泼的教育活动氛围中尽情展示自我和发展才能。一方面可以增进师生、同学之间的了解和友谊，提高同学间的亲和力，增进同学间的相互关系，推动群体中互助互爱的精神。新生在这样的环境中生活充满乐趣，一些不适应也自然而然地淡化以至消失。另一方面让新生在新的人际环境中找回失落的“自我”，有效排除因不适应而引起的内心冲突和矛盾。最重要的是可帮助学生克服“自我中心”倾向，培养其团队精神。

（四）导师制加研讨课，使新生教育走向科学化、规范化、专业化

思想政治教育、心理健康教育并非只是辅导员和心理咨询教师的工作，

大学是一个有机的整体，其本质就是育人，而且是全员育人。一些高校为此实行了专业导师制，针对学生差异因材施教，指导学生的学习、生活；学校领导和机关干部联系班级制度，让学校领导和干部“走进学生，了解学生，贴近学生”，更好地为学生服务，发挥全员育人的教育理念。目前，本科生导师制的运行主要是导师定期或不定期地与学生见面，询问学生的学习、生活、思想情况。整个导师制的运行主要靠教师的自觉，效果如何主要取决于导师的责任心。借鉴美国的新生研讨课，结合我国的实际，笔者认为以“习明纳”(Seminar)的形式将导师与学生联系起来，导师以所学专业或通识知识如形势政策、心理健康、社会学等为主题与学生互相沟通交流，在这一过程中，学生自主选择课题、搜集资料、整理资料、撰写文章以及交流汇报，让他们了解科研的整个流程，以此培养新生自主探索的学习能力和学术研究能力，同时增强他们的沟通交流能力和批判性的思维能力，使大学新生尽快地适应大学的学习和人际交往。另外，在大学新生适应期，适应较慢的往往是性格比较内向的学生，学校和学院组织的各项活动他们往往没有自信参与，可通过小规模的研讨，让他们带着任务参与到习明纳的讨论中来。研讨是师生双方的互动，是师生双方平等的沟通交流与学习，有助于他们克服胆怯，逐渐树立自信。同时，在研讨会上的发言和参与讨论，也会督促他们在课余时间看书、查找资料，有助于培养自学能力和时间管理能力。导师制的效果不能仅仅依赖导师个人，更需要加强对整个辅导过程的规范和监控、考察。

(五)提高思想政治教育队伍素质，拓宽教育渠道，加强对新生的思想政治教育

大学生正处于人生观、价值观不成熟、不稳定的时期，从思想政治教育的角度来说，这是占领大学生思想阵地的最佳时期。思想政治教育的内容一方面是理论上的，主要通过课堂讲授，另一方面是通过情感体验、道德实践去了解的。其中，思想政治教育理论能否被同学所认可、接受，主要与授课教师的“水平”有很大关系。以北京几所高校新生为研究对象的调查显示：对“两课”(马克思主义理论课和思想品德课)“根本不感兴趣”的学生占23.84%，对“两课”的兴趣“视教师的水平而定”的学生占68.23%。其中，62.5%的学生对“两课”不感兴趣是因为“理论枯燥，实践少”。大学新生对

思想政治教育的要求是比较高的，他们并不满足于照本宣科地重复教材的内容。大学新生的思想政治教育需要由理论素养高的教师来承担，深化思想政治教育内容，给学生更多的思考。因此，高校应重视并加强思想政治教育队伍的培养培训，提高思想政治教育队伍的素质。此外，俗话说“知易行难”，理论只有与实践结合才能深化认识，实现创新。选择大学新生关注的内容，采用社会调查、志愿服务等形式，让他们在参与实践中体会，在实践中思考，在实践中开拓创新。

（六）发挥朋辈的榜样示范和互动作用，提高大学新生的自我效能感

大学新生进入新的环境，容易对自己认识不清，对自己是否有能力完成某一行为不自信，即自我效能感低。低自我效能感的人遇事不够理智，缺乏恒心、信心，逃避挑战，对生活的自我控制感低，容易自暴自弃，这是大学新生迟迟不能适应大学生活的一个重要原因。因此，提高大学新生的自我效能感对于大学新生缩短适应期有重要影响。阿尔伯特·班杜拉（Albert Bandura）的自我效能感理论认为，替代性经验即观察他人的行为获得的间接经验是影响自我效能感的重要因素。当一个人看到与自己能力相近的人成功时，就会增强其自我效能感；而当他看到与己相近的人失败，尤其是付出努力后的失败，则会降低自我效能感。当一个人对自己某方面的能力缺乏现实的判断依据或知识时，这种间接经验的影响力就更大。同时，朋辈之间共同语言更多，也更容易互相敞开心扉交流，大学生在遇到困扰时也更愿意找朋友倾诉和寻求帮助。在大学生中树立成功的榜样，特别是本学院本专业的榜样，通过宣传栏、主题班会、交流会等发挥他们的影响力，能够增加新生的自信心，提高他们的自我效能感。可实施“一带一班”模式辅助教育，也就是一个学长辅助一个新生班。通过高年级学长与新生开展对接，实现贴身式的对口沟通、帮助和引导。因为年龄相仿，经历相当，学长与新生之间交流沟通非常有效，可使新生在最短的时间内熟悉大学学习和生活环境，及时掌握大学学习、生活的基本规律及校园规章制度、教学教务管理，科学规划自己的理想目标和大学各阶段的目标，充分激发适应新环境的自主性和积极性，迅速融入新的环境，开始新的生活。

（七）进行发展性心理辅导，培养大学生发展意识

发展性辅导是在人本主义心理理论的引领下，以人格结构五因素模型

和毕生发展心理学观等为理念框架，采用班级辅导、个体辅导、小团体辅导等多元的辅导措施，并通过支持、保障等网络系统，提供一些对学生成长必要的经验，以达发挥学生的自我潜能，完善个人人格之目标的辅导活动。学校的心理辅导目标可以归纳为两个方面，第一是学会调适，学会正确对待自己、接纳自己，化解冲突情绪，确立合适的志向水平，保持个人精神生活的内部和谐；第二是寻求发展，就是引导学生认清自己的潜力与特长，确立有价值的生活目标，负起生活责任，扩展生活方式，发展建设性人际关系，发挥主动性、创造性以及作为社会一员的良好的社会功能，过积极而有效率的生活。

高校发展性辅导内容可分为学习辅导、人格辅导和生涯辅导三块内容。学习辅导主要是通过课堂讲解、学科渗透和校园文化活动等各种途径，将学习内容传授给学生，让学生将所学知识运用到实践中。人格发展与认知学习有密切的关联性，并且唯有认知与人格发展达成平衡，才能使学生的潜能达到最大限度的发展。人格辅导主要是在辅导中帮助学生认识自我，提升自我概念；从学生与成人的沟通、学生的同伴沟通两个方面出发，提高学生的人际交往技巧；了解情绪，合理调控情绪；帮助学生理清价值观与理念，自我负责，增进沟通，提高解决问题的能力。生涯辅导的内容包括培养学生的生涯抉择意识，帮助学生树立正确的自我概念，增进学生对职业世界的了解，培养学生的生涯规划与生涯决策能力，全方位培养学生的发展意识。

案例1　分离莫焦虑

开学了，多数新生在家长的陪同下陆续来校报道，开始了崭新的大学生活，他们对此充满了希望，充满了激情，于是在建筑大学美丽的校园里随处可见他们喜洋洋和忙碌碌的身影。但忙碌和喜悦之后，父母离开时，有些新生就陷入了焦虑……

一、案例基本情况

（一）基本资料

小林是今年刚入学的大一新生，入学一个月以后持续情绪低落，而且经常伤心落泪，舍友担心她，陪同她前来咨询。

（二）自述

小林说，9月8日父母陪同她一起入校，刚入校的几天还挺开心的，可是过了新鲜劲之后就开始想家了，越想越难过。本来以为习惯几天就好了，可是一个月过去了还是如此。小林说，刚入学时还挺开心的，因为自己从未离开过父母，收到录取通知书后很兴奋，期盼着赶紧开学，因为终于可以自己独立生活了。可是事情并没有想的那么简单，这是一个全新的环境，周围全是陌生的面孔，而且大大小小的事情都需要自己处理，这让自己感到无所适从，因为之前从未做过取钱、洗衣服、联系老师等等这些事情。一旦遇到一点小问题，就有些不知所措。小林说，前几天舍友错用了小林的热水，导致她晚上没有热水洗脚，为此她就跟舍友大发脾气。后来跟妈妈打电话，妈妈告诉她这样做不对。之后小林跟舍友道歉了，虽然舍友们也都原谅她，理解她了，可是她还是觉得无法适应宿舍生活。于是她就开始疯狂地想家，一给妈妈打电话，眼泪便无声息地落下。她说，家现在成了她最向往的地方。想着家的温馨，她都有一股提着书包跑回家的冲动。理智告诉她，要坚持，但坚持让她很痛苦，并且整日处于情绪的低谷状态，也不能够很好地适应宿舍生活。

（三）问题形成过程

小林是独生女，家庭条件较为优越，从小受到父母和爷爷、奶奶的精心照顾，上大学之前从未住过校，生活上从未独立过，也未遇到过挫折。因为各方面较为优越，学习成绩也好，小林从小有些骄傲，放学后一般都回家弹钢琴、写作业等，很少和小朋友一起玩耍。

二、案例分析

小林遇到的问题在新生入学后的一段时间内很常见，这是由于对家的情感和生活过度依赖导致的分离性焦虑，离开了父母的臂膀，难以适应独立的生活，以及对新的学习方式、宿舍人际交往等方面的过度焦虑。所谓分离性焦虑，指的是当预期或与其依附的对象分离时，出现与其发展年龄不符或程度上过度的焦虑现象。表现为因害怕分离，持续不愿或拒绝上学，害怕或不愿独处，不愿睡觉或反复做噩梦等。分离性焦虑一般伴随心理上的无助感和挫折感，这些情绪长期存在会诱发自我评价低，人际关系不良，甚至厌学等，所以需要及时求助心理老师。

三、咨询过程

本次咨询主要运用 OH 卡牌作为工具与来访者小林进行了咨询。OH 卡牌是一种比较灵活适用的咨询辅助工具，借助卡牌，来访者能够很快理解自己的问题并能够意识到解决问题的方法和资源。

OH 卡牌也有人叫“OH 潜意识投射卡”，由一位在加拿大攻读人本心理学硕士的德国人莫里茨・艾格迈尔(Moritz Egetmeyer)和一位墨西哥裔的艺术家伊利・拉曼(Ely Raman)共同研发，是一种由自由联想卡及潜意识投射卡组成的系统。OH 卡牌一共 176 张牌，由两组牌组成。其中一组是图画卡 88 张，包含了我们生活各个层面的水彩画图案。另一组是引导卡 88 张，上面有文字，可以作为这些水彩画图案的背景。当选择任意一张图卡放进任意一张文字卡，那么就会有 7744 种不同的组合情况。OH 卡牌的字卡反映出角色互动和情欲投射的情绪反应。

OH 卡牌不同图案和文字的组合，可以刺激人们发挥创造力和想象力，促进认知，增强自我觉察，亲近自己的潜意识，从自己的想法里探究到真实的心理，并且可以自我治疗。人们也可以借助 OH 卡牌来发现、了解、训练自己的倾听和理解能力，增强自己真正听取别人意见的能力，避免批判或竞争的心态。同时，在尊重和保护私人隐私的情况下，也可以借助 OH 卡牌交流感情、观念、心理，帮助来访者发现自己的盲点，从而使来访者最终自己找到解决困惑的途径和方法，也就是发掘自己的潜能。

运用 OH 卡牌一般围绕 5 个问题展开探索：①图卡中你看到了什么？②在这个画面中，你在哪里？(或画面中的人或物是谁?)③画面中的人或物跟你有什么联系？跟文字有什么联系？④以“我”开头说一段话或编一个故事，把画面内容和文字内容串在里面。⑤这幅画面和文字跟你的困惑有什么联系？（你做这样的解读背后意味着什么或能给你带来什么？）结束时也可展开探索，比如现在的心情怎么样？你对你的困惑有什么新的认识？你还愿意抽牌吗？带着问题看到的是什么？解决方案是什么？

咨询过程中运用卡牌引导来访者呈现问题，理解问题，并思考解决问题的方法。共运用3次，其中前两次都是问题牌，最后一次是策略牌。

1. 呈现问题

【对话节选】

咨询师：请你先闭上眼睛，摸摸这些牌，然后从两行牌中分别抽取一张。

来访者闭上眼睛并且分别抽取了一张牌。

咨询师：现在请睁开眼睛看看你的牌。你看到了什么？

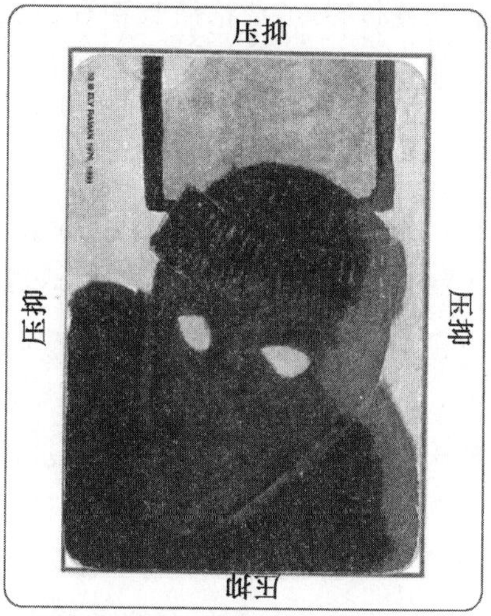

图1-1　第一次抽取的OH卡牌

来访者：一个恐怖的人（见图1-1）。

咨询师：将这张牌放在字卡上面，你看到了什么？有什么感受？

来访者：字卡是“压抑”，看到这些我更压抑了。

咨询师：嗯，你感到更压抑了，为什么呢？

来访者：这个黑黑的人物，我看上去很不舒服。

咨询师：这让你想到了什么？

来访者：我很怕黑，我想让妈妈陪在身边。

咨询师：看着这张牌，你还想到了什么？

来访者：我觉得这好像就在我的宿舍，很压抑，环境和人都很压抑，我很不舒服。

咨询师：你说在宿舍里很压抑，很不舒服，那我想知道宿舍里什么人或者物让你不舒服了？

来访者：宿舍里有一个人我很不喜欢，她长得很魁梧，说话声音很大，她总是影响到我。

咨询师：卡牌上的这个人像她吗？

来访者：有点像，但是好像也没有这么恐怖。

咨询师：嗯，那接下来你还想抽一张卡牌吗？

来访者：嗯。

2. 理解问题

【对话节选】

咨询师：带着你的问题再抽一张卡牌。

……

咨询师：你看到了什么？

来访者：一个乌龟在沙滩上悠闲地爬着，而且是在成功的字卡背景下。这是我喜欢的状态，我喜欢一个人悠闲地呆着，我不喜欢有很多人和事务(见图 1-2)。

图 1-2　第二次抽取的 OH 卡牌

咨询师：你的感受是什么？

来访者：我感觉很舒服，很自在。

咨询师：结合你的问题，你有什么感觉？

来访者：如果在学校里我能够自己住一间宿舍就好了。

咨询师：你的这个想法你觉得怎么样？

来访者：肯定不现实啊。

咨询师：那你准备怎么办呢？

……

3. 解决问题

【对话节选】

咨询师：现在结合你的问题，请你抽一张解决问题的牌。

……

图 1-3　第三次抽取的 OH 卡牌

来访者:老师,这个怎么是我的解决办法呢?

咨询师:你感到很疑惑。你看到了什么?

来访者:自由?追求爱情?(见图 1-3)

咨询师:再看一看,你感觉到了什么?

来访者:在蓝天白云下一只鸟自由地飞翔,有些心旷神怡的感觉。

咨询师:结合你的问题,你想到了解决问题的办法吗?

来访者:(沉思了一会)我好像太计较一些小事了。看着蓝天白云,看着这只鸟儿自由地飞翔,我感觉心里很放松,突然有一种退一步海阔天空的感觉。

咨询师:这种感觉怎么样?

来访者:老师,我觉得是不是眼光放长远一些更好?

咨询师:很好,说说看。

来访者:其实我只是在宿舍里生活得不舒服,在狭小的空间里,那么多人住在一起,有很多人的行为、习惯我都不喜欢。可是这几天我也慢慢地发现,我越是关注这些,我就越陷在里面出不来。今天我看到这张策略牌时,我真的有一种心旷神怡的感觉,我想如果我把精力放在学习、看书这些事情上,可能对其他小事关注的就会少一些。老师,你说对吗?

咨询师:你能看到这些,有这样的想法,我觉得你非常棒,我相信你可以做到。

四、咨询效果

咨询进行了 3 次,最后一次咨询后小林很开心地离开了咨询中心。后经过回访,了解到小林能够适应宿舍生活,虽然和舍友之间还经常有些小摩擦,但小林已经能够正常上课,并且经常泡在图书馆学习。相信小林能够逐渐适应大学生活,能够逐渐学会接纳他人。

五、关于案例的思考

如何顺利度过“第二断乳期”?

从中学进入大学是人生中重要的转折阶段,要离开父母,远离家乡,并面临着环境、学习方式以及价值观、理想信念方面的一些根本性变化，所以也是人生的“第二断乳期”。如何顺利度过“断乳期”，尽快地适应大学生活，这里给新生们几点建议：

一是要积极主动地适应环境。适应环境首先要了解环境，尽快了解校园环境、周围生活环境，比如了解学校不同功能的教室、办公室、心理咨询室的位置及开放时间等，熟悉学校周边的书店、银行等服务场所，以便自己做出更好的生活安排，以积极的心态去主动适应环境。学会调整自己，改变自己。改变会让人在变化中成长并逐渐成熟，从而使人能更好地适应新环境、新生活。这也是对自己应激能力、承受能力等的锻炼提高。

二是不断提高生活上的自理能力。生活自理能力反映了一种对生活的态度和对其他人的尊重，我们应该学习和掌握一些必要的生活自理能力，逐渐从依赖别人的生活方式转变为独立的生活方式。要让自己养成相对有规律的作息习惯和良好的饮食习惯，不随便熬夜，不暴饮暴食，每天坚持体育锻炼，以保证自己有一个健康的身体。否则，生理上的疾病痛苦和不适感容易导致新生心理上的脆弱，引发消极情绪并进而影响适应。要让自己学着处理一些最基本的生活问题，学会照顾好自己，学会理财，使消费更加合理。还要加强对钱物的保管，以避免不必要的损失影响情绪。

三是要充实生活，享受生活。大学生活是丰富多彩的，新生可以通过各种方式让自己的生活变得充实，比如参加喜欢的社团活动，阅读喜欢的书籍，欣赏美丽的校园等。总之充实的生活会让人充满能量，这种能量会帮助新生抵挡负面的心理情绪。

四是给自己设定目标。新生入学后往往会有意放纵自己，导致目标、理想、方向的迷失，这也是诱发心理问题的症结之一。

案例 2　爱上我的专业

一、案例基本情况

（一）基本资料

何某，男，19 岁，某工科专业大一学生，家中独子。父母以务农为生，家庭条件虽不是十分富裕，但也不用为生计发愁。进入大学后，父母对其不再严加管束。何某高中成绩优异，进入大学后成绩一落千丈，经常旷课，与班内同学交流不多，社会支持系统较薄弱。

第一印象：衣着较为不整，发型凌乱。举止懒散，说话声音小而无力。语言表达清楚，逻辑思维连贯，自知力完整。

（二）自述

从小到大，家里给自己设立的目标就是考大学，这也潜移默化地成为了自己的追求。高中时学习压力非常大，老师鼓励我们上了大学一切都会好了。可当自己寒窗苦读迈入大学门槛，却发现大学并不如此。上大学两个月了，自己没有一天是开心的。尤其是在专业学习上，一上课就精神紧张，集中不了注意力，听不懂老师讲什么，下课也不好意思请教同学，这直接导致自己越来越不喜欢自己的专业。自己成绩差，没有转专业的机会，想退学又不敢跟家里说，担心父母受不了这么大的打击。内心对父母也有深深的怨念，当初在报考大学的时候，由于自己的高考成绩非常好，父母就坚持让自己报考本校录取分数线最高的土木工程专业，因为录取分数线高说明这个专业好，有前途，学这个准没错。自己稀里糊涂就这么报考了。反正自己也不喜欢这个专业，上课也听不懂，后来干脆不去上课也不做作业，一直就在宿舍待着，玩玩游戏，看看电影，吃饭就叫外卖，一周都可以不出门。班长、舍友试图劝过自己，但看到自己依旧我行我素便不再理睬。现在自己没有什么可以倾诉的朋友，和舍友、同学都是表面的客套。自己非常苦恼，表面上云淡风轻但内心已风起云涌，十分焦虑，想改变现状，故前来求助。

二、案例分析

（一）评估与诊断

来访者主客观统一，知、情、意协调一致，有主动求助行为，故排除精神障碍。来访者心理冲突的时间有近期发生而不太持久的特点，问题的内容尚未泛化，其反应强度虽强烈，但并没有影响思维逻辑性，尚能带着症状维持正常的生活，属于一般心理问题。来访者性格内向，缺乏独立思考，较难适应新的环境和学习内容、学习方式，继而产生焦虑、厌学情绪，属于典型的新生适应不良综合征。

其问题主要表现为：对所学专业不认同，产生了厌学情绪，学习适应不良；意志薄弱，面对挫折缺乏勇气和信心，抗压能力差；性格内向，不善交往，遇到困难缺乏有力的社会支撑。

（二）原因分析

1. 缺乏系统的职业生涯教育

高中阶段，由于学校没有开设职业生涯教育类相关课程，何某私下也未对各类学科、专业进行过任何了解，缺乏系统的职业生涯教育和职业生涯意识。因此，在专业选择上没有充分考虑自身的兴趣、性格、潜能和优势，也没有对所学专业进行全面了解，一味听从父母建议草率报考现在的专业，在遇到学业困难后将挫折归咎到专业上，产生了对专业的不认同感。

2. 缺乏对人生的整体规划

从小到大，何某的目标只有一个，那就是好好学习考大学。然而考上大学的长期目标实现后，便失去了目标，陷入迷茫状态。他由于缺乏对人生的整体规划，不知道未来自己何去何从，同时在问题出现后，没有及时调整自身建立新目标，一遇到学业困难便失去了坚强的意志，这些都是没有新目标的指引导致的。

3. 缺乏有力的社会支持系统

社会支持理论强调，社会支持的力量越单薄，一个人应对环境挑战的能力就愈加薄弱。何某性格较为内向、孤僻，不愿与人交流，在遇到内心冲突后，缺乏家庭、朋友等来自社会关系网络的认知和情感支持，焦虑、抑郁情绪得不到排解，进一步加重了何某对大学生活的不适应感，加重了对所学专业的不认同感。

4.学习方法不适导致困惑迷茫

对大一新生来说，尤其突出的矛盾是由应试教育造成的不良学习习惯无法适应大学的教学。没有了中学老师那样的反复讲解和督促，何某便不知学什么、怎么学和如何安排学习时间，产生无所适从的感觉，没有正确的学习方法，缺乏较强的学习动力与意志，于是不思进取，得过且过。

三、案例辅导过程

（一）解决思路

本案例采用叙事疗法进行咨询与辅导，即通过倾听来访者的故事，运用适当的问话，帮助来访者找出遗漏片断，使问题外化，从而引导来访者重构积极故事，以唤起来访者发生改变的内在力量。叙事疗法的创始人为澳大利亚临床心理学家麦克·怀特及新西兰的大卫·爱普斯顿。他们认为，来访者的问题是来访者自己主观建构的，它通过语言被叙述出来，因此也可以通过叙述被消解。“问题”并非一种存在于个体身上的客观实在，而是特定历史文化条件下在人际互动中共同建构起来的一种叙事。问题是问题，人是人，人和问题应该分离开来。问题的产生与解释框架有关，如对小时候曾被父亲体罚的解释，如果来访者当前过得好，那么他对此可能的解释是父亲对其要求严格，并且感激父亲；如果来访者当前的生活不尽如人意，那么他可能将此解释成一种心理创伤，并因此责怪父亲。所以叙事疗法不去寻找问题的根源性事件，而是把来访者的叙事看成关键，通过改变来访者的叙事重新建构生活意义和生活态度。

叙事疗法一般包括外化、改写和见证3个步骤。外化就是找出问题以及这些问题对来访者生活的影响，这也是人与问题分开的过程，通过外化可以了解来访者问题背后的理想自我。改写就是寻找特例事件的过程，即在来访者的生活经验中，挖掘来访者偶尔解决问题或者克服困扰的意外事件，这些特例事件往往未引起来访者注意，却包含着来访者为追求美好生活付出的努力。通过改写，打通新故事的大门，帮助来访者在特例事件的基础上重新构建一个更加积极的新故事，唤起改变的内在力量。见证即鼓励来访者与身边的人分享自己的感受，通过重要他人的见证，强化来访者的改变和成长。

（二）具体辅导过程

首先运用问题外化技术帮来访者确认影响自己的问题，接着启发来访者寻找生活中不受问题控制的特例事件，然后帮助来访者回忆例外事件的具体细节与来访者的感受，借此不断扩大积极例外事件的影响，并以此为契机，重建来访者的信心和力量。最后，来访者邀请舍友见证咨询结果，进一步强化来访者改变的力量。

【对话节选】

来访者：高中的时候我还挺愿意学习的，那时候是班里的尖子生，因为成绩好，老师对我也格外关注些。但上了大学，我就再也不愿意学习了，一想到上课就心烦郁闷。

咨询师：为什么会出现这样大的转变？

来访者：老师一节课讲特别多东西，都挺晦涩的，我听不懂也听不进去，觉得和高中的学习不一样。

咨询师：你说的不一样具体指哪些方面？

来访者：学习的内容、学习的方式都不一样。

咨询师：嗯，你认为学习内容和学习方式的变化导致了你现在不愿意学习？（试图引导来访者外化问题）

来访者：也不是，我觉得可能是因为我不喜欢现在的专业。这个专业并不是我自己愿意报的，当初也不懂，父母说这个专业好找工作，就报了这个专业。

咨询师：所以你的问题是你不喜欢你现在的专业？（问题外化）

来访者：对。不喜欢它所以也不愿意去学。

咨询师：除了不愿学习，这个问题对你的生活还有其他影响吗？

来访者：我现在变得特别懒，做什么事都提不起兴趣，觉得自己的人生变得没什么希望了,每天都想着退学。

咨询师:其他方面呢?

来访者:嗯,我也不愿跟舍友说话了,一是没什么共同语言,二是跟他们说了他们也未必能理解我。至于班里其他同学,我平常很少去上课,所以他们也都不太认识我。

咨询师:你希望这种影响持续下去吗?

来访者:当然不了!我现在每天都很痛苦,像活在地狱一样,看不到希望。

咨询师:有没有一门课程是你能坚持上下来的,或者说在做某件事情的时候你还是能提起兴趣的?(寻找特例事件)

来访者:上计算机课的时候。我老乡是计算机专业的,我跟着他上过一节软件工程,虽然是旁听,但我还挺喜欢的。因为我听得认真,还配合老师回答问题,老师总是看着我讲,就好像给我一人上课似的。

咨询师:你当时什么感受?

来访者:感觉挺开心的,我没有想到自己还有喜欢的东西,我一直认为自己是一个没有兴趣爱好的人。当时就觉得我要是计算机专业的就好了,回来我就报了个C语言培训班,准备考计算机二级,我还是很喜欢玩电脑的。

咨询师:还有没有什么事让你有类似的感觉?

来访者:嗯……我舍友的电脑都是我组装的,电脑出了问题也都是我帮着大家修,有时候其他宿舍的同学也请我去帮他们修电脑什么的,感觉还挺自豪的。

咨询师:看来你确实对计算机方面的东西很感兴趣。

来访者:是呀,感觉一提起计算机,就有说不完的话。

咨询师:这也确实是一个主流发展趋势,据我所知,现在到处在提倡"互联网+""互联网思维",就是依托互联网信息技术实现互联网与传统产业的联合,通过这样一种新形态,提升经济生产力,增加社会财富。

来访者:我也看过这方面的新闻。

咨询师:建筑行业也不例外,也需要这样一种产业升级。

来访者：是这样的，我们的专业也离不开计算机的应用。

咨询师：那么，你有没有了解过你现在所学的专业有哪些和计算机应用相结合的地方？

来访者：我以前听我们老师讲过一个叫 BIM 的软件，就是一种建筑信息模型，我们可以在这个模型里进行各种模拟，可以进行结构分析、造价分析，连火灾逃生都可以模拟呢！

咨询师：看你说得眉飞色舞的样子，感觉你也并不是非常讨厌自己的专业。

来访者：是呀，我也没有想到计算机还能和我的专业有结合的地方，感觉自己的专业可爱了一些。

咨询师：接下来可以试着从你说的这个 BIM 软件入手，去喜欢你的专业。

……

四、咨询效果

（一）来访者自我评估

已经放弃了原来想要退学的念头，虽然学习效率仍未达到理想状态，对专业学习还是有些抗拒心理，但已经能够坚持做到每天不旷课，认真听讲，并做好一些专业课程的笔记；闲暇时间也放弃了在宿舍玩游戏，取而代之的是去图书馆自习。通过这几次心理辅导，找到了自己未知的一面，发现了自己擅长的方面和兴趣点所在，自信心有所提升，也开始愿意和舍友进行沟通，未来会继续努力朝更好的方向发展，努力把自己的专业和兴趣结合，把大学生活过得多姿多彩。

（二）咨询师评估

经过咨询后，来访者发生了几个关键性的改变：一是不再坚持要退学，愿意正确面对目前的困境；二是发现了自己的兴趣所在，并能与所学专业找到交叉，对自己的专业产生了初步认同；三是情绪发生明显改变，心态变得更加积极，对自己充满信心；四是人际交往状况得到明显缓解，能够积极主动与他人沟通，与父母关系变得更加和谐，社会支持系统运转良好，一定程度上缓解了学业压力带来的焦虑感，同时也满足了对亲密关系的追求。

五、关于案例的思考

进入憧憬已久的大学，这是人生的一大转折。但很多新生出现了适应不良的问题：生活环境不适导致压力过大，理想现实差异导致失望迷惘，自我地位改变导致评价失调，学习方法不适导致困惑迷茫，人际适应不良导致孤独压抑等。本案例中的何某就是典型的入学适应不良综合征。在现实生活中，许多大学生都经历了从不适应到适应的过程，新生入学适应不良已成为大学生入校后的首要心理问题。尤其是学业适应方面，需要学校、教师多方面关注和预防。

首先，针对大一新生开展专业教育和生涯规划教育。多项研究表明，大学生的学习适应问题与他们学习目标不明确，学习定位不清晰，缺乏追求卓越的学习目标密切相关。很多大一新生表示，上大学前只知道要努力学习考上大学，至于大学上什么、怎么上，从未有人对他们进行过指导，自己也从未进行过思考。这也从侧面显示出新生普遍存在生涯发展的迷茫与困惑，这是导致他们出现学业适应不良的重要原因。因此，高校教师、辅导员应紧抓时机，及时开展专业教育、生涯规划教育，使他们在对自己专业大致了解的前提下，尽快明确学习目标，找准学习方向。

其次，高度重视学业问题伴发的其他心理问题。学习是大学生生活最重要的主题，一旦学业出现问题，往往会引发失眠、多梦等躯体不适感和焦虑、抑郁等情绪，更有严重者导致人际关系不良，其他社会功能受到严重损害。事实证明，很多大学生的极端行为，如退学或自杀等，往往都与其多门考试不及格所造成的学业压力密切相关。因此，高校教师、辅导员应高度重视学业问题背后的心理问题，做到早发现、早预防、早干预。

最后，充分激发和培养学生的学习动机。学习动机是促进学习的有效因素。学习动机在学习中的作用主要表现在以下几个方面：一是激活作用，即促使学习者尽快地进入学习状态；二是指向作用，使学习者将全部精力集中在必要的学习课题上而远离其他事物，并能有效地抵制各种无关刺激的分心干扰；三是增力作用，让学习者把饱满的热情倾注在学习活动上，使其学习活动保持一定的强度和紧张度，并且能维持一段足够长的时间。由此可见激发和培养大学生学习动机的重要性。教师在教学过程中，可创设问题情境，激起学生的求知欲望和解决问题的兴趣，引导学生对学习成绩进行正确归因，因材施教，充分调动学生的学习兴趣，建立高尚的、正确的内部学习动机，将学习和未来发展有效结合起来。

案例3　向后看，向前走

——新生适应性团体辅导方案

一、团体名称

向后看，向前走。

二、团体性质

以成长性及学习性为主的团体。

三、参加对象

自我感到困惑或者对探讨自己的价值观、人生目标有兴趣的学生。

四、团体目标

协助成员进行自我认识、自我分析——建立自信感。

协助成员明确自己的价值观和人生目标，认识真我。

五、理论依据

1. 人本主义治疗理论

卡尔·兰塞姆·罗杰斯(Carl Ransom Rogers)创立的人本主义治疗理论

对人存有极大的信心，强调每个人的价值和对个人的尊敬。个体都是理性的，对自己负责，并具有正面的人生取向和迈向完整人生与自我实现的成长动力。通过开创和维持一个真诚、尊重和同感的团体气候，可以使学生内在拥有的潜能得到发挥，导致他们的自我形象、基本态度和个人自主行为有所改变，从而能正确面对考前所遇到的问题。

2.完形治疗理论

完形治疗理论是由弗里兹·佩尔斯(Fritz Perls)开创的。该理论的基础前提是个体必须在生活中找到他们自己的道路，并接受个人责任，其注重焦点是放在当事人在现实中的体验内容，以及他为达到对此时此地的充分认识所必须克服的障碍。完形治疗法要求我们要整体地看任何一个人、一个物件或一件事。该理论认为人类最大的问题往往是将自己分割得支离破碎，在这残破的境况下受伤，结果就出现了许多矛盾、冲突和痛苦。因此，完形治疗小组通过帮助组员重新成为一个完整的个体而促进他们的发展。在小组中，组长帮助组员获得“自我支持”，发现和肯定自己的潜质，并能够做更多的事，过更全面的生活。

3.阿德勒治疗理论

人主要是由社会因素所驱动的，是努力于实现某些目标的。人的最高目标是努力寻求重要性，是“一种向实现获得独特认同和归属目标的动力”。

西格蒙德·弗洛伊德(Sigmund Freud)的历史/因果观，把行为看成是由超出个体所控制范围的力量所决定的。阿尔弗雷德·阿德勒(Alfred Adler)的体系，则相反地强调自我决定和意识(而不是潜意识)是人格的核心。我们不是命运的牺牲品，而是有创造性的，活动的，有决策力的生物。我们的每一个行为都是有目的和意义的。朝向目标的动力以及我们对未来的预期，比起我们在过去所经历的一切，要重要得多。

由于强调责任性，强调努力寻求优越，强调生活中的价值和意义，阿德勒的理论基本上是一种成长的模式。个体的生存是有目标和目的的，是受其对未来的预期推动的，它们创造了生存的意义。

六、团体结构

结构式团体。

七、团体带领者

辅导员或者心理老师。

八、小组进行过程

（一）第一次团体（接纳与认同）

地点	时间(90分钟)	目标	内容	所需物资
团体辅导室	20分钟	让成员及工作员互相认识	工作员自我介绍，成员自我介绍	
	10分钟	让成员更清楚团体性质及内容	介绍团体性质及内容，并澄清他们的疑问	
	20分钟	让成员之间产生信任感，增进彼此之间的关系	每人准备一张小纸条，找另一位成员进行互访，将互访内容记下来；之后成员轮流介绍自己访问的对象，被介绍的成员也可以进行补充，同时其他成员也可以提问；每个成员介绍完了之后，由组长带领大家重新复习每位成员的姓名，以增加熟识感	纸、笔
	15分钟	成员提出期待，并澄清目标	请成员分享参加团体的期待以及心态，组长协助大家整理出团体的共同目标	
	10分钟	制定小组契约	组长带领大家共同商定团体规则，如准时出席、准时结束、团体内的一切保密等	
	15分钟	总结感想	让成员与工作员表达这次聚会的感受	

注意事项：

第一次的聚会，在还没有建立团体信任感的阶段，组长首先自己要坦诚，然后是鼓励成员坦诚地表达他们自己的期望与想法。

对组员可能会出现的负面情绪应能给予积极的回应，并帮助其消除消极情绪，以利于团体的进行。

要有心理准备，对各种问题随机应变。

(二)第二次团体(建立团体信任感)

地点	时间(80分钟)	目标	内容	所需物资
团体辅导室	15分钟	让成员回顾上次活动的感受	成员谈一下对上一次参加这个小组的感受，引导大家积极分享	
	15分钟	工作者进行总结并介绍本次活动的目的及方式	针对组员上次与现在的表现，组长提出建立团体信任感的重要性，由此提出本次活动的目的，并给组员介绍本次活动的方式	
	35分钟	使小组成员进一步加深了解，建立信任感	游戏：信任跌倒	
	15分钟	总结感想	让成员与工作员表达这次聚会的感受，工作者重申活动目的	

注意事项：

因为活动涉及组员人身安全的问题，所以要特别注意每一个细节的安全性。活动前首先让每一位组员注意到以下3个方面的问题：

(1)专心：需平心静气，不被外界干扰，随时注意同学倒下的方向，才可以安全地接住及推回。

(2)负责：同学信任我们，而我们必须负起责任，让同学在活动中不受到任何伤害。

(3)信任：扮演倒下去的同学，需信任你的伙伴，才可以安全舒适地将你接住及推回。

另外，因活动本身有一定的危险性，所以最好是组长和副组长一起先做个示范给大家看，以减轻组员在心理上的焦虑感。

（三）第三次团体（自画像）

地点	时间(90分钟)	目标	内容	所需物资
团体辅导室	10分钟	让成员回顾上次活动的感受	成员谈一下对上一次参加这个小组的感受，引导大家积极分享	
	5分钟	工作者进行总结并介绍本次活动的目的及活动方式	针对组员上次与现在的表现，组长进行总结，由此提出本次活动的目的，并给组员介绍本次活动的方式	
	15分钟	小组成员进行自我认知，提高自我认同感	活动：自画像	白纸、彩笔
	35分钟	促使成员进行自我评估，增强成员间的凝聚力	让成员对自己的画像进行说明，谈论自身的生活与情感，成员之间进行回应	
	25分钟	总结感想	让成员与工作员表达这次聚会的感受	

注意事项：

这两次的活动是团体进入尾声阶段的关键。

第一，在自画像活动中，需要注意的一点就是不要在进行活动之前给组员过多的提示，希望组员发挥自己的想象力，完成反映自己这一段时间内心情的自画像。

第二，在这两次活动中，要积极地使用同感和促进的技术，在组员分享的时候，要能够聚焦。

第三，组长不要害怕打断。在一个组员分享的时候，如果别的组员表现出对小组进程不利的语言，组长一定要敢于打断，将焦点重新带回正在进行分享的组员身上。

总而言之，这个阶段是小组凝聚力提升的阶段，组长要把握机会，对问题进行聚焦，多做促进，鼓励组员间的互动和分享，进一步深入小组的活动。

（四）第四次团体（告诉我，你想要的……）

地点	时间(90分钟)	目标	内容	所需物资
团体辅导室	10分钟	回顾上次活动的感受	组织组员分享上次自画像活动的感受和收获，以及不足之处，鼓励组员发言、分享和回应	
	5分钟	工作者进行总结并介绍本次活动的目的及活动方式	针对组员上次与现在的表现，组长进行总结，由此提出本次活动的目的，并给组员介绍本次活动的方式	
	15分钟	激发组员思索他们真正想要什么，帮助组员明确自己的目标	活动：魔术箱	白纸、彩笔
	35分钟	活动后进行分享	让每位组员以自己写下的答案为基础，和大家分享自己在写下答案时的感受和自己选择的原因，促进其他组员的回应	
	25分钟	总结感想	鼓励每位组员说出今天的心得	

注意事项：

这次活动应该是团体的工作阶段。在开场白的阶段，大家对自画像活动的感受不是很多，在这里我们认为组长不需要有很深入的促进，这是应该在前几次的活动中做的。

另外，在这次团体中，应该重视团体的动力。因为我们的小组是同质性小组，大家都是大学新生，所以在探讨自己想要什么的时候，身为同龄人的组员们应该可以对发言的同学以很好的回应。组长不要在其中占主导地位，但组长应该在此次团体中制造一个积极、活跃的发言和回应气氛。

（五）第五次团体（让我们笑着告别）

地点	时间(80分钟)	目标	内容	所需物资
团体辅导室	15分钟	往期回顾，面对分离	组长简要地回顾小组进行到现在所进行的活动和组员间互动、分享的情况，然后向组员说明这是最后一次团体了	
	5分钟	工作者介绍本次活动的目的及活动方式	组长说明这次的活动主要以分享为主，指出“我们就要分离”这样一个事件	
	40分钟	帮助组员处理离别情绪	活动：会心之旅（请组员说出5次团体下来的感受，跟之前的期待有何不同，而且组长也要和大家分享这几次做团体的心情。对于组员提出的一些疑虑，要进行澄清，并对不足之处跟组员道歉）	
	20分钟	活动结束，互相祝福	让组员间互相写下祝福，并赠送	白纸、彩笔

注意事项：

本次是团体过程的收尾，重点是处理消极和悲伤的情绪，因此组长要积极促进这种情绪宣泄出来。

在情绪宣泄之后，要积极利用团体资源，对“分离”这个事件作出积极赋义，使组员能够尽量摆脱消极的看法。

如果组员对“分离”的看法本身就是很健康的，没有什么悲伤情绪，那么可以缩短情绪宣泄的时间，延长带领大家讨论参与团体后可能得到的发展的时间。

总之，本次团体的技术以积极赋义，促进和利用团体资源为主。

附件1　操作流程

一、第二次团体（信任跌倒内容及形式）

1.一对一方式

（1）组长请成员两两一队，然后开始说明活动方式，可请一位成员到场中，一起做示范。

（2）该成员站在组长前面，背对组长，静静地站着，组长站好位置。当组长喊“倒”时，该成员身体垂直地向后倒，脚跟直直地倒下，组长在该成员倒一半时，很平稳地接住该成员。

（3）说明之后，成员一对一地做练习，5分钟后角色互换。

2.团体方式

（1）组长邀请一位成员到各组中间，其他成员围着该成员成一圆圈。围在外圈的同学力量需平均，组长注意是否哪一边成员的力量较弱，调整至平均。

（2）该成员闭上眼睛，圆圈上的成员站好位置，准备接住倒下的成员，组长说明该成员可在自觉舒适下倒向任何一方。

（3）圆圈上的成员很平稳地接住该成员，再缓缓地把他推回中间位置，如此大家很柔和平稳地接住和推回，使成员从紧张到放松。

二、第三次团体（自画像内容及形式）

（1）组长给每一位组员发一张大纸，并提供彩色画笔。

（2）请组员在画纸上绘画出自己，可以随自己的意思，用任何的形式来绘画自己。

(3)组员对自己的自画像进行说明，讲述自己的心情与环境。在其说明的过程中，组长对其进行促进，协助组员在不知不觉中对自己作出评估和内省。

三、第四次团体(魔术箱内容及形式)

(1)组长告诉组员说，有个非常特别的魔术箱，它可大可小，伸缩自如，但最奇妙的是它可以装一个人想要的任何东西。

(2)之后组长告诉组员："假如你今天放学回家后，那支魔术箱正放在客厅里等着你去打开，你想，里面会装有什么东西呢？记住：它可以装入任何你想要的东西，包括肉眼可见和不可见的。还有一个条件就是：在这支魔术箱中，你只能从中拿 3 次，也就是你最多只能拿到 3 个你想要的东西。"

(3)让组员在纸上写下答案。

附件 2　协议书

参加本次小组的所有成员(包括组长)必须无条件遵守如下条款：

(1)小组成员需尊重其他组员并真诚沟通，不得过分指责和以任何形式侮辱其他组员。

(2)小组成员必须按时参加聚会，不得迟到与早退。

(3)小组成员在小组进行过程中，不得吃东西、喝水，或有其他动作过大的举动。

(4)小组成员对聚会中探讨的所有内容具有保密的义务，每位组员对小组所涉及的任何内容必须绝对保密。

(5)组长作为团体的领导者对小组拥有领导与促进的义务，并负责小组成员的安全与秩序。组长有权终止违反小组规定的组员。

(6)组员必须在小组开始之前 5 分钟将手机关掉，在小组进行过程中不得拨打或接听电话。

(7)组员应以真诚、接纳、相互帮助与支持的态度面对其他组员。

(8)组员有权对小组活动形式与目的及小组的过程有深入的了解。

组员有权在下列条件下退出小组:①受到其他组员或组长的伤害与过分指责;②组长违反协议;③聚会场所出现不安全因素。

如果对以上条款没有疑问,请双方在下面签字:

组长签字:

组员签字:

日期:　　　年　月　日

附件3　评估表

亲爱的组员:

(1)在结束前,你对小组的感受如何?

(2)今天的活动对你来说是否有吸引力,有意义?

(3)你认为今天的活动有什么地方需要改进,和今天团体的主题是否贴切?

(4)你认为自己的投入和改变有何进步?

(5)今天你认为自己有什么收获?

(6)在这次小组的过程中,是否出现了由于组长促进不够或其他情况,而造成的让你感觉不好的情况?

(7)今天组长的态度和言语是否得体、真诚,能够触动你?组长有哪些地方做得比较好,哪些地方不够完善?

第二章　改善自我认知

导　读

案例 A:欢欢家在县城,父母都是工人,家里只有她一个孩子,因此父母也格外疼爱她,家庭经济条件虽不是大富大贵,但在当地也算是中等水平。欢欢样貌清秀,学习成绩优异,一直都是亲戚朋友口中“别人家的孩子”,父母也视欢欢为骄傲。通过高考,欢欢来到了省城的大学。然而,入学第一天,她从小到大树立起来的那点优越感就被打破了,看着同学们坐着私家车从四面八方来报到,有些车自己见都没见过,再看看自己,汽车转火车,火车再倒汽车,顿时就感觉到自己和别人的差距。这种差距在接下来的大学生活中表现得更加明显。舍友的父母有从政的、从商的,还有老师、工程师,都是知识分子,可是自己的父母高中毕业就进了工厂。最最关键的是,大家的手机、电脑、衣服、化妆品都是大品牌,十分奢侈,听大家聊去过的国家,游过的山水,自己却完全插不上话,像一只丑小鸭混迹于天鹅中。于是,欢欢变得越来越孤僻,越来越冷漠。

案例 B:小艾是个热心肠,不仅在班里担任班长,还在宿舍担任宿舍长,生活上十分关心同学,班里的同学无论男生女生都亲切地叫她“大姐”。小艾十分享受这种被人需要、被人敬仰的感觉。但唯独有一点，那就是在学习上、荣誉上，小艾却无法做到“热心肠”。小艾的成绩在班里一直数一数二，临近期末，很多同学来找她要复习资料或者请教问题，小艾却总找理由推脱，尤其是那些跟自己成绩不相上下的同学，小艾更是推三阻四。因为如果教会了他们，他们的成绩超过自己怎么办，就没法拿到奖学金，甚至影响自己以后保送读研的机会了。时间久了，周围的朋友们都发现了小艾的这个毛病，大家嘴上不说什么，但明显感觉到内心纷纷疏远了她。终于等到保送人员的选拔阶段，结果小艾以综合成绩 0.1 分之差惜败于舍友娜娜，这让小艾很是气愤，于是开始造谣娜娜是托关系才能保送的，恶意中伤娜娜，让不明就里的同学都对娜娜意见很大，一时间，班级内部闹得天翻地覆。

以上两个案例在大学校园中并不少见。进入大学后，学生们放下了繁重的升学压力，有了更多可以自由支配的时间，这时的他们开始静下心来思考关于“我”的相关问题：“我是一个怎样的人?”“我的性格如何?”“我的追求是什么?”……这亘古不变的永恒追问正印证着古希腊德尔斐神庙门楣上镌刻着的神谕——“人，认识你自己”。从哲学家苏格拉底训诫弟子的“认识你自己”再到老子的“知人者智，自知者明”，纵观古今，横跨东西，无论是哲学大家还是芸芸众生都发出了对自我的叩问。

然而，认识自己并非易事。在当代大学生中，存在许多因对自我认识不够清晰而产生的心理问题，如自卑心理、自负心理、逆反心理、从众心理等。自我认知不良制约着大学生人格的发展，影响着他们的心理健康。因此，如何合理引导大学生正确认识自我、悦纳自我、完善自我是摆在高校教育工作者面前的问题。

一、自我认识的含义

自我认识是自我意识的一部分。要了解自我认识，首先需要明确什么是自我意识。自我意识是指人对自身以及自己与客观世界关系的认识，是人的心理区别于动物心理的一大特征。自我意识是一种多维度、多层次的心理系统，从结构上来讲，它由自我认识、自我体验和自我控制 3 部分组成。

自我认识是自我意识的认知部分，是主体我对客体我的认知和评价，包括自我感觉、自我概念、自我观察、自我分析和自我评价。其中，自我评价是在自我认知基础上对自己作出的某种判断。例如，“我身高一米八”，这是自我认知；“我是个高个子”，则为自我评价。自我认识主要涉及的是“我是一个什么样的人”的问题。大学生的自我认识发展较少年期更加全面、客观、主动，他们不再局限于从学习成绩、外貌等浅显维度来评价自己，而是从更加深刻的逻辑思维、兴趣爱好、个性品质、性格特点等多角度进行分析，并且这一过程是他们自觉主动完成的。自我概念方面，研究表明，大学生的自我概念发展呈现出明显的年级特点：大一新生的自我概念出现了明显的心理冲突；大二学生逐渐产生适应感、随意感和自信感，自我独立的要求和自我表现的倾向开始突出；而大三阶段自我概念发展出现“转折期”；大四学生的自我概念则趋于更积极、稳定。

自我体验是自我意识在情感方面的体现，包括满意与不满意、自尊、自爱、责任感、义务感、优越感、羞怯、自卑等。自我体验往往与自我认知、自我评价有关，也和自己对社会的规范、价值标准的认识有关。自我体验主要涉及的是“是否满意自己”“是否悦纳自己”的问题。例如，通过自身努力解决了棘手的问题，由此产生了“我很棒”的心理感受，这就是自我体验。

自我调节是自我意识的意志成分。自我调节主要表现为个人对自己的行为、活动和态度的调控，具体表现为两个方面：一是发动作用；二是制止作用，也就是支配某一行为，抑制与该行为无关或有碍于该行为进行的行为。制止作用包括自我检查、自我监督、自我控制等。自我调节主要涉及的是“我要如何去做”的问题。例如，一个人的自我认识是“我很胖”，并由此产生了自卑的自我体验，他的自我调节可能为“我要运动减肥”。

二、大学生自我认识的特点

1. 大学生对自我的认识更加关注心理层面

与中学阶段相比，进入大学阶段的学生对外界的看法更加深刻而广泛，并且这种对外界的注意和关心是建立在以探讨自我为核心内容的基础之上。在中学阶段，学生对自我的认识更聚焦于生理层面，如身体、外貌等。到了大学阶段，学生对自我的认识由低级的生理层面升华到较高级的心理层面上，与外在的东西相比，他们更关注内在的素质，如兴趣、能力、性格、品质等。在进行自我评价时，大多数学生回答的是心理品质方面的特点，如真诚、友善、开朗、乐观、自信等。

2.大学生对自我的认识更加注重社会属性

在个体社会化的过程当中，随着适应社会环境，参与社会生活，学习社会规范，履行社会角色的深入，大学生对自我的社会属性更加关注。他们开始思考自己的社会地位、社会角色、社会责任、社会义务、社会关系等社会属性，通过社会层面的自我认知，进行更加全面的自我认识。因此，大学生热衷于参加各类学生组织、学生社团、社会实践活动等，热衷于交友。同时，很多大学生意识到自己在家庭中所需要承担的家庭责任，立志努力学习回报父母，这些都属于自我认识的社会属性进一步发展的体现。

3.大学生对自我的认识以肯定性评价为主

自我评价有4种类型：与客体自我相符合的自我评价，高估客体自我的自我评价，低估客体自我的自我评价，与客体自我完全颠倒的自我评价。后三者都属于自我评价偏差。从总体上看，当代大学生对自我的评价以积极性评价为主，看到的更多的是自身的优点。李虹在对大学生自尊状况的研究中发现，约80%接受调查的大学生报告高自尊。这在一定程度上表明当代大学生具有自信、积极向上的心理品质，但同时，如果过分看重自己的优点，看不到自己的缺点，可能会走向另一个极端，即自负的心理状态，这对学生的发展是极为不利的。

4.大学生的自我评价由高估逐渐趋于平衡

以往西方心理学家的研究认为，青年大学生对自己的评价有高估自我的倾向。从我国大学生的实际来看，低年级的学生过高评价自我的倾向较高年级学生更加明显，这是因为他们刚从中学毕业进入大学，受传统的大学生是“天之骄子”观念影响较深。但是，经过四年的大学学习、观察和体验，大学生的自我评价由高估逐渐趋于平衡，对自己的评价更为客观和现实。

三、大学生自我认识的发展

自我认识并非与生俱来。起初，处于襁褓中的婴儿并不能将主体我与客观世界区分开来，他们甚至不知道自己的手和脚也是自己身体的一部分。随着个体生理和其他心理机能的成熟，自我认识逐渐发生、发展。在青年阶段，自我认识作为自我意识的一部分，与自我意识一道，经历了“分化—冲突—整合”的过程。通过这一系列动态发展，自我认识逐渐趋于成熟。

1. 自我意识的分化

进入青年期后，大学生有了更多的机会在与他人的比较中重新审视自我，对自己的角色和责任有了新的认识。因此，大学生在儿童、少年阶段形成的较为宽泛、稳定的自我被打破，分离成“主体我”(I)和“客体我”(Me)。主体我是个体作为观察者进行自我观察的一面，客体我是个体作为被观察者的一面。主体我反映了个体的“理想我”，即个体希望自己成为什么样的人，是个体的自我期待；客体我反映了个体的“现实我”，即个体现在是什么样的人，是个体的实际状态。自我意识的分化，使大学生主动、迅速地对自己的内心世界和行为具有新的意识，开始意识到那些以前没有注意过的、没有为之引起过思想波动的“我”的许多方面和细节。于是，自我内心活动变得更加复杂，自我沉思、自我分析、自我反省的次数明显增多，并开始考虑自己应该怎样做，能够怎样做等人生观问题。

2. 自我意识的矛盾

自我意识的分化给大学生的自我发展带来了一定程度的冲击。一方面，大学生开始意识到自己不曾注意的“我”的许多方面和细节，发现“理想我”与“现实我”的差距；另一方面，由于尚处于发展阶段，对自我的分析不够全面客观，自我概念仍处于动态变化中，因此时常表现出内心冲突，体验到强烈的痛苦和不安。当今大学生自我意识的矛盾主要表现为：理想自我与现实自我的冲突，独立意向与依附心理的冲突，交往需要与自我闭锁的冲突，自信心与自卑感的冲突，追求上进与自我消沉的冲突，理智与情感的冲突。这些自我意识的冲突给大学生带来了情绪上的波动，使他们陷入苦恼不安之中。这些矛盾也极易诱发思想、行为上的不适应性，如果矛盾长期得不到有效解决，则会导致自我意识的偏差，引发一系列心理问题。

(1)自卑心理。自卑是个体由于自我认识偏差等原因所形成的自我轻视和自我否定的情绪体验。大学生自卑心理主要表现为：①自我评价过低，认为自己某些方面或各个方面不如他人。如过低评价自己的智力，一旦成绩不好，便认为自己不是读书的料。②行为回避。因为缺乏信心，对批评过于敏感，所以自卑心理的大学生往往采取回避方式与他人交往，在公众场合行为拘谨，游离于班集体之外，表现出孤独和不合群。③多疑敏感，对别人的言论态度非常敏感，自认为自己的言行举止都被他人注意，常把他人关乎自己特点的言行理解为是对自己的轻视和批评。④防御行为较多。为了维护自尊，缓和或消除自卑情绪带来的痛苦，他们往往在日常生活中表现出过强的自尊和较强的戒备心理，对别人不宽容、不友善，甚至有较强的敌对态度或者夸夸其谈、自吹自擂，不切实际地吹嘘自己。

自卑心理的产生受多方面因素的共同影响：

首先，个体因素。主要包括生理和能力两个方面。如在生理方面认为自己不够漂亮、身材矮小、身体有缺陷等，或是能力较他人不足，都可能产生失落感，进而出现自卑心理。

其次，家庭因素。家庭结构缺陷，家庭功能不完善，家境贫困，童年生活的不幸，父母长辈的不当言论(特别是对孩子的训斥和嘲笑)，被人忽视的生活环境等因素都可能导致自卑心理的形成。如本章案例 A 中的欢欢，就是因家庭经济条件的差异导致自卑心理的产生。

最后，自我意识偏差。自我包括理想自我和现实自我两部分。研究发现，大学生的理想自我与现实自我不能较好地协调一致，或者理想自我过于脱离实际，或者在实现理想自我中缺乏足够的耐心和方法，所以在行动过程中容易急躁，失去信心，产生自卑。

(2)自负心理。自负是个体由于自我认识偏差等原因所形成的自以为是、自命不凡的一种情感体验和情绪表现。这是与自卑相对立的自我意识状态。在这种自我概念的支配下，个体往往扩大现实的自我，形成错误的、不切实际的理想自我，并认为理想我可以轻易实现。这种类型的大学生往往盲目乐观，以自我为中心，自以为是，不易被周围环境和他人所接受与认可，容易引起别人的反感和不满，因此极易遭受失败和内心冲突，产生严重的情感挫伤，导致苦闷、自卑、自我放弃，甚至会引发过激行为和反社会行为。

(3)虚荣心理。虚荣心是一种扭曲的自尊心,是自尊心的过分表现。它是一种追求表面上光彩的性格缺陷,是人们为了取得荣誉和引起普遍的注意而表现出来的一种不正常的社会情感和心理状态。虚荣心表现在行为上,主要是盲目攀比,好大喜功,过分看重别人的评价,自我表现欲太强,有强烈的嫉妒心等。现如今,在社会不良风气的影响下,高校校园内越来越多的学生爱慕虚荣,攀比成风,有的学生互相攀比吃穿,有的学生用助学金买名牌手机,甚至有的女大学生为了买化妆品、名牌包选择“裸贷”,这些都是虚荣心作祟下的价值扭曲。

(4)从众心理。从众心理指个人受到外界人群行为的影响,而在自己的知觉、判断、认识上表现出符合公众舆论或多数人的行为方式。从众心理人皆有之,但有过强从众心理的学生往往没有独立思考的能力,缺乏主见,丧失自我,有碍于心理发展。从众心理在大学校园内最为典型的表现之一就是宿舍风气。如果宿舍内绝大多数成员沉迷于电子游戏,那么其他成员由于害怕被孤立,即便在不喜欢、不认同的情况下,依然选择加入宿舍的游戏团队,以获得小团体的认同。然而这种毫无实际意义的“合群”并不能满足学生对亲密关系的追求,还会阻碍他们自我意识的发展。

(5)逆反心理。在大学生的成长过程中,逆反心理是一种客观存在的心理现象。大学生生理和心理的成熟使他们渴望独立,以独立的个体面对生活、学习中遇到的问题,但由于长期的校园生活使他们缺乏相应的社会经验,在实际处理问题时易感情用事。当受到外界质疑时,在他们强烈的独立意识和批判精神的驱使下,很容易出现逆反心理。如对老师下达的任务置之不理,在受到批评后和老师对着干等等。如果不及时加以正确引导,逆反心理会对大学生自我意识的成熟、人格的健全发展产生不利影响。

3.自我意识的整合

大学生自我意识的冲突一方面给他们自身的心理健康带来了不利影响,另一方面,也为他们自身的心理建设提供了机会。在这种痛苦与不安的驱使下,大学生不断尝试着整合自我意识,从多个维度重新审视自我,调控自我,逐步缩小理想自我与现实自我的差距,以求得自我的统一。然而,由于受自身性格特征、能力水平、家庭教养方式、受教育背景、追求目标等因素的制约，大学生自我意识的整合结果各不相同。就自我意识的性质看，大学生自我意识的整合结果可分为以下3个方面：

(1)积极的自我——自我肯定。自我肯定，即对自我的认识比较清晰、客观、全面、深刻。这种积极自我的特点是在经过痛苦的选择与调整之后，大学生逐渐成长，使自己的主体我与客体我趋于一致，理想我与现实我趋于统一，对自我的认识更加深刻、客观、理性。积极的自我不仅了解自己的长处与优势，也了解自己的不足与劣势，能够分析哪些是通过努力可以达到的，哪些是属于无法企及的，从而进行积极的自我肯定，向着理想自我迈进。

(2)消极的自我——自我否定。消极的自我意识分为两个方面：自我贬损型与自我夸大型。自我贬损型的人由于总在积累失败与挫折的经历，对现实自我的评价较低，并时常伴有没有价值感、自我排斥、自我否定。他们不但不接纳自己，甚至自我拒绝、自我放弃，表现为没有朝气，随波逐流，缺少激情，生活没有目标，其结果是更加自卑，从而失去进取的动力。自我夸大型的人正好相反，他们对自我的评价非常高，往往脱离客观实际，常常以理想自我代替现实自我，盲目自尊，虚荣心强，心理防御意识强。其行为结果要么表现为缺乏理智，情绪冲动，忘记现实自我而沉浸于虚无缥缈的自我设计中；要么自吹自擂、自我陶醉，却不去为实现自我做出努力。自我贬损型与自我夸大型的共同特点是对自我评估不正确，理想自我不健全，缺乏实现理想自我的手段，形成后的自我虚弱而不完整，是一种不健康的自我整合。

(3)自我冲突。自我冲突是难以达到整合的自我意识，表现为自我评价始终在真实自我上下徘徊，自我认知或高或低，自我体验或好或坏，自我控制时强时弱，心理发展极不平衡，有时显得自信而成熟，有时又表现出自卑而不成熟，让人无法评估。自我冲突的人表现为两种类型：自我矛盾型与自我萎缩型。自我矛盾型的大学生内心冲突激烈，持续时间长，自我认识、自我体验、自我调节不稳定，新的自我无法整合。自我萎缩型的大学生缺乏理想自我，但又对现实自我深感不满，他们消极放任、自怨自艾，甚至麻木、自卑，以至于越来越消沉，对自己丧失信心，严重的还可以导致精神分裂症或绝望轻生。因此，自我冲突的大学生要逐渐调整自己的自我认知，客观认识自己与他人，客观看待成功与挫折，这样才能使自我意识在良性轨道上循环。

四、认识自我，悦纳自我

1. 全面认识自我

全面认识自我是形成健康自我意识的基础。自我认识的难处在于自己（主体我）认识自己（客体我）。自我既是认识的主体，又是认识的客体，要使认识具有全面性、正确性，就要打破自我封闭，拓宽生活范围，增加生活阅历，扩大交往空间，从而多方面、多角度地认识自我。

（1）通过他人评价法来认识自我。个体的自我认识要受他人评价和态度的影响，并在一定程度上反映了他人的评价和态度。大学生要重视熟悉自己或与自己打交道较多的人的评价，如同学间的互评、教师给予的具体而有个性的正确评价、父母对自己的看法，都有助于自我认识能力的提高。当然，这并不是简单地接受别人的评价，评价者和评价者所作的评价都会影响大学生对他人评价的接受。大学生在接受他人评价之前，总要分析评价者及其所作的评价，然后才有选择地接受他人的评价，形成关于自己的评价，达到自我认识。

（2）通过比较法来认识自我。个体对自我的认识不是孤立进行的，而是常常与他人相比较才能实现的。在与他人比较的过程中个体才能认识到自己能力的高低、道德品质的好坏、追求目标是否恰当等。在比较中认清自己的优势和劣势、长处和短处，达到取长补短、缩小差距的目的。大学生不仅要与自己情况差不多的人比，更要与自己的过去和将来比，通过把目前的“自我”与过去或将来的“自我”相比较来进一步认识自我。过去的成就水平越高，个体越容易积极地评价自己，而指向未来的抱负水平越高，个体越不容易满足，越难对自己作出肯定的评价。所以，大学生不要满足现有的成绩，要不断地超越自己，同时，也要确立适当的抱负水平，不要一味地和自己过不去。

（3）通过内省法来认识自我。内省法就是通过反省自己、分析自己来了解自己的方法。古人云:“吾日三省吾身。”自己对自己的观察与思考也是自我认识的一个重要方面。大学生已经具备了一定的自我反思和自我批判的能力,应经常反思自己,自我检查得失功过,严于解剖自己,敢于批评自己,在自我解剖和自我批评中,更深刻地认识自我。要一分为二地分析自己。对自己估计过高,盲目自大,或是对自己估计过低,过于自卑,都会使人丧失适合自己发展与成功的机会。

(4)通过实践活动认识自我。古代诗人陆游有云:“纸上得来终觉浅,绝知此事要躬行。”随着网络信息化和电子设备的普及,大学生可以通过书本、新闻等媒介认识社会,认识自我与社会的关系。然而,现实社会远不是听几次讲座、看几条新闻就能了解的。唯物主义认识论强调,认识来源于实践,唯有真正走入社会,参与到社会实践中去,才能更加深刻地认识自己,认识自己与客观世界的关系,完善自我,锻炼能力,更好地服务社会,造福人类。

2.积极悦纳自己

当大学生学会认识自己以后,还有一个悦纳自己的问题。积极悦纳自己,就是无条件接受自己的一切,包括好的、差的、优势和劣势。

(1)合理定位理想自我。要有适当的目标水平、合理的理想自我定位。目标水平过低虽然很容易达到,但所取得的成就并不能带来真正的满足感,而且也抑制了个人潜能的充分发挥。不切实际的过高奋斗目标,个人再努力也难以实现,会降低自信心。每个人的能力都有一定的限度,如果一个人不能客观估量自己的能力范围,仅凭良好的愿望与热情,结果会使目标落空,个人心理蒙受打击,产生挫折感。因此,大学生应尽可能调整自己的目标,使之与自己的能力及各方面条件相匹配,既能调动自己的积极性,充分挖掘自身的潜力,又有实现预定目标的可能性。

(2)积极地评价自我。有不少大学生总以别人的长处比较自己的短处,觉得自己不行,那样只能越比越糟糕,不会有任何激励作用,反而会加重自身的心理负担。因为人无完人,金无足赤,每个人身上难免存在一些不足与不完善的地方,如其貌不扬、身材矮小、肢体残疾、家庭经济困难等,许多客观缺憾和环境是不能改变的。有的大学生由此产生自卑情绪,能认识自己却不能接受自己，这必然会增加自己的不安与痛苦。要改变这种心理现状，就要避免以唯一的标准进行社会比较，要认识到自己的优缺点，对自己有一个全面正确的评价，坦然地、积极地接受现实中的自我。

(3)扩展自己的交往空间。广交朋友，积累经验，扩展自己的交往空间，也是悦纳自我的途径。这是培养健康自我意识的需要，大学生应积极主动地扩大人际交往。多接触一些人和事，多交一些朋友，关心自己，也关心别人、关心社会，就会赢得别人的喜爱和认可，精神生活就会丰富、愉快。一个被别人接受的人反过来也更容易接受自己。通过人际交往，可以同他人交流思想、感情，相互启发，相互疏导，相互帮助，增进相互之间的沟通和理解。人际交往的时间与空间范围越大，就会得到越多的社会支持，从而建立起充分的安全感、信任感，促进自我的进一步肯定。

3.努力完善自我

(1)努力提高现实自我。提高现实自我是大学生不断修正现实自我的行为和相应的心理活动，使之朝着正确理想自我的方向发展。为了不断战胜旧的自我，重塑新的自我，就要努力发展自己，积极主动地为社会服务，勇挑历史重担。只有立足社会需求，从个人实际出发，使自己的行为符合社会准则和要求，才能得到社会的承认。

(2)锻炼自我调控能力。自我调控是大学生主动地定向地改变自己的心理品质、特征以及行为的心理过程。首先，要制订完善的行动计划和程序，使自己的行为有条不紊，避免盲目性，但同时也要注意制订计划后严格执行，不能朝令夕改。

(3)培养健全的意志品质。意志健全的人，在行动中表现出较强的自觉性、果断性、自制力和顽强力，而对自我的有效监督和控制，离不开意志的力量。只有意志健全的个体，才能做到对自我的有效控制，从而最终实现理想自我。因此，大学生都应在日常的生活中，提高对心理冲突和挫折的耐受能力，培养自我健全的意志品质。

附:自我和谐量表(SCCS)

下面是一些个人对自己看法的陈述,填答时,请你看清每句话的意思,然后圈选一个数字(1 代表该句话完全不符合你的情况,2 代表比较不符合你的情况,3 代表不确定,4 代表比较符合你的情况,5 代表完全符合你的情况)以代表该句话与你现在对自己的看法相符合的程度。每个人对自己的看法都有其独特性,因此答案是没有对错的,你只要如实回答就行了。

(1)我周围的人往往觉得我对自己的看法有些矛盾。	1	2	3	4	5
(2)有时我会对自己在某方面的表现不满意。	1	2	3	4	5
(3)每当遇到困难,我总是首先分析造成困难的原因。	1	2	3	4	5
(4)我很难恰当表达我对别人的情感反应。	1	2	3	4	5
(5)我对很多事情都有自己的观点,但我并不要求别人也与我一样。	1	2	3	4	5
(6)我一旦形成对事物的看法,就不会再改变。	1	2	3	4	5
(7)我经常对自己的行为不满意。	1	2	3	4	5
(8)尽管有时得做一些不愿意做的事,但我基本上是按自己意愿办事的。	1	2	3	4	5
(9)一件事好是好,不好是不好,没有什么可含糊的。	1	2	3	4	5
(10)如果我在某件事上不顺利,我就往往会怀疑自己的能力。	1	2	3	4	5
(11)我至少有几个知心朋友。	1	2	3	4	5
(12)我觉得我所做的很多事情都是不该做的。	1	2	3	4	5
(13)不论别人怎么说,我的观点绝不改变。	1	2	3	4	5
(14)别人常常会误解我对他们的好意。	1	2	3	4	5
(15)很多情况下我不得不对自己的能力表示怀疑。	1	2	3	4	5
(16)我朋友中有些是与我截然不同的人,这并不影响我们的关系。	1	2	3	4	5
(17)与朋友交往过多容易暴露自己的隐私。	1	2	3	4	5
(18)我很了解自己对周围人的情感。	1	2	3	4	5

(19)我觉得自己目前的处境与我的要求相距太远。	1	2	3	4	5
(20)我很少去想自己所做的事是否应该。	1	2	3	4	5
(21)我所遇到的很多问题都无法自己解决。	1	2	3	4	5
(22)我很清楚自己是什么样的人。	1	2	3	4	5
(23)我能自如地表达我想要表达的意思。	1	2	3	4	5
(24)如果有足够的证据,我也可以改变自己的观点。	1	2	3	4	5
(25)我很少考虑自己是一个什么样的人。	1	2	3	4	5
(26)把心里话告诉别人不仅得不到帮助,还可能招致麻烦。	1	2	3	4	5
(27)在遇到问题时,我总觉得别人都离我很远。	1	2	3	4	5
(28)我觉得很难发挥出自己应有的水平。	1	2	3	4	5
(29)我很担心自己的所作所为会引起别人的误解。	1	2	3	4	5
(30)如果我发现自己某些方面表现不佳,总希望尽快弥补。	1	2	3	4	5
(31)每个人都在忙自己的事,很难与他们沟通。	1	2	3	4	5
(32)我认为能力再强的人也可能遇上难题。	1	2	3	4	5
(33)我经常感到自己是孤独无援的。	1	2	3	4	5
(34)一旦遇到麻烦,无论怎样做都无济于事。	1	2	3	4	5
(35)我总能清楚地了解自己的感受。	1	2	3	4	5

计分办法及结果解释:各分量表的得分为其所包含的项目分直接相加。3 个分量表包含的项目及题号如下表所示:

分量表	题号	自测分数
自我与经验的不和谐	(1)(4)(7)(10)(12)(14)(15)(17)(19)(21)(23)(27)(28)(29)(31)(33)	
自我的灵活性	(2)(3)(5)(8)(11)(16)(18)(22)(24)(30)(32)(35)	
自我的刻板性	(6)(9)(13)(20)(25)(26)(34)	

将“自我的灵活性”反向计分，再与其他两个分量表得分相加。得分越高，自我和谐程度越高。大学生中，低于74分为低分组，75～102分为中间组，103分及以上为高分组。

案例1 走出自卑的阴影

一、案例基本情况

(一)基本资料

小南，女，汉族，外语系大一学生，独生女，家庭条件贫困，从小父母不在身边。

(二)自述

我从小就感觉很孤独，没有朋友，没有人关心我。考上大学后，我想从新开始，我想交朋友。一开始宿舍关系还挺好的，可是最近她们都离我而去，她们上课都不喊我一起，我挺伤心的。我自己感觉对待朋友挺真诚的，可是为什么大家都不愿意与我交往，都离我远远的？……来到大学以后什么事情都不顺利，前几天班里竞选班干部，我很积极地争取了，可是还是没能成功。昨天宿舍里进来一个人招聘打字员，说交上500元定金，就可以每月赚到800元。我信以为真，想可以打打工赚点生活费，可是没想到交上钱之后那个人再也联系不上了。之后我给妈妈打电话向她要生活费，她听到我被骗很生气，把我骂了一顿。我本来就是受害者，她还那样批评我，我跟她吵了一架。昨天晚上我越想越觉得伤心难过，我真的是一无是处了，我对大学生活失去了信心，甚至有时候想退学。

(三)问题形成过程

小南从记事起就是和奶奶一起生活的，童年期对父母几乎没有什么印象。父母常年在外地打工，每年只有春节才回家一次，待不了几天就又离开了。虽然没有父母的陪伴，但小南的童年也是幸福快乐的，因为奶奶对自己特别疼爱。小南也会有很多的朋友一起玩耍。天有不测风云，小南上初中时奶奶病逝，小南非常伤心，她渴望这个时候父母能陪在身边，可是为了生计，父母处理完奶奶的后事就又回去打工了，家里就剩下小南一个人。虽然能理解父母是为了整个家庭，但小南难以抑制心中的悲伤。小南的父母经常计较生活中的琐事，因而和亲戚的关系都处理得不太好。虽然小南只有一个人生活，但是亲戚们也很少有来看望小南的。小南经常会觉得自己很孤独，没有人关心自己。内心要强的小南，在别人面前表现得很坚强，生怕会被别人瞧不起，但内心里越来越悲观，与人交流越来越少，朋友也越来越少。

上高中的时候，家庭经济方面稍有好转，父母也从外地回到家乡做起了小买卖。一家人生活在一起，这让小南感觉到了一些温暖，但由于常年没有和父母一起生活，会经常因为一些琐事和父母吵架。考上大学以后，小南想从新开始，想交朋友，想参加一些活动锻炼自己，想让自己在性格方面和与人交往方面得到改善。可是事与愿违，几件事情都不顺利，让小南失去了信心。

二、案例分析

根据小南在咨询过程中提供的家庭状况、早期经历、学校教育、社会影响以及自身的个性特点等方面的情况与目前的表现，结合《心理咨询师——国家职业资格培训教程》中一般性心理问题的诊断标准，确定了小南是一般性心理问题，并从以下几个方面进行了分析。

1. 长期的亲情缺失，导致小南经常处于失落、苦闷等负性情绪中

亲情的需要源于依恋。我们每个人来到这个世界上最先接触的是父母，父母无微不至的呵护和关爱满足了子女的生理需要和安全需要。同时，儿童在与父母互动中相互之间的亲情关系日趋加深，成了其他人及关系很难替代的一种亲子关系，这就是子女对父母的依恋。在整个儿童和青少年时期，这种依恋关系使他们获得一种心理的支持力量，能够很好地面对外部世界发生的各种情况，他们的内心始终是安全的、充实的。

对于小南来说，父母外出打工极大地改善了家里的经济条件，但是与父母多年的分离，使她与父母之间的依恋关系难以建立，正常的亲情需要长期得不到满足，导致她经常出现失落、苦闷等负性情绪。

2.严重的自卑

自卑感是一种自我评价偏低，自觉低人一等的惭愧、羞怯、畏缩甚至灰心的复杂情绪。引起自卑的原因较多，奥地利心理学家阿德勒将引起自卑感的主要原因归结为3种：胜利缺陷、社会经济地位低下以及早期接受的错误教育。同时阿德勒还指出，每个人潜意识中都有自卑感存在，自卑感是导致个体挫折心理的重要因素之一。

小南从小跟奶奶一起生活，父母长期不在身边，感觉自己没有依靠和坚强的保护，与那些父母在身边的儿童相比，经常感觉自己被父母遗弃，被人歧视，觉得自己什么都不如别人。后来奶奶不在了，小南吃的和用的都要比同学差，因此小南有明显的自卑心理。

3.缺乏对人的信任感，难以建立良好的人际关系

亲情的缺失导致小南缺乏对外界的安全感和他人的信任感，使她表现出内心自闭、情感冷漠、自卑、缺乏交流的主动性等不良个性心理特征，而这些心理特征恰恰是最影响人际交往的心理因素，因此小南难以建立与舍友的亲密关系。同时由于父母与小南的交流也很少，小南的内心感受无处诉说，更加剧了她人际交往的困难。

三、案例辅导过程

1.表达同感与理解，获取信任与支持

小南认为所有的人都不理解她，不会喜欢她，因此，她鼓足勇气来到心理咨询室。心理咨询员首先要无条件地关注她，表达对她的理解和同感，建立充分的思想共鸣，获得小南的信任。这样，才有利于心理咨询继续开展下去。

对于小南的生活经历，心理咨询员对她表示了同理。并告诉她自己自从上小学就住在亲戚家，因为亲戚家离学校更近一些。在这里，心理咨询员进行了“自我暴露”。自我暴露对治疗者来说是一种有助于与来访者建立相

互信任和开诚布公的良好关系的影响技巧。心理咨询员的这种自我暴露，缩短了其与小南之间的心理距离。

2.分析原因，转变观念

从小南的叙述中，心理咨询员发现她有3条不合理的信念：第一，“同学、老师都瞧不起我，都不喜欢我”；第二，“我觉得全身没什么优点”；第三，“人际关系太复杂了，我简直无法适应。大学生活没有一点快乐”。根据美国心理咨询专家艾利斯（Albert Ellis）创立的“理性情绪疗法”的基本理论，小南的这种以偏概全、以一概十的不合理的思维方式会导致不合理信念的产生，以自己做的一件事或几件事的结果来评价自己整个人，结果常常会产生自责自罪、自卑自弃的心理以及抑郁的情绪。

要转变小南的不合理的信念，首先要告诉她，她的某种思维方式、信念是不合理的，并举出如“同学、老师都不喜欢我”等例子，引起她的疑问。其次，向小南解释什么是不合理的信念，以及为什么会产生不合理的信念。为此，心理咨询员介绍了ABC理论：A指诱发性事件；B指个体在遇到诱发性事件后相应产生的信念，对这一事件的看法、解释和评价；C是在特定的情景下，个体的情绪及行为的结果。这三者的关系中，个体的情绪及行为的结果C并非由事件A造成，而是由人对事件A的信念B造成的。心理咨询员以与不合理的信念辩论的方法为主要的治疗手段，对不合理信念进行质疑和挑战，以动摇小南的不合理信念，进而使她放弃这些不合理的信念，产生认知层次的改变。

3.布置任务，使其重新认识自我

在心理咨询员与小南进行了不合理的信念辩论后，小南感悟颇多，说自己从来没有想到自己的思维方式会不合理以及自己会有那样一些不合理的信念。这些对她的影响太大了，心理咨询员要求她回去后多想想，并可将自己的体会写在纸上。

为进一步帮助小南放弃不合理的信念，心理咨询员给小南布置了一项任务，即要求她回去后寻找自己的优点，通过向寝室的同学了解，甚至向老师、父母了解的方式来写出自己的10条优点，在下一次咨询时拿过来。如果在这个过程中遇到什么困难，要尽量克服，学会向自己挑战。

这项任务对小南来说需要勇气，但可以使小南提高自信，同时也激励她主动与同学接触，转变对老师、同学不合理的看法。小南欣然接受了心理咨询员的建议。

4.通过激励促其健康成长

此后的几次咨询，小南不仅交来她所调查的自己的10条优点，而且还交了两篇体会，并和心理咨询员一起对以前的不合理信念进行了多次探讨。对自己的10条优点，小南非常高兴和激动，一再表明是得到了寝室同学和老师的肯定。“没想到我还是有这么多优点的，看来，以前的观点真是不合理啊!”小南感慨地说。从小南的体会中可以看到，小南的人际关系也得到了改善。

四、效果评估

在增强了小南的自信后，心理咨询员进一步帮助小南适应学习生活，让她能够和谐健康地成长。针对她的具体情况，心理咨询员帮助她制订学习计划，鼓励她主动与同学交往，建立友谊。后来通过跟踪反馈得到的信息了解到，小南在咨询后感到心理压力减轻了许多，能够主动与同学沟通交流，也在舍友中找到了一个知己。据小南的辅导员说，小南再也没有提出退学，而且学习积极性也提高了。

五、关于案例的思考

在大一新生的适应过程中，存在很多由于自卑等心态而引发各种不适应问题的情况，而这些学生大多来自农村，这其中曾是农村留守儿童的占了很大的比重。近年来，社会各界愈来愈重视留守儿童的健康成长问题，“两会”代表也曾提出关注“留守儿童”群体的心理健康问题。为了能更好地帮助这些学生，我们高校学生工作者能做些什么呢?

首先，要给予他们情感上的支持。留守儿童最主要的问题是没有建立好良好的依恋关系，没有获得一种心理支持力量，他们的内心是不安全、不充实的，因而就不能更好地应对外部世界发生的各种情况。他们进入高校以后，我们首先要给予他们情感上的支持，让他们知道我们是关心他们的，关心他们的健康，关心他们的成长，让他们感受到温暖，重新获得心理支持力量。

其次，引导他们重新认识父母，学会感恩。父母虽然对我们的关注少了一些，但他们也是为了家庭，为了让我们有一个更好的学习生活环境，不得已而为之。借助父亲节、母亲节等有意义的节日，引导这些学生重新认识父母，感谢父母的养育之恩，并要学会对父母表达感情，重新获得心理支持。

再次，通过组织开展活动，让他们重拾自信。通过组织开展自信心、人际关系为主题的团体心理辅导活动，帮助他们正确认识自我，看到自己的优势，坦然对待成长环境带来的种种差异，消除自卑感，增强自信心，在新的学习环境中健康成长。

案例 2　和内在小孩一起长大

一、案例基本情况

（一）基本资料

小林，男，22 岁，家里还有两个姐姐已婚。

第一印象：小林高大白净，看起来是积极、阳光的一个男孩，但讲话声音很小，几乎听不到，而且很慢，说话时总眨巴眼睛。

（二）自述

老师，我从小就很胆小，一般在公众场合都不太敢说话。因为说话少，也很少能交到朋友。考上大学后，本来是想重新开始，让自己变成另外一个人，变得活跃一些，可是真的没那么容易。开始的时候，我强迫自己勇敢一些，参加了很多的社团，我极力地掩饰自己的胆小怯懦，在公众场合我都硬着头皮去表现自己。原以为这样多锻炼就可以改变自己，但我慢慢地发现并不能掌控一些局面，反而是经常会有挫败感，后来就越来越怕在公众场合露面。在宿舍里也是这样，舍友们欢声笑语的时候我也想融入进去，可是我越来越不知道该如何下手了。现在我学习成绩还好，在班里一般排前十名，但是我就是没有朋友，我不希望我的大学生活是这样的。

（三）问题形成过程

自己从小就很胆小，父母经常打架，父亲很暴力，经常殴打母亲，也打自己。有时把自己拖到大街上打，并且还向邻居说自己的孩子有多么不听话。曾经有一次父亲在打自己的时候，母亲只是在旁边看着，没有拦着父亲，也没有保护自己，从那以后再也喊不出“爸爸妈妈”。现在跟他们打电话的时候都是直接讲话。现在父亲不再动手打骂了，感觉自己也长大一些了，但在父母面前很叛逆。

二、案例分析

为什么会怕？因为内在小孩还没长大。“怕”的体验可能我们每个人都会有，只是程度不同。其实我们每个人的内心都有一个埋藏真实感受的部分，这个部分和我们日常生活的表现有所不同，是我们对事物真实的反应。我们将这个部分称为“内在小孩”，因为正如孩子一样，这个内在的部分是天真的、直接的。我们每个人的内心都有一个孩子，我们不确定他的年纪，但是很多时候他比我们以为的还要小。他是我们在年幼时受伤破碎的部分，深深地埋藏在我们的心里。对于小林来讲，他的内在小孩便是一个经历了很多创痛的退缩胆怯、浑身是伤的小孩。童年时期的小林，家庭关系并不和谐，父母经常打架，而且父亲经常对母亲和自己大打出手。有一次，小林因为去同学家玩忘记了时间，回家晚了一些，结果被父亲拖到大街上暴打一顿，而且父亲还说：你们都看看，我们家的儿子这么不听话……类似的经历还有很多，这些经历给小林的内心带来了深深的创伤。内心的那个小小的自己再也不敢长大，只想当个无助可怜的小朋友。但是随着小林慢慢长大，他需要去面对现实生活中的各种状况，这时内在小孩却因为害怕而阻止他前进，这就与已经成人的小林发生了冲突。

三、案例辅导过程

本次咨询主要运用了内在小孩治疗法。该疗法是近年来颇为引人注目的心理治疗方法。在心理治疗领域最早讨论内在小孩概念的是荣格（Carl Gustav Jung），他于 1940 年出版的《儿童原型心理学》（*The Psychology of the Child Archetype*）中，以“在里面的小孩”（child within）指称儿童原型。而第一位正式使用“内在小孩”（inner child）这个词汇的则是密思丁（W. Hugh Missildine），他在 1963 年出版 *Your Inner Child of the Past* 一书（中译书名为《探索你内心的往日幼童》，彭海阳等译，雅歌出版社），以整本书讨论内在小孩概念及治疗方法。不过，内在小孩治疗法并不是一个统一的理论或方法，不同的学者与实务工作者往往从不同的角度宣称并使用内在小孩治疗法。

内在小孩治疗法的主要治疗目标在于提升患者的自尊与自我价值感，减少自怜自恨，增进自爱与自我抚慰的能力。内在小孩治疗法并没有统一的治疗步骤和技巧，因而只要基本理念一致，不同理论取向的治疗师可以依其擅长的技术与步骤达成目标。使用内在小孩治疗法时，不论内在小孩所指涉的是过去创伤、童年记忆、次人格、赤子之心还是内在超越力量，重要的是患者能确实指认或感受其内在小孩的存在。内在小孩治疗法处理的是个人与自己的关系，重要的不是现在或过去发生了什么事，而是当事件发生后，个人与自己的关系是否改变，以及个人如何对待自己。如果一个人与自己的关系亲近，则生活将是有活力、充满创意与能量的；若关系是疏离的，则容易感到对生活厌倦、无力及无意义。

由于内在小孩有一致的治疗目标，但并没有统一的治疗步骤与技术，甚至没有一致的治疗焦点，因此，到底是一种“治疗法”还是一种“治疗观”，都仍有对话的空间。不过，从实务工作的角度来看，“内在小孩”却绝对是深具“友善性”的词汇，如同心理分析、潜意识等词汇能在社会大众口中普遍流传使用一样，“内在小孩”一词也具有相同优势，容易被人们接受，减少大众对心理治疗的畏惧感，相当有助于治疗关系的推展。另外，也由于“内在小孩”所指涉的概念有别，增加了在心理治疗领域内误解彼此对话意义的机会，因此致力统一内在小孩的意义或在对话时澄清自身使用内在小孩时所指涉的概念，是未来相当值得注意的事。

（一）寻找身边的资源

咨询中我运用了格板技术，引导小林去寻找身边的资源。小林在格板上摆出了自己的家庭，其中自己是站在中间的，四周分别是爸爸、妈妈和两个姐姐。小林说这样才觉得安全。

【对话节选】

咨询师：现在看看格板中的你，你感觉怎么样？

来访者：我觉得这样才安全。我在学校里只有学习稍好一些，其他方面都不好，也努力改变，但越努力越糟糕。我现在只想回家。

咨询师：嗯，回到家中你会感觉安全。

来访者：但是我又会觉得很孤独。我没有朋友，和父母、姐姐又没有什么可交流的。

咨询师：你刚才说没有朋友，现在我们来仔细地想一想，真的没有一个朋友吗？

来访者：（犹豫了一会）我们班别的宿舍有一个还能谈得来的，他情况和我差不多，我们有点同病相怜。（说着小林在格板上摆上了一个同学，紧紧地靠在小林的身边。）

咨询师：能详细说说你们在一起都做些什么吗？

来访者：我们经常一起上自习。

咨询师：和他一起上自习感觉如何？

来访者：感觉挺踏实的。

咨询师：想一想你身边的同学还有关系较好一些的吗？

来访者：好像宿舍里有两个同学关系也还可以。（小林一边说一边把两个同学摆在格板上。）

咨询师：现在再来看一下，感觉怎么样？

来访者：现在看上去倒是好一些了，我看上去并不是真的孤独，我还有一些朋友。

咨询师：嗯，其实你身边可能还有更多的朋友或者同学，这些都是你的资源。当你感觉孤独或者遇到困难的时候，想到他们或许会感觉更有力量。

（二）找到内在小孩

第二次咨询的时候，我运用格板技术带领小林重新认识自己。小林用 4 个不同颜色形状的人物来代表自己，一个是方形的高大的形象，他说这个是理想中的自己，他希望自己坚强、勇敢、自信、有力量；后面是两个同样高大，形状是圆形但颜色不一样的人物，其中红色的那个是面对父母时愤怒的自己，原木色的是平时生活中表现出来的自己，貌似高大、圆滑、强大，但这并不是真正的自己；最后面又跟了一个小小的弱弱的孩子，他觉得这个小小的孩子更像真实的自己，胆小、焦虑，小林说特别讨厌他，很排斥他，不想让他跟着。摆放心理格板的过程，小林纠结了很长时间，但是他仍然慢慢地发现了自己的内在小孩。我引导小林看着这个小小的弱弱的孩子，想想他经历过的事情，引导小林慢慢地去理解他、接纳他，和他一起长大。

【对话节选】

咨询师：听上去你好像很不喜欢他，你想让他消失，是这样吗？

来访者：嗯。

咨询师：那他会消失吗？

来访者：（沉默……应该是在思考）不会。

咨询师：你很不喜欢他，但他又不会消失，那怎么办呢？

来访者：（沉默……）接受他吧。

咨询师：怎么做才能接受他呢？

来访者：保护好他，让他不再受到伤害。

咨询师：怎样才能让他不受到伤害呢？

来访者：避免参与一些会受到伤害的活动，比如总想成为宿舍里的主导者，总想着主宰宿舍的谈话，但每次都会很挫败，那就暂时放弃这个想法，舍友谈话聊天时自己也可以不参与，理解自己不参与的行为。

咨询师：你能够理解自己，降低对自己在社交方面的期待，这很好。但是如果遇到一些力所能及的事情，你会积极去参与吗？

来访者：应该会吧。

咨询师：在一些力所能及的事情上，你可能会比较容易成功，如果成功了，你会觉得怎么样？

来访者：我应该会觉得很有成就感吧，会觉得有了力量。

在咨询的过程中，小林慢慢地意识到需要接纳胆小的自己，需要降低对自己的期待，需要去避免一些会挫败的事情，更需要去勇敢尝试力所能及的事情，来增强自己成功的体验，慢慢地让自己长大，让自己变得更加有力量！

（三）接受胆小的内在小孩，和他一起长大

第三次咨询时，小林将5个不同的形象按照从小到大一字排开，第一个也是最小的一个是胆小的自己，后面是内心逐渐强大的自己。他说这几天他感觉自己有些力量，并且在做一些尝试。他说前几天他帮助宿舍舍友打热水，后来舍友很感激他，这个事情让他内心充满了温暖的感觉，并且感觉有力量去做其他的事情。小林说最后一个方方正正的人物就是自己未来的形象，也是自己努力的方向。这个方方正正的人非常正直、坚强、有力量、自信。小林说虽然自己知道这个成长的过程非常漫长、艰难，但是自己清楚存在的问题和努力的方向。

这一次的咨询过程是非常愉快的，小林的语气当中也时常充满一些兴奋、力量的感觉。小林已经找到了自己的方向。

四、心理咨询效果

通过3次的咨询，小林能够理性地看待自己，他不再刻意地去表现，而是做一些力所能及的事情；小林和“同病相怜”的同学相处得很好，他们相互支持，并且在学业上共同进步，逐渐地建立起更加深厚的友谊；小林与父母的关系虽然有些缓和，能够理解当年父母的一些所作所为，但是心理上依然感觉有一些隔阂。

五、关于案例的思考

(1)“内在小孩”的概念容易被接受，会减少来访者对心理咨询的畏惧感，有助于建立来访者与咨询师之间的咨访关系；另外，运用“内在小孩”的概念，引导来访者去探索自己，认识自己，处理和自己的关系，有助于来访者的成长。

(2)家庭教育方面，父母不应以侮辱的方式教育孩子，伤及孩子的自尊。

(3)学校教育方面，应开展多层次的、多种形式的文化活动，创设情境，增加学生的体验感、成就感。

案例3　你比你想象的更美丽

“我太胖了！”身高 167 cm，体重 52 kg 的大三女生小黄仍然这样抱怨，她觉得要减到 50 kg 以下才算美。她制订了减肥计划并开始节食，每天早上不吃饭，晚上只吃黄瓜。如此坚持一个月之后她一称体重 47 kg 了，减肥成功令她喜不自胜。可是没过几天，她照镜子的时候发现自己的脸部瘦得颧骨都凸出来了，不好看了。她很苦恼，于是决定再增肥。可是看着面前的食物，她怎么也没有食欲了，她厌食了。

发生在我们身边的类似的现象还有很多，有的抱怨大腿太粗，有的嫌自己皮肤太黑，有的不喜欢自己的长相，有的觉得自己哪一方面都不如别人……大多数人对自我都有或多或少的不满，这源自我们内在的自卑感。说到这里，我想起了一个非常令人深思的视频《你比你想象的更美丽》。视频讲述的是一个职业画师为众多女性画像，画师并不见女性本人，而只是分别根据女性自己和朋友的描述作画，结果令人大吃一惊：朋友描述的画像要比本人描述的画像美丽得多。看着关于自己的两幅不同的画作，这些女人们有了更多的感慨：“原来在别人眼里我并不是那么郁郁寡欢，而是更加开朗”“我应该更珍惜自己最自然的那一面”……故事发人深省，我们的确对自己过于苛刻和挑剔，我们花了太多的时间去修饰和掩盖自己觉得不够好的地方，却不知不觉忽略了更多美好的事情。案例中的小黄正是如此，她追求美，却不知“自卑”正在让她渐渐失去美。殊不知，一个内心充满阳光和自信的人才是真的美。那如何才能让自己更加自信呢？

一、放手那些“不完美”

我们在不断修饰自己的一点点小问题的同时，时间悄悄地溜走了，生活范围也在不知不觉中变得狭窄了。案例中的小黄便是如此，她在减肥又增肥的过程中，由于作息时间、饮食习惯等与别人不同，逐渐地脱离了群体，并且由于大家也不能理解身材已经很完美的小黄为何还要减肥，彼此之间也产生了隔膜，渐渐疏远了。可见一直抓着那些小小的问题不放，不但不会解决问题，反而会让问题越“抓”越大。所以，对于我们自己的那些“不完美”，学会放手是个不错的选择。

二、经常进行积极的自我暗示

心理学研究发现，肯定、认同自己的人比否定、拒绝自己的人更容易建立自尊和自信。案例中的小黄对自己有个否定的认知就是认为“我不够好”，所以帮助小黄走出困扰的首要目标就是协助她重建一个较为积极的自我概念，改变她对自己的错误认知，使她能够接纳自己、信任自己。同时鼓励小黄每天进行积极的自我暗示，比如每天出门之前对着镜子说：恩，我真的很不错！积极的肯定会让她充满信心，充满力量。

三、花更多的时间来做我们真正热爱的事情

放手了那些“不完美”，进行了自我肯定和积极暗示，“自信”就会主动来敲门了吗？或许会有人躺在床上这样问。我想说，如果没有实际行动，一切都等于空想。所以，在有了意念的力量之后，要花更多的时间来充实自己，做你能做到的事情，做你热爱的事情，让不断获得的“自信”来培养“自信”。当拥有了自信，拥有了丰厚的知识底蕴，在言谈举止中你就会源源不断地流露出一种知性的美，那才是真正的美！

案例4　相信自己，明天更美好

一、案例基本情况

（一）基本资料

小贺，男，24岁，大二学生，山东省菏泽市人，家庭贫困，性格内向。父母均是农民，务农，无其他经济来源。父母平时很少与小贺交流，小贺在初高中时和其二叔交流较多。小贺凭着自己的努力考入大学，选择了一本专业，步入大学后，成绩中等。

（二）主诉

来访者小贺说，近一个多月来，上课经常走神，注意力不集中，失眠，思想压力大。

（三）自述

我在初高中时成绩一直非常优秀，在长辈的眼中，是个名副其实的三好学生。但是我表哥在高三时由于压力大出现了精神崩溃，最终由医院确诊为精神病，此后一直长期吃药治疗。因此，家中的长辈和亲戚一直担心我，怕我也变成精神病。在我高三时他们轮番、多次劝解，希望我不要像表哥一样，一直告诉我压力不要太大，尽量放松。在高考时，我二叔坚持让我报考生物类的专业，毕业后好到酒厂帮忙，但是我不同意，坚持选择了土木专业。刚开始的时候，我对能来这里上学是很期盼的，也特别自豪和开心，因为在我所在的高中，我的高考分数是最高的，而且进入了这个学校最好的专业。村里人都知道了，夸我有出息，我爸妈很高兴，亲戚来我家走动得也多了，不像以前，只有我二叔来我家。

说起我二叔，我也说不清对他的看法。他原本是一个黑社会成员，现在做的是酒厂的生意。他是一个只关注我学业，却从不关心我生活的人，且喜欢自造词语，说话自相矛盾，喜欢对我讲大道理。所以，对二叔的话，我认为理解上有困难(例如，二叔说“不三不四”的意思为不是三，也不是四)。

慢慢地，我开始想一个人安静地待着，心理压力大的时候，不愿意想任何事情，平时也会觉得无所适从，不知道做什么，也什么都不想做，更不想和别人交流，在宿舍时，不希望别人说话大声，否则会打断我的思考和安静空间。所以，我和宿舍同学的关系很一般，我觉得班级同学都看不起我。

(四)精神状态

来访者体形偏瘦，衣着整洁，打扮合乎学生身份，无意识动作偏多，不时地搓手，不停地看手机，说话声音微弱，情绪低落。

(五)身体状态

来访者身体健康，无躯体疾病，最近一段时间睡眠质量不好，难以入睡，感觉疲倦。

(六)社会功能

来访者经常注意力不集中，心不在焉，在宿舍时不允许别人说话大声，有时为琐事与宿舍同学发生争吵。

(七)问题形成过程

小贺家庭比较贫困，父母身体不太好，经济来源比较单一，父母有时会和亲朋好友借钱，除了自己的二叔以外，身边的亲戚走动得越来越少，也很少愿意把钱借给父母。直到小贺考入大学，在没有足够学费的情况下，亲友却主动将钱借给父母，并以小贺为榜样教育自家孩子。步入大学后，身边佼佼者众多，自己非常努力，但学习成绩一直在中等，自己深感无力，担心父母和亲友知道，怕他们不再以自己为骄傲。

小贺在两个月前回家了一次，与二叔争论问题时，二叔恼怒中称：“你简直就是精神病!”此后，小贺感觉非常难受，而且随着时间的流逝，小贺开始不断地否定和怀疑自己。

二、案例分析

(一)评估与诊断

该来访者精神状态正常，无重大躯体疾病表现，根据来访者的相应症状，可以排除精神病、严重心理问题以及焦虑性神经症。

小贺的心理问题是近期发生的，其心理冲突是由现实生活中亲人的一次指责所激发，引起对自我的评价降低。强烈的自尊心和自卑感的心理冲突，导致心理失衡，并为此焦虑、紧张，人格相对稳定。而内容尚未泛化，有很好的自知力，主动求助愿望强烈。采用 SCL-90 症状自评量表，各因子分及总分可以看出，小贺以焦虑、抑郁、躯体化和人际敏感为主。

【延伸阅读】自卑

自卑是一种性格上的缺陷。自卑心理往往有两个相反的表现：一种是由自我否定产生的退缩，表现为做任何事情都畏缩不前，甚至在别人面前不敢抬头，不敢大声说话；另外一种是为了掩饰内心的自卑而产生的故作自高自大、目中无人、我行我素。具有自卑心理的人不仅气量狭窄，而且他们有着极强的自尊心。

（二）原因分析

1. 社会因素

表哥生病、二叔的指责，以及小贺自身的不合理认知；人际关系方面，与舍友关系一般，新环境里缺乏可以倾诉的知心朋友，缺乏来自社会支持系统的帮助，未能及时得到父母、老师及同学的理解和关注。

2. 人格因素

性格偏内向、不稳定；对自我的认知存在不合理信念；自我评价不够全面、客观。

三、案例辅导过程

根据来访者的情况，决定采用合理情绪疗法。一是帮助来访者认识到自我认知中的不合理信念，并建立新的合理认知模式；二是改善来访者的焦虑情绪，协助来访者在日常生活中学会适当运用放松技术或积极自我暗示，改变其错误的认知模式，减轻自卑心理，增强其自信心；三是完善来访者的个性，形成正确的自我观念，提高适应新环境和解决新问题的能力，增强其自信和社会适应能力，促进来访者的心理健康和发展，达到人格完善。本案例主要运用的技术有：与不合理信念辩论、合理情绪想象和认知作业。

【延伸阅读】合理情绪疗法

合理情绪疗法认为,使人们难过和痛苦的,不是事件本身,而是对事情的不正确解释和评价。事件本身无所谓好坏,但当人们赋予它自己的偏好、欲望和评价时,便有可能产生各种无谓的烦恼和困扰。其基本理论依据为ABC理论,根据这一理论,情绪不是由某一诱发事件本身引起的。而是由经历了这一事件的个体对这一事件的解释和评价所引起的。通过与来访者交谈,找出其情绪困扰和行为不适的具体表现(C),以及与这些反应相对应的诱发事件(A),并对两者之间的不合理信念(B)进行分析,与不合理的信念辩论(D),使来访者领悟到自己的不合理信念,进而修正或放弃原有不合理信念,并代之以合理信念,从而使症状得以减轻或消除,达到新的情绪及行为的治疗效果。

从来访者进入辅导室的动作和表情等方面也可以反映出一些问题。他小心翼翼地坐在椅子上,两手放在腿上,低着头。这些肢体语言可以从一个侧面反映出来访者的不自信。从来访者对自己的描述中可以看出,他非常自卑,对自己的评价很不客观,也不正确。例如,表哥有精神病,自己也快要精神崩溃。由于自己的一些不合理的信念,自己的情绪变得很低落。这是一种过分概括化的不合理的思维方式。正是这种不合理的思维方式使其产生了自卑自弃的心理。因此,咨询师对他运用了合理情绪治疗的方法进行辅导。首先,指明他的这种过分概括化的思维方式是不合理的,不能因为一方面的失败而全盘否定自己。其次,向来访者指出他的情绪困扰是由于他自身的这种不合理信念所导致的,然后让来访者学会与不合理的信念辩论,帮助来访者认清其信念的不合理性,进而放弃这些不合理的信念,帮助来访者产生某种认知层次的改变。最后,帮助他学会以合理的思维方式代替不合理的思维方式,以避免再次成为不合理信念的牺牲品。另外,要求他尝试一些行为改变,主动去试着与其他同学交流,与父母多交流。

【对话节选】

咨询师:你觉得,是什么原因让你处于现在这个精神状态?

来访者:周围的环境太嘈杂,找不到安静的地方,我要精神崩溃了!

咨询师:假如说,你现在在图书馆,周围的环境很安静,你能静下心来吗?

来访者：不知道，其实我什么也不想做，不想看书，就想自己待着，安静地待着，就像在宿舍一样，他们都去上课，我自己在屋里待着就挺好。

咨询师：大学生活可以结交到很多志同道合的朋友，为什么不想和他们在一起呢？

来访者：他们都看不起我，我没有办法和他们在一起。

咨询师：那他们瞧不起你什么呢？

来访者：（思考一会）我二叔说我有精神病。

咨询师：那你认为，你有精神病吗？

来访者：我当然没有！

咨询师：但是你很在乎他的这句话，是吗？

来访者：是的，尽管他有很多毛病，可他是我很信任的人！我二叔根本就不懂什么是精神病，他就是讲道理讲不过我，恼羞成怒就这样说我了！只是，就算他不说，我仍然一无是处。

咨询师：为什么会这样想呢？有什么依据吗？

来访者：我学习成绩不像以前那么好，家里也穷，谁会愿意和我这样又穷又没能力的人当朋友？

咨询师：那我们来一起看看同学对你的评价好吗？嗯，“学习刻苦，心地善良，乐于助人，为人真诚，生活上也不铺张浪费”。看来你在周围人的眼中还是有很多很多优点的。你是怎么看这些评价的呢？

来访者：（嘴角有些上扬，情绪逐渐平和，且放松下来）也许，是我没有看到自己内在的一些小小优点吧。原来，同学们并不嫌贫爱富。

咨询师：人们对事物都有一些自己的看法，有的是合理的，有的是不合理的，不同的想法可能会导致不同的情绪结果，如果你能认识到你现在的情绪状态是你头脑中一些不合理的想法造成的，那么你或许就能控制你的情绪。

来访者：我知道了，同学们不是我那些亲戚，所以，没有我自以为的嫌贫爱富，也没有我自以为的怕我借钱不还。

咨询师：好的，那么，你想要个安静的环境，是真的想要思考什么吗？

来访者：（不好意思地挠挠头）其实，我是怕，怕他们看不起我。我想尽量和他们保持距离，每当听到他们谈论苹果手机、运动品牌，亲友是什么老板、官员的时候,我就想躲开,我就感到特别焦虑、郁闷、苦恼。

咨询师:造成你现在这种情绪状态的直接原因就是你对这些事情的看法。我希望你能记住一句话:人不是被事情的本身所困扰,而是被其对事情的看法所困扰。你明白这句话的意思吗?

来访者:(沉思,点头)我觉得你说的这些有道理,我回去好好想一想。

咨询师:既然生存在这个世界上,就有自己存在的价值,而且只有自己最了解自己,应当对自己充满信心。我们来做一个作业,当再出现这样的情况时,我们来和不合理信念进行辩论:

(1)他们谈论这些不是针对我,每个人都有谈论这些话题的自由。我也并不需要避开这些话题。

(2)同学和朋友并不会因为你的家庭经济条件而判定你的为人。

四、咨询效果

(一)来访者自我评估

自信心提高了,不再盲目跟他人比较了,跟同学关系好了,也开始向城里同学学习他们擅长的知识和领域了;心情好转,不再紧张焦虑;能较好地集中注意力学习,睡眠有所改善,学习效率也提高了。

(二)室友反映

小贺有更多时间跟大家接触,人际关系改善了,心情开朗很多。他也恢复了以往经常和其二叔打电话的状态。

(三)心理测验结果

来访者 SCL-90 各项因子均小于 1;SDS 为 38,无抑郁症状;SAS 为 42,无焦虑症状。

(四)咨询师的评估

来访者谈到自己时不再那么沮丧悲观了,能正确面对自己的不合理认知,积极乐观,自我接纳能力提高了,建立了新的合理信念,信心也提高了,学习、睡眠也恢复到较好的状态。

五、关于案例的思考

自卑学生普遍表现为父母均为农民,家庭经济条件差,内心较敏感,自尊心强，对他人的某句话会关注过多。这类学生过分看重自己的弱点，容易产生心理不平衡。人的心理状态应该相对平衡，具有一定的稳定性。然而，这种平衡常会被争吵、歧视、侮辱、压抑等突发事件所破坏。这类学生很容易产生自卑、羞耻、怨恨、不满，甚至低人一等的情绪；重者，会变得呆（思维迟钝，记忆衰退）、懒（四肢乏力，懒于读书做事）、忧（忧心忡忡，对任何事提不起兴趣，甚至丧失理智，做出意外的出格行为）。

人际交往是交往双方积极主动的过程，主动大胆地与同学交往有利于消除自卑心理所带来的交往障碍。在与同学的交往中，要有成功的信心，不要总是被人际交往可能会失败的心理所困扰。只有通过多与人交往，才能发现自己的优点和缺点，进而形成正确的自我评价，增强自信心。由于自卑心理的影响，小贺常常害怕与人沟通交往。他总是自惭形秽，与他人在一起时总感到非常压抑，才会逐步变得害怕面对他人，想要独处，进而排斥外界嘈杂声音。

在本案例中，咨询师与来访者小贺建立了良好的咨询关系，比较全面地掌握了小贺的基本状况及其对自身自卑和亲人矛盾的情绪问题的认识。基于来访者的成长经历、性格特点以及具体情况，在咨询过程中应用合理情绪疗法，辅以积极暗示法协助小贺认清自身存在的不合理信念，经过调整、修正认知观念，建立新的合理的认知模式，最终取得了较好的咨询效果。

案例 5　在疑虑的数轴上

一、案例基本情况

（一）基本资料

小泽，男，21 岁，大三学生，家中独子。父母文化程度均不高，父亲做小本生意，母亲一边协助父亲打理生意，一边照顾父子俩起居。家庭经济情况尚可。从小学到高中，小泽学习成绩均中等偏上。进入大学后，小泽学习有些吃力，但没有不及格科目。其平日里跟同学交流不多，跟一个舍友交往还算亲密，偶尔也会参加些班级活动。

第一印象：衣着整齐朴素，举止局促不安，神情略紧张。语言表达清晰顺畅，逻辑思维连贯，自知力完整。

（二）自述

半年前，我看到一篇新闻报道有人在公交车上用带艾滋病病毒的针头扎乘客，以此报复社会。从那开始，我不敢去人多的地方，不和陌生人交谈，走路的时候会不自觉地四下张望，看看周围有没有坏人尾随自己，伺机给自己注射带有艾滋病病毒的血液。我不吃带辣椒或是红汤的饭菜，因为那看起来像带有艾滋病病毒的血液。身上某一处地方疼痛，我就认为是坏人给自己注射了病毒。后来，国内多地发生了禽流感，我又开始担心自己得了禽流感，不吃鸡、鸭等禽类，不去超市。看电视剧主人公得了脑癌，我又觉得自己好像也经常头痛，怀疑自己是脑癌患者，请求父母带我去医院检查。父母带我去医院做了全面的身体检查，检查结果显示自己身体健康，但仍不能打消自己的顾虑。医生为我开了一些治疗失眠、焦虑的药物，吃了也没什么好转，反而一个月胖了 10 斤。母亲又听老家朋友介绍有一位老中医专治此病，吃 7 副中药即可痊愈，母亲对此深信不疑，带着我回老家开药，药吃完后自己的情况并无改观。母亲担心我的安全，现已从老家赶来学校专职照顾我的饮食起居。

目前，自己的生活、学习均受到影响，晚上经常失眠，上课也无法集中注意力。照这样下去，自己能否顺利毕业都未可知，故主动前来求助。

（三）问题形成过程

小泽从初中开始就暗恋班里的一名女同学，但由于母亲管束严格，一直深埋于内心，不敢对任何人吐露。大三寒假期间，小泽终于鼓起勇气向其告白，女生直白地拒绝了他，觉得小泽身高太矮，又有些胖，而自己喜欢高大帅气的男生。小泽觉得很没有面子，家里人都把他宠上天，还夸赞自己学习又好，人又听话，没想到在自己喜欢的女生眼里如此不堪。

与此同时，寒假里，自己最爱的爷爷因肺癌不幸离世，对小泽打击很大，一时无法接受这个现实。上学前，父母因忙于生意，无暇照顾自己，早早就把他送到幼儿园，但小泽很难融入其中，不喜欢和其他小朋友玩，于是父母便把他寄养在爷爷家。小泽跟爷爷感情很深，再加上是家中独苗，一家人都把他视为掌上明珠，想吃什么玩什么全家都会满足他。如今爷爷去世，想到爷爷离世前遭受的折磨以及爷爷瘦骨嶙峋的模样，小泽就感到莫名恐惧。不久后，小泽姑妈也被诊断为肺癌早期，小泽便认定肺癌是会遗传的，开始怀疑自己和父亲是不是也遗传了肺癌。

于是，小泽开始上网查询一切跟肺癌有关的信息——肺癌的症状，发病的原因，是否有遗传性，一旦确诊有没有有效的治疗措施，能活多久等，越查越害怕，越害怕越想查。但网络上的说法大相径庭，有人说肺癌遗传，又有人说不遗传，主要和吸烟有关。看到不遗传的说法，小泽如释重负，可看到遗传的说法，又开始惴惴不安。就这样，小泽在循环往复的肯定与否定之间变换，心情也如同坐过山车，大起大落。

小泽就这样度过了寒假。开学后的一天，小泽在浏览新闻的时候忽然发现一篇报道，说有人在公交车上拿带有艾滋病病毒的针头扎乘客。从那开始，小泽的恐惧一发不可收拾，便有了后来一系列的事情。

二、案例分析

（一）评估与诊断

小泽在陈述过程中，思维连贯，自知力完整，有主动求助行为，因此排除精神障碍。根据小泽的情况，采用 MMPI（明尼苏达多项个性调查表）和 SCL-90（症状自评量表）对其进行心理测量。结果显示，Hs（疑病）量表、D（抑郁）量表得分均超过常模分数，且躯体化因子和焦虑因子得分显示为阳性，而各类医学检查并未发现明显的器质性病变，故诊断为疑病性神经症，并伴有中等程度的抑郁和焦虑。

【延伸阅读】疑病症

疑病症是躯体形式障碍的一种亚型，以担心或相信自己罹患严重躯体疾病的持久性优势观念为主。患者表现为过分关心自身健康和身体的任何轻微变化，并作出与实际健康状况不相符的疑病性解释。患者因各种症状反复就医，但各种体检的阴性结果和医生的解释，均不能消除其对疾病的疑虑。患者常伴有焦虑与抑郁。疑病症主要表现为3种症状:①对健康过虑;②对身体的过分注意;③感觉过敏和疑病观念(妄想除外)。

随着互联网的普及和电子信息设备的便捷化,疑病症又衍生出一种新的亚型——网络疑病症。网络疑病症是指个体由于在网上重复搜索与疾病和健康相关的信息而使个体的焦虑水平增加的症状。本就有健康焦虑的人为了使自己安心,在网上搜索疾病相关信息,如果搜到的信息无法打消顾虑,焦虑程度就会增加,继而选择继续搜索求证,并倾向于关注更严重的、罕见的疾病信息,或者把普通症状扩大化,又或者进行负性的不合理解释。

本案例中的小泽,就是在爷爷离世后触发了对自身健康状况的担忧,继而在网上反复搜索肺癌的相关信息,并不断给自己心理暗示,从而引发了更强烈的焦虑和恐惧,最终将对肺癌这种疾病的疑虑泛化到其他疾病上。

(二)原因分析

1. 社会因素

爷爷离世,姑妈患病,表白遭拒,小泽原有生活的稳定性受到影响,缺乏安全感,成为发病的诱因。

2. 人格因素

内向、孤僻、偏执、敏感、胆怯、脆弱,过分关注自身,以自我为中心,兴趣狭窄,暗示性强的人格特征可成为疑病症发病的人格基础。日本心理学家森田正马将这些概括为“疑病素质”。他认为,有疑病素质的人,精神活动指向自我内部,关注自身躯体和精神方面的情况,对身体和心理两方面的不适、不快或异常极为敏感,极为关注,稍有风吹草动,就惶惶不安,而形成疑病。

小泽性格内向,不爱与人交往,社会圈狭窄。家人的过度保护与溺爱导致小泽以自我为中心,强调个人的价值和重要性,过分关注自我感受。母亲在其成长过程中对其管束较为严格,时常因为小泽犯错误体罚他,导致小泽胆小怕事,一直努力做母亲眼中的乖孩子,安分守己,从不在外惹事。

人格因素是基础,社会因素是诱因。生性敏感多疑的小泽在社会环境因素的诱发下,注意力集中于自己的身体或精神的变化,其感觉越来越敏感，由此注意力也越来越高度集中，精神的交互作用使症状不断发展并最终形成疑病症的症状。

三、案例辅导过程

根据来访者的情况，采用森田疗法结合放松疗法进行治疗，确定心理辅导方案分 3 个方面：一是针对来访者的疾病恐惧，运用森田疗法中的“顺其自然”原理，引导来访者能够接受症状及其他问题；二是以森田疗法中的“为所当为”原理为指导，帮助来访者将注意力转移到可控制的行为上，由关注自身感觉、情绪转移到关注行动，完善人格；三是针对来访者的紧张、焦虑和恐惧情绪，采用放松疗法指导来访者进行情绪放松。辅导过程中要求来访者坚持记日记，记录每天的活动和感受，咨询师对日记内容进行批注。

【延伸阅读】森田疗法

森田疗法是日本心理学家森田正马创立的一种心理治疗方法。目前，这种疗法被广泛应用于各类神经症、抑郁症、人格障碍等心理问题的治疗当中。森田疗法的基本原则是顺其自然和为所当为。

顺其自然，即顺应事物发展的客观规律，就是要对日常发生的不适和不良感受以及各种杂念等采取容忍、承认、接受、不抵制的态度，认识到要以主观的力量去改变自然存在的事物和规律是不正确的，是违背自然规律的，也是徒劳的，不排斥症状，不排斥不良感受，不力图去掉偶尔出现的杂念。这不仅能减少痛苦感，还能最终打破精神交互作用，消除症状。

为所当为就是在症状仍然存在的情况下，也要努力做好应做之事。当症状发生时，来访者往往认为要先消除症状，才能正常生活。这种观念会导致来访者一直关注症状和自身情绪，造成症状表现愈加强烈、情绪感受愈加痛苦的后果。同时，来访者也无心关注生活、学习等其他事情。如果能将对症状、情绪的关注转移到行动上，即忍受痛苦投入现实生活中，带着症状积极生活，将内部能量投放到外部世界，在行动中体验成功，这样在不知不觉中就会改善症状，陶冶人格，打破精神交互作用。

(1)来访者症状出现时内心极度抵抗或排斥，努力想去克服，而越想克服则内心冲突越严重，苦恼越严重，症状也越顽固，从而进入了一个滚雪球式的恶性循环。究其原因是来访者认为这些症状是“不该有的”“后果严重的”。如果能够正视症状及出现的其他问题，对其采取不在乎的态度，那么就能够排除这种心理冲突。

【对话节选】

咨询师：你刚说了很多的疾病，肺癌、艾滋病、禽流感、脑癌……说的这些，哪怕加上你将来还可能担心的其他疾病，它们能导致的最坏的结果是什么？

来访者：死。

咨询师：你的意思是不是可以理解成，你所有的担心都指向了一个结果。

来访者：嗯，我确实很怕死，我还那么年轻。

咨询师：你既然提到了怕死，那你如何看待怕死这个问题？或者说，你认为怕死是你个人的特性，还是人类的共性？

来访者：当然是共性了，并不是只有我会怕死，每个人都会怕死，这是人类的本能。

咨询师：你说得很对，任何人都会有死的恐惧，这是人的精神活动中必然会出现的事情，就像你总结的，非常到位，是本能。

来访者：嗯，跟吃饭睡觉一样。

咨询师：好，现在，我请你把这项本能删除掉。

来访者：删除？开什么玩笑，既然像吃饭睡觉一样，怎么删除？

咨询师：这么说，它们是客观存在的，不受我们主观控制。

来访者：当然。

咨询师：你的意思可以总结为，我们无法靠主观意志改变或者去除客观存在的东西。

来访者：对。

咨询师：好，现在请你回想一下你之前的反应，然后结合你刚才分析得出的结论，重新审视一下。

来访者：（思考一会）呵呵，我好像在做一件永远都不可能完成的事情，就像小狗追着自己的尾巴跑。

咨询师：也就是说，之前与这些观念的对抗似乎产生不了什么效果。

来访者:嗯。现在想想自己好傻。

咨询师:也许咨询结束后还会碰到之前类似的问题。

来访者:但我会告诉自己不要去做无谓的反抗,要接受它。

咨询师:是的,顺其自然。

来访者:嗯,顺其自然。(思考一会)可是,既然人人都会惧怕,为什么我尤其害怕?为什么偏偏是我?

咨询师:是的,看你之前的反应,你好像比别人陷得更深些。你认为会是什么原因导致的?

来访者:是因为我太胆小吗?我总是怕东怕西的,我有的时候还会担心地球爆炸。

咨询师:嗯,你把它归因为胆小,这可能是原因之一,但一个问题的产生往往是由多方面的原因造成的。

来访者:你说得对,我小时候总生病,动不动就去医院打针,打怕了,所以我比较介意自己的健康问题,这也可能是原因。

咨询师:你对自己作出了胆小、过度关心自身健康的分析。现在,医院的检查结果证明你身体健康没有异常,但你却仍然怀疑自己。你有没有考虑过前后之间会不会有什么关系?

来访者:你是说,我的这些缺点影响了我的判断?

咨询师:胆怯、敏感、内向,过度关注自身状态,这些都是比其他人更容易疑病的原因,我们称其为“疑病素质”。它会让人过分夸大自身的感觉,对实际的情况过分反应,甚至对想象中的情况也会产生过分反应,把正常的也看成异常的。这就是你的问题的本质。

来访者:(沉默一会)你这么一说,我觉得有点像易感因素。我有这种易感因素,所以比别人更容易恐惧和怀疑,而正是这些易感因素,影响了我的反应,让我变得夸张,是吗?

咨询师:你说得很对,不过,也许这更加说明纠结于各种症状是徒劳的,不如找到真正的原因,然后去改善它。

来访者:现在看来是这样的,做一个勇敢、开朗的人也许会对我有所帮助。

咨询结束后，给来访者布置作业，要求来访者记录日记，内容就是每天的活动和感受。在此期间，不接触手机、电脑，不要再去网上查询任何与健康有关的信息，也不要看新闻、书、电视等。尽量减少一些不必要的活动和刺激。当出现紧张焦虑的情绪时，按照放松训练的方法，进行自我放松。一周后，带着日记前来咨询。

【日记摘要】

第一天：从昨天的咨询中深受启发，信心倍增。偶有症状但一直告诫自己顺其自然。第二天：非常不适应，想用手机查查，但还是忍住了。第三天：难受了就做放松训练，晚上睡觉前非常憋闷，感觉很恐惧，哭着睡着了。第四天：为了转移注意力，陪妈妈打扫卫生，忽然觉得很对不起妈妈，但告诉自己坚持下去，顺其自然，一切都会好起来，这样才能让妈妈放心。第五天：感觉就快坚持不住了，很不想去想，但思想根本不受控制。头有些痛，告诉自己是因为紧张才会这样的，到极限的时候就会消失。第六天：这些天非常痛苦，但也莫名其妙地挺过来了，顺其自然这个办法似乎还挺管用。第七天：终日无所事事有些无聊，看来活着不仅要讲求生命长度，还要讲究生活质量。

(2)来访者目前的学习和生活均受到影响，注意力无法集中到正常的学习生活上，担心同学看出自己有问题，于是选择逃避宿舍及班级活动。这并不利于消除症状，适应现实生活，更不利于将消极的生活目的转向积极的生活目的。要想改变，就必须忍受痛苦，回归现实生活，多做一些积极、有效、建设性的活动，在活动中体验自信与成功的喜悦，不断悦纳自己，完善人格。

【对话节选】

咨询师：你在日记里提到，活着不仅要讲求生命长度，还要讲究生活质量。

来访者：对，每天这样什么都不做，实在太无聊了。这样碌碌无为地活着也挺无趣的。

咨询师：你眼中的有质量的生活是什么样的？

来访者：有目标，有喜欢做的事。

咨询师：我们可以一条一条地来看。先来看有目标，你现在处于有目标的状态吗？

来访者：我现在的目标就是可以战胜自己的杂念，不再去想那些病。

咨询师：很好，这就是你的短期目标，并且你也在为此努力。那么喜欢做的事呢，你有喜欢做的事吗？

来访者：我没有什么特别喜欢做的事，平常就学习、吃饭、睡觉，三点一线。

咨询师：没有关系。那你有没有做过什么事，做完之后让你觉得感觉不错？

来访者：嗯……（想了一会）我不知道这算不算，我用铁丝做过一辆摩托车模型，我舍友说我做得好，还跟我要来着。

咨询师：你当时什么感受？

来访者：挺有成就感的，觉得还挺开心的，没想到我做的模型会被舍友认为是工艺品。

咨询师：看来这是一次很不错的经历。

来访者：嗯。我很喜欢做些手工。

咨询师：你看，现在我们也找到了你喜欢做的事。

来访者：（微笑）对啊，以前我都没发现。

咨询师：接下来你可以试着做些手工，把它送给你想送的人。

来访者：那我要做个小兔子送给之前拒绝我的那个女生，她很喜欢小动物。虽然她那么说我让我很伤心，但这样也算是对过去的自己告别吧。

咨询师：嗯，我觉得这是个很不错的告别仪式。

来访者：我还想为我的妈妈做点什么，但我现在没想好，虽然她很严格，但我知道她非常爱我。

咨询师：嗯，你的妈妈知道一定会很开心。

(3)针对来访者的失眠、焦虑、抑郁及恐惧等情况，采用放松疗法进行心理调节。指导来访者以舒适的姿势靠在沙发上，调整呼吸，将注意力按顺序集中在身体的各个部位上，使肌肉放松，机体从而由紧张状态松弛下来。来访者掌握本方法后，可在出现紧张焦虑情绪时自行采用放松训练缓解焦虑感。

特别注意，在咨询过程中来访者往往会出现症状反复的情况，还会担心其他病症，并且就这些病症与咨询师展开讨论，但咨询师尽量不要过多地就各类疾病和症状开展咨询。森田疗法的关键是，不论患者的症状和感受如何变化，都要像健康人那样去行动。

四、咨询效果

1. 来访者自我评估

来访者表示自己基本没再出现疑病的症状，也能控制自己不去上网查询疾病信息，学会用顺其自然的态度对待各种不合理的观念；失眠、恐惧、焦虑、抑郁的症状得到缓解；发觉了自己的兴趣点，觉得生活越来越有意义。

2. 来访者社会生活适应情况

来访者开始正常上学，上课过程中注意力能够集中，偶有开小差的情况出现，但频率和持续时间都较之前大幅下降；不再回避与同学交往，愿意主动参加些自己感兴趣的社团和班级活动。

3. 来访者家人反馈

来访者家人反映来访者疑病的情况有所缓解，与父母的沟通也比以前更密切。

4. 咨询前后心理测量结果比较

Hs（疑病）量表、D（抑郁）量表得分均低于常模分数，且躯体化因子和焦虑因子得分显示为阴性。

5. 咨询师评定

根据观察，来访者在情绪控制、认知等方面均有显著提高，更加敢于面对困难、解决困难。

五、关于案例的思考

本案例中，小泽在表白被拒、爷爷患病离世的刺激诱发下，产生了疑病观念。然而，外因往往通过内因起作用。本案例的发生，表面上是小泽安定的生活被打破引起，但究其内在原因还是自身人格待完善。

当前大学生现实人格的主流是积极、健康的。但随着经济社会发展不断迈向新阶段，部分大学生在成长过程中出现迷惘和困惑，与社会发展产生冲突，自我意识消极，造成人格偏离。

在这样的社会文化背景下，积极完善大学生的自我意识，健全大学生的人格，需要家庭、学校的共同行动。

1.家庭方面

家庭是性格的加工厂。作为微观的社会单元，家庭在人格培养中起着至关重要的作用。由于现在的大学生是独生子女的一代，父母在教养的过程中往往表现得既过于支配，又过分宠溺。在这样的成长环境下，孩子就容易形成胆怯、被动、消极、依赖、自私、幼稚的人格特征。因此作为家长，要努力营造平等和谐的家庭氛围，尊重孩子，适当给予引导，让孩子有自主选择的权利，这样才能培养出主动、自立、活泼的孩子。同时，不过度保护孩子，适当开展挫折教育，磨炼孩子的意志和性格，提高其适应生活的能力，使其以积极的方式应对生活的种种不快。

2.学校方面

学校是大学生学习和生活的主要场所。学校要围绕大学生成长做好服务工作。要体察大学生的需求，采用大学生喜爱的表达方式，利用新媒体等多种教育手段开展心理健康教育普及工作，培养大学生正确的人生观、价值观；尊重教育规律和生命规律，及时发现学生的问题端倪，做好心理疏导工作，为学生排解困惑，作知心人和陪伴者。此外，还要引导大学生做出合理的人生规划和目标，通过社团、社会实践等各类学校活动为学生的兴趣爱好发展提供良好平台，帮助大学生远离迷茫和困惑，以积极的心态投入学习和生活。

案例6　做最好的自己

——认识自我、悦纳自我团体辅导方案

一、团体名称

做最好的自己。

二、团体性质

以成长性、发展性为主的团体。

三、参加对象

团体成员为主动自愿参加，并且在自我认识、自我接纳方面存在着相似的问题或困扰，想通过团体更好地觉察自我，提升自信者。按照团体心理辅导理论，成长性团体以8～12人为宜，以保证活动效果。

四、团体目标

(1)促进成员的自我觉察，正确认识和评价自己。
(2)接受自己的优缺点，能够积极地悦纳自我。
(3)挖掘自己及他人的正向特质，提升成员的自我价值感，建立自信。
(4)与他人分享自己的优点与长处，培养积极自我评价的习惯。

五、团体背景及理论依据

(一)背景

《大学生心理健康调查研究》显示，有45.65％的大学生认为自己自卑，

缺乏自信心，在自我认同和自我接纳方面存在问题。大学时期是自我认知发展的关键期，对自我的错误认知不仅影响大学生在校期间的学习和生活，也会影响他们今后的就业和人生发展。因此，本案例拟采用团体心理辅导的方式帮助大学生正确认识自我、悦纳自我，进而发展自我、实现自我，创造健康快乐的大学生活。

（二）理论依据

自我认识是个体对自己所有特征的认识，主要涉及"我是一个什么样的人""我为什么是这样的一个人"等问题，是自我意识的基础。自我认识包括自我观察、自我分析和自我评价，其中自我评价是自我认识的核心成分。自我认识的发展是个性形成和发展的重要条件。同时自我认识也是个性结构的重要组成部分，它对人的心理活动和行为方式都起着制约作用。

自我接纳是指个体对自我及其一切特征采取一种积极的态度，简言之就是能欣然接受现实自我的一种态度。自我接纳包含两个层面的含义：一是能确认和悦纳自己身体、能力和性格等方面的正面价值，不因自身的优点、特长和成绩而骄傲；二是能欣然正视和接受自己现实的一切，不因存在的某种缺点、失误而自卑。

人们在日常学习、生活和交往过程中，由于认识到自己在他人心目中的位置，认识到自己在集体中的地位、作用，认识到自己的责任和义务，认识到自己的优缺点，并不断地进行自我接纳，调节自己的态度和行为，从而形成良好的行为习惯，更好地促进自我教育和自我完善，最终使个性得到健康发展。可见，健康、成熟的自我认识既会给个人带来快乐，也会产生积极的社会效应。因此，在教育工作中，了解和分析学生的自我认识，促进学生的自我接纳对学生的心理健康发展具有重要意义。

六、团体结构

采用结构式的方式，成员固定。

七、团体带领者

辅导员或者心理老师。

八、小组进行过程

(一)第一次团体(相聚惜缘)

地点	时间(55分钟)	目标	内容	所需物资
团体辅导室	5分钟	热身,破冰	游戏:雨点变奏曲	
	20分钟	促进成员相互认识并熟悉	连环自我介绍(将成员分成两组,每组要从一名成员开始逐一用一句话进行自我介绍,这句话中要求包括姓名、专业、自己与众不同的地方。第二位成员要先介绍第一位成员,再介绍自己,以此类推)	
	5分钟	让成员更清楚团体目的及内容,并澄清他们的疑问	介绍团体目的及内容	
	10分钟	建立团体规范	与成员一起订立团体契约	纸、笔
	10分钟	促进团体认同	活动:我的心声(在纸上写出对团体的感觉、担心和期望,并进行讨论)	纸、笔
	5分钟	总结感想	让成员与团体带领者表达这次聚会的感受	

（二）第二次团体（认识自我）

地点	时间（60分钟）	目标	内容	所需物资
团体辅导室	10分钟	破冰	游戏：口是心非	
	15分钟	帮助成员了解自己眼中的"我"	活动：我的自画像（每位成员在白纸上给自己画一幅自画像，并在自画像下写下10句"我是一个××的人"，要求写下来的词汇要尽可能地反映出自己的特点和个人风格）	纸、笔
	25分钟	（1）帮助成员了解他人眼中的"我" （2）促进成员间的相互了解	活动：猜猜我是谁（把上一阶段成员的自画像折叠起来，放一起打乱，每个同学抽取一张，然后大家对该成员的自我评价进行分析，试着猜出该成员是谁。得到确认之后，大家对该生进行评价，如他的优点、缺点等，如此直至每一份自画像都经过分析，每一个成员都被评价）	
	10分钟	总结感想	让成员表达这次聚会的感受，工作员对本次活动进行总结提升	

（三）第三次团体（悦纳自我）

地点	时间（60 分钟）	目标	内容	所需物资
团体辅导室	10 分钟	破冰	游戏："凑钱"大行动	
	15 分钟	树立"人无完人"的观念，学会接纳自己的缺点，并对其进行转化，完善自我	活动：积极赋义（在纸上写下自己认为不好的性格特征，然后对这些不好的性格特征进行积极赋义，如：多疑——积极赋义就是自我保护意识强；畏首畏尾——积极赋义就是小心谨慎……团体进行分享，并讨论某些性格特征什么情况下具有积极作用，什么情况下具有消极作用，如何避免其消极作用）	纸、笔
	25 分钟	挖掘成员自身闪光点，使成员认识到自己未曾意识到的优点，获得肯定，提升自信	活动：优点轰炸（小组成员被其他成员用发自内心的语言赞美。注意：赞美必须是真诚的、实事求是的、正面的，把在小组中了解、观察的所有优点都说给他听）	
	10 分钟	总结感想	让成员表达这次聚会的感受，工作员对本次活动进行总结提升	

（四）第四次团体（扬帆起航）

地点	时间(60分钟)	目标	内容	所需物资
团体辅导室	10分钟	破冰	游戏：同舟共济	报纸
	10分钟	再次肯定自我，总结强化前期活动效果	活动：心灵寻宝（寻宝方式为补充句子：我开始喜欢我自己，因为……）	
	15分钟	分享活动感悟	回顾整期活动，说出参加团体后的收获或改变	
	15分钟	相互祝福与鼓励	团体围圈而坐，轮流对每一位成员进行反馈参加团体之后的变化。反馈结束后，在纸上写下对他人的祝福和建议。最后团体成员围圈拥抱，通过身体的接触带来温暖和力量，体验在一起的感受，获得支持与信心	纸、笔
	10分钟	结束仪式	成员填写《自我接纳量表》并合影留念	问卷、相机

九、评估方法

（1）在团体进行中，从团体成员的参与状态进行评估。是否坚持出席，是否遵守团体契约，是否对活动积极反应以及对活动的反馈等。领导者要根据自己的观察来评估活动设计和实施的效果，并及时做出调整。

（2）团体结束后，从团体成员的活动反馈来进行评估。用《自我接纳量表》来测量团体成员在参与团体前后的变化，并设置对照组进行评估。

（3）团体结束一段时间后，可以用跟踪调查的方式进行评估。

附件 1 游戏环节操作流程

一、第一次团体

游戏：雨点变奏曲。

领导者给成员念一段文字，文字中会出现“小雨”“中雨”“大雨”“暴雨”和“雷声”的字样。当听到“小雨”时，成员手指互相敲击；当听到“中雨”时，成员巴掌轮拍大腿；当听到“大雨”时，成员大力鼓掌；当听到“暴雨”时，成员鼓掌加跺脚；当听到“雷声”时，成员轮跺双脚。

文字：“乌云密布，一道闪电划过，雷声开始轰隆了，又一道闪电，又一阵雷声，小雨噼里啪啦地下来了，行人慌忙躲避。很快地，小雨变成了中雨，中雨变成了大雨，大雨变成了暴雨……又是一阵雷声，暴风雨来啦，又是一阵雷声，大雨倾盆。雨渐渐地变小了，大雨变成中雨，中雨变成小雨……一阵又一阵雷声，小雨突然变成了大雨，大雨变成了暴雨，暴雨转为了中雨，中雨变成了小雨。雷声又响起了，大雨又降临了，但仅仅一会儿就雨过天晴了。”

二、第二次团体

游戏：口是心非。

成员口中说出的行为和自己做出的行为不一致，下一位成员要做出上一位成员口中所说行为，依次类推。目的是使成员注意力集中到团体中来，激发活动热情。

三、第三次团体

游戏：“凑钱”大行动。

每个成员代表一元或五角、一角面值的硬币，领导者报出一个价钱，成员要迅速组合成那个价钱，剩下的成员意味着挑战失败。

四、第四次团体

游戏：同舟共济。

(1)领导者将报纸铺在地上,代表汪洋大海中的一条船。小组成员必须同时站在船上,一个也不能少,必须生死共命运。

(2)成员们必须想方设法使全体成员同时登上船。行动之前团体可以充分讨论,拿出最佳方案。

(3)当成功完成任务后,领导者可以将报纸折叠,将面积减半。

(4)游戏结束后,成员分享方法和感受。

附件 2 自我接纳量表

指导语:请阅读每一个陈述,然后选出与你现在对自己的看法相符合的选项,并在该选项前打"√"。每道题的评价标准为 5 个等级,从"①不是这样"到"⑤完全是这样"。没有对或错的回答,不要对任何一个陈述花太多的时间去考虑,但所给的回答应该是你平常所感到的。

1. 当我能发挥自己的长处时,我会感到心满意足。

①不是这样 ②稍微是这样 ③大体是这样 ④相当是这样 ⑤完全是这样

2. 当我获得某种成功时,我会对自己的才能、努力精神感到满意。

①不是这样 ②稍微是这样 ③大体是这样 ④相当是这样 ⑤完全是这样

3. 当我的工作做得很得心应手时,自己就会有自信。

①不是这样 ②稍微是这样 ③大体是这样 ④相当是这样 ⑤完全是这样

4. 当我得到别人的承认时,我认为自己就是一个有价值的人。

①不是这样 ②稍微是这样 ③大体是这样 ④相当是这样 ⑤完全是这样

5. 即使我存在着缺点,我仍然喜欢自己。

①不是这样 ②稍微是这样 ③大体是这样 ④相当是这样 ⑤完全是这样

6.我只接受自己的本来面貌。

①不是这样 ②稍微是这样 ③大体是这样 ④相当是这样

⑤完全是这样

7.我珍重既有缺点又有优点的自我。

①不是这样 ②稍微是这样 ③大体是这样 ④相当是这样

⑤完全是这样

8.不管自己是怎样的人,我存在本身就有其价值。

①不是这样 ②稍微是这样 ③大体是这样 ④相当是这样

⑤完全是这样

9.我即便被人所感谢,也体验不到自身的价值。

①不是这样 ②稍微是这样 ③大体是这样 ④相当是这样

⑤完全是这样

10.我即便达到了某种目标,也发现不出自身的存在价值。

①不是这样 ②稍微是这样 ③大体是这样 ④相当是这样

⑤完全是这样

11.即便我获得别人的赞赏,我对自己也不满意。

①不是这样 ②稍微是这样 ③大体是这样 ④相当是这样

⑤完全是这样

12.即便我有长处,我还是不喜欢自己。

①不是这样 ②稍微是这样 ③大体是这样 ④相当是这样

⑤完全是这样

13.一受到他人的责难,我就会丧失自信。

①不是这样 ②稍微是这样 ③大体是这样 ④相当是这样

⑤完全是这样

14.一遇到失败,我的情绪就会急落直下。

①不是这样 ②稍微是这样 ③大体是这样 ④相当是这样

⑤完全是这样

15.当对某些事情感到无能为力时,我就觉得自己是一个没价值的人。

①不是这样 ②稍微是这样 ③大体是这样 ④相当是这样

⑤完全是这样

16. 当给别人添了麻烦时，我就觉得自己是无能之辈。

①不是这样　②稍微是这样　③大体是这样　④相当是这样

⑤完全是这样

第三章　与他人和谐相处

导　读

一、人际关系概述

“人际关系”作为专用名词是在20世纪初，由美国人事管理协会最先提出来的。对于“人际关系”内涵的界定没有一个统一的标准，一般而言，人际关系的内涵有广义和狭义之分。从广义的角度来看，人际关系是指人与人之间的关系，包括社会中所有的人与人之间的关系，以及人与人关系的一切方面。显然，这是一个非常大而广的定义，这种定义没有揭示出人际关系的特殊性。从狭义的角度来看，人际关系是人与人之间通过交往与相互作用而形成的直接的心理关系。它反映了个人或群体满足其社会需要的心理状态，是社会关系的表现形式，由认知、情感、行为三种相互联系的成分构成。

由人际关系狭义的定义可知，人际关系是由一系列心理成分构成的。它既有认知成分、情感成分，也有行为成分。认知成分反映人体对人际关系状况的认知和理解，是人际知觉的结果，是理性条件；情感成分是对交往的评价态度，反映了双方在情感上的满意程度和亲疏关系，是人际关系的基础；行为成分是双方人际交往的外在表现和结果，是表现个性的一切外在行为。

一般情况下，人际关系的认知、情感和行为三种心理成分要协调统一，这样才会使得个体在人际交往过程当中达到内外身心的协调统一。但是这三种成分也有可能出现不一致的情形，如表 1-1 所示。

表 1-1　人际关系中的知、情、行

模式	心理成分			人际关系模式
	认知成分	情感成分	行为成分	
1	√	√	√	知情行协调一致，正向的完美的人际关系
2	×	×	×	知情行协调一致，负向的人际关系
3	√	√	×	知与情均是积极的肯定，行为消极
4	√	×	×	认知上肯定，情和行均否定
5	√	×	√	认知和行为肯定，情感否定
6	×	√	√	认知上否定，情和行肯定
7	×	×	√	知情均否定，行为肯定
8	×	√	×	认知和行为否定，情感肯定

在上表中，把人际关系的知、情、行三种成分分别界定为肯定和否定两种情况，即两大类，再将这三种成分的不同态势进行排列组合，可以得出八种不同的人际关系模式。

第一类，知、情、行三种成分协调一致。这种协调一致指的是这三种成分或者同为肯定，或者同为否定，三者达到统一。三种成分同为肯定——表中的第 1 种模式，这是一种正向完美的人际关系模式，当事人会对其人际关系做肯定的认知，对交往的对象给予积极评价，在情感上愿意与对方交往，表现在行为上则与交往对象互动密切。例如，初坠入爱河的小女生，找到了自己心中的白马王子，正在品尝爱情的甜蜜。三种成分同为否定——表中的第 2 种模式，也可以使当事人达到一种认知、情感与行为的平衡。认知上觉得没有必要进行交往，感情上也不愿意进行交往，行为上表现为没有交往。

第二类，知、情、行三种成分表现失调。这种失衡体现在知、情、行三种成分不会同为肯定或者否定，而是三种成分各自肯定与否定的不同排列组合，如表中的第3～8种人际关系模式。由于人际交往过程当中各种不同因素的影响，如上所说的六种人际关系模式，每一种都有存在的可能，这里从中选取一二进行简单的分析。

如第3种模式，认知与情感均是肯定，而行为上表现出否定、消极、不接受。这似乎与常识相违背，为什么在认知上对于交往对象做积极评价，情感上也愿意接受，愿意交往，就是行为上不表现出来呢？大家可以想象一个极为羞涩的女孩被一个自己心仪的男孩子追。之前好多“热心人”给她灌输：女孩不能轻易答应男孩子，否则他就拿你不当回事了，要吊一下他的胃口，这样给他以阻力，他经过很大的努力才得到你后，他会很珍惜你的。这种想法正确与否姑且不论，女孩深以为然。于是就会出现第3种人际关系模式里出现的情形。

再比如第8种模式，认知和行为均是否定，而情感上是肯定。这种模式如何理解呢？举例说明，比如，一个女研究生爱上了自己的导师，而自己的导师已有家室，且家庭和睦。对于这个女研究生而言，她自己能清楚地认识到自己和导师不可能走到一起，他们的关系仅限于师生关系，不可能更进一步，她也不想破坏导师的家庭。所以，尽管她在情感上对自己导师倾注了极大的热情，但也没有在行为上表现出来。这即表中所提及的第8种模式。

其余几种模式限于篇幅，不再一一详细阐释，感兴趣的读者可以自己尝试着解读。当然，如果要深究的话，以上八种模式在真正的人际交往中所遇到的交往对象也会因为知、情、行这三种成分的不同排列组合而出现交往的双方对彼此人际关系的认知或一致或有偏差的情形，若要一一列举，这又是一项非常繁琐的工作，因为每一种模式理论上都有可能遇到另外其他七种模式。限于篇幅，这里也不一一阐释，只是简单列举一例，以期起到抛砖引玉的作用。比如，一些网友针对不同的QQ状态写了下面一段话：“有一种感情叫作隐身对其可见，有一种厌恶叫作在线对其隐身，有一种放弃叫作取消对其隐身可见，有一种悲剧是你隐身对其可见的人在线对你隐身……”其实，如上一段话能够很好地体现交往双方由于在知、情两种成分上的不同认知和评价而导致的行为上的区别对待。

二、大学生人际关系与人际交往

（一）大学生人际关系的含义

由上述人际关系的相关含义分析，我们可知，大学生人际关系就是大学生在日常的生活和学习过程中，为了满足自身生存和发展的需要，通过一定的交往媒介而与他人建立和发展起来的，以心理关系为主的一种显在的社会关系。其主要包括与家人（主要为父母）关系、师生关系、同学朋友关系及与其他人关系等多个维度。同样，大学生人际关系也有广义、狭义之分。广义的大学生人际关系是指大学生和与之有关的一切人（包括家人、朋友以及其他相关人等）之间的人际关系；狭义的大学生人际关系则是指大学生在校期间和与之相关的群体、个体之间的人际关系，其中最主要的是师生关系和同学关系。

（二）人际交往的含义

就“人际交往”的概念来说，是指个体之间及个体与群体之间为了达到一定的目的，运用语言和非语言等方式联系和接触他人，使彼此在心理和行为上相互作用、相互影响。一方面，它是人们之间的物质交换和信息沟通；另一方面，它是人们之间的情感纽带。

（三）人际关系与人际交往的关系

首先，人际交往是人际关系形成的基础。人们是在相互的接触中实现成员间的协调统一和生存目标的。所以，没有交往也就不会有人际关系，人际关系必须在交往中形成。其次，人际关系是人际交往状况的反映。人际交往使人们之间形成一定的人际关系，因此，人际关系是人际交往的直接表现。人际关系状况能反映出人际交往的成败。融洽的人际关系，往往使彼此在情感和认知上更加易于达成共识，增进双方之间的关系；而不融洽的人际关系则会使彼此间的隔阂变深，甚至会难以相容。人际关系同时也会影响人际交往的结果。在现实社会中，若交往双方的人际关系密切就会使交往顺畅进行；而不良的人际关系将会影响人们的情绪，阻碍人际交往的正常进行。

三、大学生人际交往存在的问题

随着时代的发展、改革开放的深化，我国市场经济不断发展。新时代的大学生深知人际关系的重要性，他们感情充沛，乐于人际交往，积极发展自我。然而信息化、多元化的价值观影响着当代大学生的人际交往心理，给大学生的心理带来困扰，甚至产生心理问题，影响大学生的学习和身心健康发展。通过对大学生人际交往的分析，发现大学生在人际交往中存在以下主要问题。

（一）人际交往价值取向不当

大学阶段是一个自我意识迅速增长的阶段，但由于客观环境的制约，大学生自我阅历的匮乏，造成大学生不可能全面了解社会，了解人的全貌，把握社会规律。在人际交往中，不免用自己理想化的一套交往模式去衡量世界。然而，自我的期待值较高，导致理想与现实存在较大差距，造成学生心理失衡，容易产生偏见，失去在人际交往价值中的正确判断能力，进而阻碍人际关系的发展。“马加爵事件”反映了他的性格缺陷，但关注和强调单一价值观是有偏见的。例如，一种观念认为金钱就是生命的价值。它导致了有钱人更容易被接受和尊重，穷人被看不起，穷人的感情不被接受和容纳，这些不良的心理刺激提供了马加爵仇恨别人的土壤。

（二）人际交往目的功利化、经济化

人际交往本是一个互益的过程，或者为了交流信息，沟通感情，或者为了满足心理或生理的某种需求。但随着市场经济的发展，在一定程度上导致了拜金主义的滋生，利益关系不可避免地渗入人际交往中，大学生的人际交往目的展现出情感和功利性并存的特点。“有用即真理”的实用主义价值观被应用到了人际交往中，使纯洁的友谊蒙上了功利化的阴影。许多大学生在形成和发展人际关系时尽力选择对自己有益处，特别是有直接的物质帮助的交往对象。“对我有用，能给我提供实际的帮助”成为当代大学生交友的一项重要标准。个别人甚至将功利主义作为人际交往的指导思想，表现出了有用的人才交，无用的不交，用处大的深交，用处小的浅交的交往观念，如有的同学更多地去结交家庭环境优越的同学。

（三）人际交往中自我认知存在偏差

1.人际交往以自我为中心

当前的一些大学生在交往中更习惯于从自己的立场、观点去对待周围的人和事，对别人期望过高，要求过严，难以认同、宽容、理解别人，缺乏与人合作的观念和换位思考的能力，经常以自己的思想、情感和需要为出发点，不顾及别人的感受。这种以自我为中心的态度，给他们的人际交往造成一定的负面影响。

这种以自我为中心的交往方式在大学生当中是比较普遍的。2011 年，华东政法大学公布的一份在上海大学生中所做的人际交往状况调查显示，大学生拜金主义、利己主义等功利心态有增长的趋势。54.7％的学生认为主要由于个人主义、利己主义导致部分大学生在人际交往中一切以自我为中心。主要表现在与朋友、同学、老师相处的过程中，他们经常以一种“唯我独尊”的心态去要求别人来满足自己，而他们自己却很少去体会别人的感受，以至于脱离了集体。进入大学以后，他们没有意识到自己已经长大成人，正在进行着独立走入社会生活前的最后准备，仍然沉浸在父母无微不至的关怀下，因此很难真正适应大学的环境和集体生活，更加不善于处理人际关系，尤其是宿舍这个狭小生活空间内的人际关系。

2.自卑、恐惧造成人际交往缺乏主动性

大部分学生能够认识到正常的人际交往是保持健康和幸福的必要前提，有一定的交往愿望。但在实际中，为数不少的大学生缺乏交往的主动性，甚至有的人将享受孤独作为了一种“时尚”，由此引发出一系列的人际交往问题。

部分自卑的学生在人际交往中偏被动。个体的自信心不能充分发挥作用的时候，交往的积极主动性也会随之减弱，人际交往中偏被动的一方对于人际关系的满意度也会降低。长此以往，这种恶性循环会严重影响大学生的身心发展和学习生活。

再就是由于缺少交流的实践和经验的积累，不少大学生视人际关系为畏途，表现出了交往困难，甚至出现社交恐惧症，面对人际交往常常感到紧张害怕，为此常陷入焦虑、痛苦和自卑中，进而表现为回避同学，躲避交谈。

由此造成恶性循环，最终导致缺乏交往的兴趣，不想与他人交往，故步自封，孤芳自赏。当今的很多高校都未设有固定的教室，班级同学间的交往越来越少，不少同学都习惯于只在寝室这种微型的交往圈子里生活，且满足于这种状态，不愿主动去开拓外界的精彩生活。

3.人际关系理想化与现实相矛盾

这样的矛盾主要表现在大学生对友情、爱情的看法。总的来说就是大学生在交往过程中体现出来的矛盾性。第一，和他人交往时，发现大学同学之间的友谊并没有当初所想的那么融洽，有的还感到大学的人际关系比较难处，没有小学、初中、高中时同学关系那样情深；不知道是不是应该结交异性伴侣，一方面是有的家里人反对，自己却憧憬着，另一方面是害怕与羞涩的心态促使不敢去结交伴侣，但是又有着这样的愿望。第二，认为自己周围各种交往对象的交往似乎都有所隐瞒和保留，隐藏真实想法，不愿意沟通，所以对大学的交往表现出失落，将自己置于矛盾的状态，心里憧憬着密切的人际交往，但是嘴上又念叨着知己难寻。第三，有些情侣表示，自己最初结识伴侣是因为一时的好奇和冲动，后来这股冲动过去以后，就觉得感情淡了，对感情有些失望。

(四)人际交注过程的能力、技巧存在缺陷

在缺少人际交往实践锻炼的情况下，表达、理解、沟通能力的偏差，以及个人情绪控制、人际融合、解决问题等能力的不同，往往造成不同程度的人际交往困难，大学生的人际交往技巧不很理想。

1.人际融合能力差

绝大多数人都知道社交能力的重要性，想有所提高。但是很多大学生缺乏交往的经验，尤其是成功的经验。他们想关心人，但不知从何做起；想赞美人，可怎么也开不了口或词不达意。交友的愿望强烈，然而总感到没有机会。交往中想表现自己却不能如愿，内心想表示温柔，言语却是硬邦邦的。这些情况阻碍了他们和他人交往的顺利进行。

2.交际礼仪缺乏

礼仪是人际交往中的无声名片。然而，今日的大学生在礼仪知识方面极度缺乏，有时表现得极不道德。这种礼仪上的缺乏导致许多同学交往失败。

(五)人际交往方式严重虚拟化,导致现实人际关系淡漠

网络的发展使社会产生了巨大的变化,改变了人与人之间的沟通、交流方式,拓展了人际交往的空间,但也对大学生的现实人际交往造成一定的冲击。越来越多地依赖网络,一方面,使得很多大学生对现实社会产生了不信任感,不敢与人交往;另一方面,使得他们缺乏安全感,只有用虚拟的身份才能自如地与他人交往。

越来越多的大学生选择在网上与人交往,热衷于网上的互动,忽视了现实的群体关系,减少了人与人的直接交流,甚至表现出逃避现实的心理现象。很多大学生一天的大部分时间都在网上度过,同外部世界进行沟通联系也主要通过这种"人机模式",即以虚拟交往替代了现实的、面对面的交往。这就不可避免地破坏了千百年来形成的人与人之间的交往模式,增加了心灵上的隔离,使当代人陷入一种高频率沟通掩盖下的不可改变的孤独或冷漠。互联网具有交互功能,但交互的情景不是完全对等的,一边是活生生的人,另一边却是符号。虽然透过这些符号也可以传递对方的思想和感情,但人们无法通过信息传递过程和信息双方互动这些现实中人际交流的过程来修饰和填充信息的感情色彩。久而久之,必然引起交往者情感的匮乏和冷淡。同时,庞杂的网络信息干扰着学生的心理认知,导致其价值观的严重错位,使大学生的道德观念、社会责任感逐渐淡薄,人际关系出现淡漠与疏离。

四、大学生人际交往问题的原因分析

高校学生当前的人际交往方面主流是健康理性的,但同时也存在一些有待改正的问题。这不是单一因素影响的结果,而是由社会、高校、家庭和大学生自身等综合作用的结果。因此,笔者从这几个方面入手,对影响大学生人际交往的因素进行分析,为大学生人际交往引导对策的提出提供依据。

(一)经济社会因素的影响

1. 价值观念多元化的影响

随着中国改革开放的实行、互联网的普及和全球化进程的快速推进,西方国家在向中国传入先进的知识和技术的同时,享乐主义、个人主义、拜金

主义等消极价值观也随之传入中国，对中国社会中的人际交往带来一定的影响。当下，我国正处于改革的攻坚阶段和发展的关键时期，社会存在日益多元化，市场经济的快速发展、经济体制的深刻变革、社会结构的深刻变动、利益格局的深刻调整等这些社会存在的日益多元化，决定了我国的意识形态领域也不可避免地出现了多元的文化冲突。

价值观念多元化对大学生人际交往影响深远。一方面，导致大学生人际交往价值观念迷茫。在多元化价值观背景下，当有些价值趋向不统一，甚至方向相背时，价值观冲突便产生。当多元化价值观念在当代大学生的思想观念中产生强烈的碰撞和相互冲突时，也使得当代大学生价值观念变得不清晰。另一方面，导致大学生人际交往价值观扭曲。以集体为主，倡导人人平等、相互关爱的社会主义价值观与西方以拜金主义为主，倡导个人主义的价值观是矛盾的。这也导致了那些深受价值观念影响的人们在人际交往活动时，更多地表现为赤裸裸的金钱交往，一味地为了追求金钱和满足物欲的需要，忽略人交际交往的本质。这些消极的价值观都严重影响了大学生的人际交往。

2.网络不健康信息的影响

当今，网络正在逐渐成为人们生活、工作、社交、学习的新平台。网络用户的年龄跨度非常大，而大学生是最重要的主体人群，他们通过网络进行学习、娱乐、与人沟通、求职、购物等，网络生活占据了大学生日常生活的很大一部分。然而，网络也是一把双刃剑，既可以极大提高大学生人际交往的能力，扩大人际交往的范围，又可能因使用不当或缺乏规范而阻碍了大学生良好人际关系的形成。

网络所具有的双重性对大学生人际交往的影响也是双重的。一方面，网络的出现满足了大学生人际交往的需求。网络以它方便、自如、高效、便捷和隐蔽的特点使得人与人之间交往没有了空间上的限制，交往的距离大大缩短，交往中感官上的障碍也虚拟化了。另一方面，网络的出现也给大学生人际交往带来不少问题。例如，有人通过网上聊天的方式取得他人信任进而骗取钱财；也有部分大学生长时间处于网络交往中，脱离现实，消极地面对现实社会的人际环境，久而久之形成恶性循环，最终导致自我封闭，害怕交往。由于大学生年龄和社会经验有一定局限性和差距性，加之网络中不健康交往信息的负面影响，最终可能造成大学生人际交往能力的下降，甚至做出违背社会健康发展的行为。

3. 市场经济功利化的影响

市场经济具有双重性。一方面，市场经济的不断发展对社会繁荣和进步起到了举足轻重的作用；另一方面，市场经济的负面效应也开始逐渐凸显，人们开始以金钱为信仰，在交易中唯利是图，为达到自身利益最大化不择手段。在市场经济中，由于趋利性的消极影响，一些人过分追逐利益，不惜损害社会和他人的利益，这就引发了社会上各类人际交往不和谐现象的产生。随着高校与社会的紧密连接，高校也不可避免地受到市场经济趋利性的不良影响，市场主体之间不和谐、庸俗的人际交往也渗入高校之中，严重腐蚀大学生的心灵，导致部分大学生在人际交往中出现拜金主义、权利主义以及疑心太重、不够坦诚等诸多问题。

（二）高校教育因素的影响

1. 对于大学生人际交往引导的重视程度不够

随着社会化进程的深入发展，部分高校已经开始重视大学生人际交往方面的引导教育，也有部分学校仍然忽视对大学生人际交往方面的教育，没有意识到大学生在日常生活中正在经历的种种人际交往不和谐问题将带来负面影响。总之，对大学生如何进行人际交往和建立和谐的人际关系的指导极为匮乏。因为没有十分重视大学生们的人际交往，师生缺少互相交流的机会，使个别学生的学习和生活中的问题不能得到及时的解决，同学们之间的人际冲突不能得到有效的化解，心理问题得不到及时的调节和疏导，从而影响大学生人际交往的正常发展和良好的人际关系的建立，这对大学生形成健全的人格、优良的道德品质是极为不利的。

2. 涉及人际交往的教育内容和校园文化活动不足

我国到目前为止还没有学者与教育机构将人际交往教育内容编成专门的理论教材，高校在进行人际交往教育时只能通过道德修养与法律基础教材来打擦边球，由教师自己进行教育拓展，如此就加大了教师的教学负担，教育内容也就只能从简。在教学过程中，一些高校的人际交往引导教育偏向于理论的灌输，教育内容单一，只停留在课堂范畴，不能达到触类旁通，举一反三的效果，并不能从真正意义上提升大学生人际交往的能力。

一些高校的人际交往校园文化活动也相对较少。学校开展各类关于人际交往的校园文化教育活动旨在为学生的学习生活提供一个良好的校园氛围，提高大学生的人际交往意识。高校校园文化活动本应该是举办次数多，举办形式多样，举办内容丰富多彩的活动，但部分高校开展的校园文化活动却令人大失所望。许多高校开展的校园文化实践活动不仅少而且难以打破框架，对大学生人际交往水平的提高并不能起到多大的影响作用，制约着大学生人际交往能力的增强。

3.针对人际交往障碍的心理咨询欠缺

近年来，高校大学生的心理健康问题引起社会的普遍关注。我国高校的心理健康教育和心理咨询状况虽有一定的改善，但还存在一定的缺陷和不足。

一方面是高校不重视心理咨询的建立。部分高校忽略了心理健康教育，教育体系中缺乏必要的心理健康教育，心理健康知识也没有在大学生中得到很好的普及。有些学校甚至没有设置专门的心理咨询活动室，有些学校只是简单地设置了一些心理咨询机构，仅仅对前往咨询室的大学生进行个别的咨询和指导，而不是大范围地开展心理咨询活动。另一方面，绝大部分高校心理健康咨询室功能不健全，利用率较低。很多高校心理健康咨询室并无专职老师负责，大部分都是辅导员兼职，专业知识有限，不能准确及时地为学生缓解心理压力。

(三)家庭环境因素的影响

1.家庭“重智育，轻德育”培养方式的影响

家庭是子女成长的第一所学校。受应试教育体制的影响，绝大部分家长只重视子女文化课知识的学习，而不关心子女的全面发展，更忽视子女人际交往能力的培养。相对于智育而言，以人际交往为主的德育人们很少关心。正是由于家庭这种“重智育，轻德育”的培养方式，致使部分大学生没有树立正确的人际交往观念，也没有形成健康的人际交往心理。

2. 父母忽视对子女人际交往的引导

父母是孩子最好的老师，他们的言行对孩子造成的影响效果可持续一生。一方面，从父母关系角度出发，父母关系是否良好很大程度上决定了子女在与他们进行人际交往时是否主动、积极。另一方面，从父母的受教育程度而言，部分家长受教育程度高，不仅自身具有很强的人际交往能力，而且善于引导和教育子女说话办事、待人接物，使得子女具有一定的人际交往能力。然而现实生活中，部分家长受教育水平、自身素质的制约，对子女人际交往的引导和教育方式不当，造成子女人际交往能力比较差。

(四)大学生自身因素的影响

1. 大学生交往知识较为欠缺

大学生自身人际交往知识的欠缺是导致交往出现问题的主要原因。丰富的人际交往知识是进行良好人际交往的基础，而部分学生人际交往知识相对缺乏，人际交往知识结构不完善。

大学生人际交往知识欠缺，一是由于自身不重视、不主动学习人际交往的相关知识。二是高校人际交往教育情况不佳，涉及人际交往的主题教育很少，且逃课现象比较严重；人际交往教育课存在内容与实际脱轨现象，对大学生人际交往知识只停留在表面上，没有通过实践转化为大学生内在的实际行动。

2. 大学生交往技巧较为缺乏

人际交往技巧是表现在人际交往活动中巧妙的技能。技巧运用得当会促进良好人际交往的开展。然而，当代大学生的人际交往技巧却较为缺乏。近年来高校内因人际交往不和谐现象发生的打架斗殴事件经常发生，大部分就是因为缺乏相应的人际交往能力和交往技巧。

3. 大学生交往实践较为不足

当前，高校大学生在现实生活中的集体活动的参与率比较低。例如，大学生在决定是否参加集体活动时，有些同学会积极参与，也有些同学受到老师的强烈要求之后会参加，但一旦不作要求、不强制参加时，一些同学就会不自觉地放弃参与。

五、当代大学生人际关系调适的策略

大学阶段是人生的黄金时期，良好的人际关系是大学生身心健康发展的重要条件，人际交往的质量对其学习、生活和未来都有重要的影响。而大学生作为社会的一个特殊群体，在市场经济条件下，受到自身身心发展的制约和网络文化等的冲击，他们会出现交往困惑。因此，及时的疏导调适，有助于大学生和谐人际关系的形成发展。

（一）树立正确的人际交往观

人际交往观是一个人对交往问题所持的观点和态度，体现一个人为人处世的方式及其修养。它影响人们人际关系的建立和未来的发展。

1.培养正确的人生观、价值观

大学时期是大学生们形成系统的人生观和价值观的关键时期，在这一时期大学生对人生观和价值观的认识将对他们的未来产生重大的影响。

正确的人生观、价值观能够指导大学生产生正确的交往行为，能够使大学生正确认识自己的社会责任，为大学生今后的人生提供导向，对大学生的发展起到积极的推动作用。同时，它也直接为大学生提供思想和行为的价值标准，使大学生能更积极地看待问题。而错误的人生观、价值观能够阻碍他们建立良好的关系和未来的发展。随着市场经济的发展，人们更加重视金钱、利益，追求拜金主义、享乐主义、个人主义的人生观。这种思想通过人与人之间的相互交往使越来越多的大学生拥有这种不正确的人生观和价值观。因此，加强大学生人生观、价值观的教育十分重要。学校对大学生的人生观、价值观教育应该包括以下几个方面：

首先，优化教育模式。教师需要在内容、方法以及指导思想上科学地指导大学生的行为和想法。如学校可以针对大学生的年龄段以及生理和心理的实际情况，制订有效的心理健康教育计划，选择适合大学生心理健康教育的教材，定期对大学生进行心理健康教育。在教学中尽量要理论联系实际，引导大学生积极地认识自我。这样不仅有利于大学生的心理健康发展，而且也有助于他们交往能力的提高。

其次，加强人文教育，提高大学生的文化素养。大学生的人生观、价值观的形成，离不开文化底蕴。如今，某些大学生获得的知识要比以往的大学生多很多，但他们的社会责任感降低，易受大众文化的影响，人生目标不清晰，更不能估量自身的价值。因此，应该重视人文教育，并建立一套人文教育课程，调整课程的设置，无论文理都要开设心理学、伦理学、文学、艺术、历史、哲学等课程，使科学教育与人文素质教育相结合。

最后，加大德育教育力度，并针对大学生的思想和心理开展有效的思想政治教育工作。高校应始终坚持以育人为本，将德育工作放在培养人才的第一位。将科学社会主义理论与我国的具体实践相结合，引导和教育大学生树立正确的人生观、价值观。学校可以定期请专家开设交际学、心理学等相关课题的讲座。针对大学生普遍存在的问题，进行现场心理咨询和辅导活动。在对大学生进行全面教育的基础上，学校应该开设心理健康咨询室、心理健康热线、心理健康咨询网等活动。

2.学校、家庭和社会相互协作塑造正确的人际交往观

健康的心理能实现人的全面发展。加强大学生心理素质的培养，有助于大学生增强自身的竞争能力、心理承受能力和意志力。因此，学校、家庭和社会作为大学生接受教育的重要场所，要担负起自身的责任。

首先，学校要加强心理教育机构的建设。一方面，各高等学校应组成心理健康教育的指导委员会，由心理学专家组成，直接受学校党委领导，负责检查和指导心理健康工作的开展情况。同时，在委员会的指导下组成心理健康教育中心，隶属于学生工作部，可以下设咨询部、科研部和教学部，并配有专职人员。另一方面，各院系可以成立心理辅导中心，配备专职的心理教育辅导员，负责咨询队伍的建设。同时，要充分发挥党员干部和学生社团的作用，组建学院党员干部心理健康咨询服务队和学校心理健康协会，以便能及时发现存在的共性心理问题以及个性心理异常。

其次，家庭是社会的最基本单位，是个人身心健康发展的重要场所。心理学、教育学研究表明，良好的家庭生活有利于孩子的心理健康发展。父母的教育方式，直接影响着他们的人格和心理素质，这对于他们个性的形成，性格的塑造以及世界观、人生观和价值观的形成具有重要的影响，从而影响到他们的社会交往能力。因此，学校应引导家长关心子女的生活，积极和子

女进行思想上的沟通，平等地对待他们，使他们喜欢与父母沟通，为培养他们的人际交往提供良好的家庭环境。

最后，社会要重视大学生的人际交往问题。由于大学生是为社会服务的，是为社会培养的，学校应积极开展与社会组织、机构的合作，多为大学生提供机会进行社会实践，使他们具有更多的社会交往机会，使他们从进入大学的那天起，就要从品格、能力、交际、学识、性格以及社会经验等方面锻炼自己，提高交往能力，适应大学的生活。

（二）引导大学生加强自我教育

国外研究者认为，人际交往能力包括5种能力特质：人际关系建立能力、适度拒绝能力、自我表露能力、冲突控制能力和情感支持能力。国内研究者认为，人际交往能力是对人际关系的感受、适应、协调和处理的能力，主要包括人际认知能力、人际情绪控制能力和人际语言沟通能力3个层次。它对人的情感行为变化、智力发展和整个人格的培养都具有重要的影响。

1.引导大学生加强自我认识

人的思维是主观的、能动的，能随着外界事物的变化而变化，并改变原来的想法，形成新的思想。思想和行动也是分不开的，有什么样的思想就会产生什么样的行动。通过学校开设的相关课程并结合社会现实案例，能使大学生对待人际交往的思想逐步转化，并且认识到人际交往的重要性。当人际交往的重要性得到肯定的时候，大学生就会对这类事情产生关注，进行自我教育。

首先，正确认识自我，要先从物质自我、心理自我和社会性自我3个方面全面了解自我。大学生可以通过自我感觉、自我关注，得出对自我的评价，即自己是一个什么样的人。评价时要从多个角度、多个层面来进行。

其次，通过观察他人的为人处世，得知自己与他人的差异以及自身的不足。个人也应无条件地接受自己的一切，包括优点和缺点，理智地对待自己的得失成败，在自我接纳的基础上，培养成自立、自强、自信、自主的品质，进而完善自我、发展自我。

最后，针对自身的不足，进行自我控制，并不断调整自己的思想和行为，使自己的人际交往有所改善。有效地控制自我是完善自我、健全自我意识的根本途径。

2.提高自我人际交往认知水平

一个人的认知指引着他的心理和行为，“90后”大学生对于人际交往的不良认知一定程度上影响人际交往心理的健康。因此，提高大学生人际交往认知水平显得至关重要。

(1)要提高大学生对人际交往能力的认知，即让大学生明白人际交往能力在交往过程中的重要性。通常，人际交往能力强的学生会受到同学们的欢迎及老师们的喜爱，不善于交际的学生经常会成为被大家忽视的对象。社交能力不仅在大学里影响着学生们的生活与学习，同样也是大学生离开校园面向社会所必备的能力之一。

(2)要正确认知心理与人际交往之间的关系，认识到心理对人际交往起着支配作用。人的心理制约着交往活动的发展，健康的心理可以促进人际交往朝好的方面发展，建立良好的人际关系，而悲观的心理不利于和谐人际关系的构建。因此，提高对心理和人际交往的正确认知的最终目的是培养健康的心理。

3.引导大学生掌握自我心理调节的科学方法

在日常生活中，人们所遇到的事情并不是一帆风顺的，难免经受失意和挫折，受到不良情绪的困惑和干扰，影响了人与人之间的正常交往。另外，在交往中，应该克服交往中出现的心理问题，如恐惧心理、自卑心理、自大心理、嫉妒心理等。由于这些心理问题的出现，在交往时很难真诚持久。这些心理问题阻碍或抑制了正常的人际关系的建立，有的损害了已有的良好人际关系。因此，对大学生来说，应采用心理调节的手段，克服不良情绪对其自身的影响，改善交往问题，加强自我教育，完善人格。

首先，要加强自我引导。当遇到不如意的事情时，可以找好朋友倾诉、写日记发泄内心的郁闷，或者运动排解情绪；采用回避的方法，使自己的精神得到某种自由和保护。也可以参加文体娱乐活动或外出旅游调解心情；暗示自己“人无完人”，一个人难免会有遗憾和不足，相信勤能补拙、扬长避短；积极地转移挫折，使自己理智地跳出挫折，化烦恼、痛苦、愤怒为积极的动力，以执着追求事业的成功去医治创伤。

其次，寻求自我安慰。每个人都不可避免地会做错事、失误而带来自责、烦恼和悔恨，会自我谴责、埋怨。这样不仅会使人的身心遭受很大的伤害，而且会使人失去生活的信心，应尽快从不良的情绪中走出来。同时，可以鼓励自己战胜不良情绪。

再次，自我放松缓解情绪。自我放松可以使人们的精神和躯体都从意识中解脱出来，使人们不再焦虑、紧张，缓解压力，恢复理性思维。

最后，调节认知。情绪的产生与人们对事物的认知有关，如当期待获得某物而急迫或兴奋；当心理或生理上感到威胁或重要的事物可能丧失时，就会出现焦虑；抑郁的产生是因为认为事物没有价值；而愤怒的产生是由于目标受阻或自尊心遭受到打击。不同的认知结果会导致不同的情绪反应，人们可以通过改变这些认知来调节情绪反应。

人的交往目的是形形色色的。社会心理学认为，人与人之间的交往就是为了得到心理上的满足感。大学生应自觉地调整自己的心理，把彼此接纳作为交往的根本目的，扩大心理容忍度。健全的人格有利于交流的顺利进行，有利于建立良好人际关系，所以，自觉地优化自身的个性对大学生建立良好的人际关系尤为重要。

（三）培养大学生人际交往的能力与技巧

大学教育的一个重要目标是提高大学生的综合素质，实现其全面发展，促进大学生提早社会化。因此，学校要加强对大学生进行人际交往能力的培养，使他们能建立良好的人际关系。

1. 主动学习人际交往的知识

人际交往是一门学问，拥有良好的人际交往能力需要丰富的交往知识作为后盾。人际交往知识掌握的多少，直接决定了他们人际交往的水平和能力。因此，当代大学生应该主动学习人际交往知识。

(1)应该努力学习人际交往心理学知识，从人际交往认知、人际情绪控制和人际沟通三方面提升和完善人际交往的心理知识结构。

首先，大学生应该主动完善自我的人际认知知识。这不仅包括对自我的认知、对他人的认知，也包括对交往内容、方法和技巧意义的认知。这就要求大学生在人际认知方面应该主动掌握正确认识自我和他人的方法、愉快地接受自我和他人的方法、正确判断交往目的和意义的方法，只有这样，才能保证与他人交往的顺利进行。

其次，大学生应该主动完善自我的人际情绪控制知识。大学生心理不够成熟，自制力较弱，易冲动，生活阅历简单，在一定程度上还没有形成科学的世界观、人生观和价值观，绝大部分同学没有意识到自我的小情绪对人际交往有多大的破坏性。因此，大学生应该学习掌握正确判断自我和他人情绪状态方法的知识，以及恰当表达自我情绪的知识，以便有效地控制自我情绪以及有效影响他人情绪。

最后，大学生应该主动完善自我的人际沟通知识。大学生应该主动学习如何进行人际沟通，如何有效地化解冲突。大学生不仅要掌握人际交往中平等、尊重、关心、信任、倾听、宽容、真诚、共识、赞赏等原则的知识，还要掌握化解冲突方法的知识。

(2)应该努力学习人际交往的礼仪知识。礼仪是人际交往中最为基础的部分，对人际交往具有重要的意义。应从礼仪的基本理论和礼仪的具体规范两方面提升和完善人际交往的礼仪知识结构。

2. 主动掌握人际交往的艺术

大学生人际交往的原则是借鉴中国人际交往的优秀传统，马克思主义哲学当中符合社会主义市场经济生活、政治生活、文化生活相一致的基本准则而确定的，指导大学生在人际交往过程中正确合理地待人接物，并且培养一些善于与人交往的艺术。

(1)自我定位准确。作为一名即将踏入社会的大学生，更应当学会准确地定位自己正确的位置，这是成功交往、建立友善关系的前提。定位指的就是大学生要时刻明确自己的身份、地位、学历水平，就是说要明白自己在扮演什么样的角色。人际关系的内容使人处在一种不断变换角色的状态中，确定好自己的角色，正确定位好自己是人际交往的前提条件。

(2)塑造自身形象。首先是积极实践人际交往。在人际交往中要积极参与交往，才能让自己在实践中不断克服各种不正确的人际交往认知，进一步塑造良好的个人形象，为自己增添魅力。要树立良好的形象，就要以平等、热情、真诚、团结友爱、亲和的态度以及优雅大方的仪表、风度、气质来对待他人。另外，在适当的场合，要注重自己的着装和言行。不但要注重自己的内在美，也要注意修饰自己的外在美。其次，培养自己良好的性格。大学生要懂得对自己的性格进行全面的分析，认识到哪些是好的性格特征，需要继续保持和进一步完善，哪些是不好的性格特征，需要改正。除此之外，一定要有勇气根据周围环境和时代的需要来塑造自己的性格，这才是新世纪大学生所具有的崇高道德和时代素养。

(3)掌握说、听的艺术。①语言艺术。俗话说："祸从口出，患从口入。"讲好一口流利标准的普通话，也是一个人处理好人际交往的法宝之一。②倾听艺术。倾听是人际交往中的一门艺术。要懂得善于倾听，在别人倾诉自己心中的苦闷的时候，能做到有耐心，虚心、认真地去听。听对方陈述的过程中，懂得肯定、点头、反问、提问、回答、沉默的技巧，让对方知道你在积极地倾听，使其能得到足够的心理上的抚慰。

(4)懂得换位思考。人际交往中的换位思考的方法是解决矛盾和冲突，增进友谊的法宝。大学生要懂得善于从对方的角度来思考问题，才能体会到对方的待人处事方式，发现双方沟通过程中的问题，从而化解矛盾，相互理解，找到促进人际关系的最佳方法。

(5)善于总结经验。大学是大学生一生中人际交往最频繁、最丰富、最多样化的阶段，所以大学生要懂得珍惜这个最佳的交往时期。不论是否缺乏交往经验，交往过程中的失败与否，都要敢于有勇气去面对，时刻善于总结交往过程中成功的经验和存在的不足。多向他人探讨人际交往的技巧，这样才能够有的放矢地保证自己人际交往能力的进步和提高。

3.鼓励参加社会实践活动，提升人际交往能力

大学生们的主要任务是学习，通常忽略了实践环节，因此往往在走上实际工作岗位后发挥得不理想。通过实践，可以使大学生发现自己身上的不足之处，如人际交往能力、处事应变能力以及对外面世界的了解程度，有助于大学生克服自身的不足，培养多方面的能力，提高自身的综合素质。

(1)社会实践活动能引导大学生们形成正确的认知。认知能力是对人际关系的认识能力，如通过别人的行为和外表认知别人内心世界的能力，对自己与他人的关系以及他人与他人关系的认识能力。

(2)社会实践能提高大学生的人际交往能力。如今,大学生在实践中常常会遇到社交问题,如不知如何与他人交往以及与同事和上级之间的沟通问题,与人发生了误会如何处理,做错了事如何向对方道歉。如果处理得好,问题能及时解决,对帮助大学生树立与他人交往的自信是很有益处的。通过社会实践,他们的社交表达能力有显著的提高。

(3)社会实践加强了大学生团队合作的能力,有利于他们建立良好的人际关系。在实践活动中,每个人都要充分发挥自身的作用,集体的目标才能实现,集体目标实现了,个人目标才能实现。通过团队合作,不仅能培养大学生的团结精神,提升人际关系处理能力和社会实践能力,而且能提高交际能力和组织能力,使他们提前适应社会,提高就业的竞争力。

(4)社会实践有助于大学生形成健康、积极的心态,正确地对待人际交往。如今的大学生处于竞争激烈的社会中,不良的社交心态容易产生不良的心理,甚至是导致社交障碍。社会实践有利于大学生建立积极健康的心态,他们可以通过交往对比他人比自己优秀的地方,重新认识自己,克服嫉妒、自卑心理,形成良好、健康的社交心态。

4.提升自身的综合能力

同一件事情交给不同的人来做,结果也会有所差别的,这是个人的能力差异所导致。综合能力强的大学生更容易在人际交往中显得得心应手,大学生可以通过培养以下几种能力来提高个人的社交能力。

(1)理解及表达能力的培养。理解是沟通的前提,只有充分正确的理解才能进行交流工作。理解能力的培养需要多读书,学习课本及课外知识,掌握的知识越多越助于我们提升自我的理解能力,还要尝试从各种角度看问题,单方面参不透的道理可利用多种角度来理解。另外,美国哲学家阿尔弗雷德·诺斯·怀特海(Alfred North Whitehead)提出提高理解力的方式之一是强调发现与新细节相应的新模式,即尝试新事物,总结新事物。

语言表达能力是人与人之间交流的一项基本技能,也是容易通过后天努力来提高的。语言流畅、得体,能明确地将自己的思想传达给对方是语言表达能力中的基本要求,这就需要大学生在日常生活中多积累词汇,不至于在用词的时候出现词穷的现象。掌握语言的艺术和技巧是语言表达能力中更进一步的要求，例如学会赞美，善于婉言拒绝，忌讳态度强硬。在校期间可以多参加演讲比赛和辩论赛来锻炼口才，提高语言表达能力。

(2)合作能力的培养。合作能力的培养是促进大学生人际交往和谐的重要突破点。首先，大学生要有合作的意识，认知到合作的重要性。其次，要掌握合作的技巧与品质，尤其要以团队大局为重，暂且忽略个人利益，合作时应互相尊重，取长补短。最后，要多参与班级组织的集体活动以及学校里的社团活动，通过亲自实践可以增加合作的凝聚力，领悟到合作的真正魅力所在。

(3)移情能力的培养。移情能力是指能站在他人的立场理解他人感受的能力。通常，移情能力强的人往往具有较强的社交能力和社会适应能力。移情能力可以借助特殊训练方式得以提高，例如可以通过角色扮演方式，创建场景，认真融入情景之中，体验他人的生活，感受他人的感受，从而更好地理解他人的处境与心境，产生情感共鸣。也可以通过交流分享内心情感的方式，将自己的真情表露出来，以引导对方把心打开，时刻分析揣摩对方心思。

5.参加团体心理训练

团体心理训练是一种常见的以试验为手段的心理行为训练，通常在训练时创造相应的情景让受训人员在团体里参与实践，获得情感上的交流，使情绪得以宣泄，不断调适自我，有助于提高受训人员的心理承受能力、心理健康水平及综合素质。团体心理训练适用于“90后”大学生，许多有心理障碍的大学生碍于面子不愿意走进心理咨询室，却可以轻松接受团体心理训练。这类训练在改善人际关系问题上可取得一定成效，可促进学生之间的亲密度，增加友好感，增进交往，减少交往矛盾，提高交往能力。

(四)高校应构建和谐的大学生人际交往环境

校园是抚育大学生成长的摇篮，是引导大学生人际交往健康良性发展的基地，应当从校园开始着手培养大学生人际交往的能力。具体说来，应做好以下工作。

1.加强师生沟通机制，及时疏导学生的交往行为

师生关系是大学生人际关系中的重要组成部分，老师原本就应该是学

生的良师益友，是学生成长的榜样。老师的为人处世、待人接物的方式会直接影响到学生对人际交往的认识。所以老师是大学生在人际交往过程中重要的导师。

大学老师在本书多指高校的导师和辅导员，他们与学生之间保持经常性交往的同时要及时进行思想上的沟通，利用各种能够增进师生之间理解和信任的不拘形式交往。在这个过程中及时捕捉大学生的人际交往信息，对大学生人际交往中不正确的行为进行规范和积极的引导。另外，辅导员还要通过对大学生的具体情况进行心理咨询，提出积极、可行的分析意见，鼓励大学生培养参加人际交往的积极性和不断进取的精神。

2.营造有利于大学生人际交往的人文环境

大学生人际交往的圈子包括宿舍、班级、校园周边以及社会。大学生就是处在这些人际交往环境之下的，要营造出有利于大学生人际交往的氛围就要从这些环境入手。

(1)营造和谐的宿舍环境。大学生的大学生活大部分时间是在宿舍里度过的，而且舍友之间的交往在大学生活中是最为紧密的，宿舍是最为重要的场所，大学生人际交往的成败在和舍友之间交往的过程中就能体现出来。因为人际交往过程的矛盾很多都是从小事引起的，小事和细节看得出一个人的性格、习惯、习性。例如，有的宿舍舍友之间的关系很融洽，像一个小家庭，关系十分的密切；有的宿舍虽然有矛盾，却有人主动愿意站出来调节，将大事化小，小事化了，关系也十分融洽；另有一些宿舍四分五裂，都愿意和其他宿舍的人交往，四处说本宿舍人的缺点，这就是不正确的处理人际关系的体现。

学校教育工作者，尤其是学生辅导员，可以经常下宿舍了解学生情况，或者私下了解大学生和舍友之间的情况，或由辅导员住在学生公寓，直接监督和调查学生交往状况。另外，可以经常组织一些活动，例如“三人篮球赛”“棋牌比赛”“接力比赛”等等，通过以大学生宿舍为单位加强宿舍舍友之间的凝聚力和向心力，为大学生营造良好的宿舍文化氛围，唤起他们的集体意识，提升大学生人际交往能力。

(2)营造和谐的班级环境。和谐的班级交往环境对班级里学生培养发散的学习思维、乐观的态度以及健全的人格品质都具有促进作用。对于学生来说，班级是由他们每一个成员组成的集体，班级的荣誉就是每个成员的荣誉，能够陶冶集体荣誉感。班级是每一个同学的归属，和谐的班集体具有积极的、良好的班级风气，良好的班集体具有强大的凝聚力，能使同学之间和谐相处，消除人际矛盾冲突。班级能提供学生交流学习方法的平台，能够促进同学之间共同学习，共同进步。

因此，在课堂上任课老师除了传授丰富的专业学科知识外，也应发挥自身的人格魅力来影响学生，在与学生交往过程中赢得学生的信任与爱戴，同时起到榜样的作用；辅导员、班干部要起到带头作用，积极促进班级的良好学习氛围，协调同学之间的关系，并且在发现同学之间出现了人际交往方面的问题时，及时上报院系老师，把矛盾和冲突解决在萌芽状态；另外，多组织一些学生喜闻乐见的活动，例如班级联欢会、聚餐、体育竞赛等，拉近同学之间的关系，促进交流，积极营造一个有利于同学交流和学习的良好环境。

(3)营造和谐的校园环境。校风、校貌是营造和谐校园环境的关键。校风，是一种精神风貌。每个学校都有各自的校训，如山东建筑大学的校训为“厚德博学，筑基建业”，这就是一所学校所具有的精神导向，对学生有着潜移默化的作用。校貌，指的是校园基础设施建设，包括学校的生态系统、教学楼构建模式等等。不同学校的格调是不同的，师范类学校的部分建筑格局显得庄严文雅，艺术类院校的建筑格局唯美抽象等等，这些都能让在校学生感受到一种归属和温馨，另外校园的绿化与知识文化的宣传也是至关重要的。综上这些都能让大学生更易于适应大学生活，进一步促进人际交往，营造出和谐的校园人际交往氛围。

3.增设有助于大学生提高人际交往水平的人文选修课程

大学生的人际交往能力状况是高校的教育工作者很有必要深入调查研究的，因为这是大学生德育的重要组成部分。理论用于指导实践，这样可以有效提高高校大学生人际交往能力的知识水平，通过课程优势来增强大学生的人际交往能力。

一方面，高校除了可以通过思想政治教育课和德育课培养大学生良好的交往品质，还可以增设一些人际交往选修课和必修课。例如，开设“人际关系”“管理沟通”等选修课程，开设“大学生人际交往与沟通能力提升小组”“大学生人际交往指导”等必修课程。

另一方面，可以开展有关人际交往的讲座和学术报告，传授更多人际交往的知识和经验。老师在课堂上组织教学时应当针对学生的个性差异，通过课堂教学模式的多样化来挖掘隐含在现有教学活动中的各种交往因素，如组织学生讨论、分组学习、分组练习、师生讨论、小组竞赛等，充分利用活动尽量给每个学生提供交往锻炼的机会，使学生不仅愉快地学习到了课堂知识，同时潜移默化地锻炼了人际交往能力。

4. 丰富大学生活，拓宽促进大学生人际交往的平台

学校可以通过多种方式为学生提供更多的社交机会，扩大学生的交往范围。

第一，多组织社团活动。学生社团活动室吸引志趣相投的大学生们组成团体，能为大学生提供理想的交际场所，让他们在产生共鸣的同时促进沟通合作。这类的社团活动有文艺、体育、联谊、舞会等等，校园丰富多彩的文化活动，是培养学生团队精神与合作精神，提高学生综合素质的重要途径。

第二，提供合适的社交场地。现在的校园教室与各个场所都需要校方的认可才能够让活动使用。校方可适当放宽这方面场所的限制，或者管理规划规定的活动场所，方便学生之间展开人际交往活动。

第三，提供社会实践的机会。社会实践可以帮助一些学生增加社会经验，帮助一些贫困生赚取生活上的费用。例如家教中心、勤工助学中心就是为学生们提供各式各样的社会实践机会让大学生接触形形色色的社会工作，让他们在与社会接触的同时提高自己的交往能力。此外，规范大学生的假期社会实践工作，通过硬性的要求帮助学生开展自己的人际圈，但是要注意严格管理和社会对象的交往，避免大学生接触一些社会不良风气以及误导学生错误的人际交往。

(五)创造文明的网络交往环境

在大众媒体高度发达的今天，大学生个体社会化的环境有两个：一是现实环境，一是虚拟环境。二者都对社会人际关系的形成有着潜移默化的影响。现阶段我国的网络中存在一些负面的信息或倾向，在某些所谓“时尚”

的推波助澜下，媒体对某些黑色、颓废理论或思想进行了不正确的宣传，这些都会对求知欲强，崇尚科学，但欠缺辩证思维的大学生带来一定的负面影响。为此，必须要净化网络媒体环境，为大学生良好人际关系的建立提供有力的载体支持，引导大学生开展正常的网络交往，实现网络交往与现实人际关系的同步健康发展。

首先，要加强网络道德建设。加强网络道德建设是网络社会的基本特性决定的，是维护网络人际交往的重要手段。加强大学生网络道德教育，就是要教育大学生提高自律能力，在网络交往中以诚相待，不进行虚假的网上交友，不利用网络损害他人名誉和人格，不散布和传播虚假信息，在建立网络人际关系的同时发展现实人际关系。只有这样，热衷于网络交往的大学生才能在网络交往中增长知识，积累经验，建立起交互的主体性关系。

其次，要制定和完善网络人际交往的法律制度规范。无论是在现实社会中还是在虚拟的网络世界中，完善的制度都是维系良好人际关系的前提条件。目前网络犯罪对网上人际交往造成很大的威胁，直接影响了网络人际交往的秩序。由于原有的法律、法规还不完善，加之网络立法滞后，出现了一些法律上的空白，网络成为犯罪分子进行不法勾当的领域。因此，净化网络空间必须重视法律的作用，制定相关的法律、法规，完善原有的规章制度，严厉打击网络犯罪，用法律的武器来清扫网络交往环境中的污垢，维护正常的网络人际交往。

最后，充分利用网络，发挥其教育作用。通过网络学校、网络舆论等方式对大学生进行教育，使他们在平等、宽松的教育环境中确立正确的价值观念，明确网络交往的行为规范，了解相关的法规，提高自己的道德修养，将网络道德规范和交往规则内化为自己的信念，增强其对全球网络信息的识别能力和对不良诱惑的抵制能力。为了进一步增强网络人际交往对大学生人际交往的积极影响并克服其不良影响，学校还应对自身的网络资源加以利用，在过滤不良信息的同时，利用校园网资源加强大学生网络自律教育，将网络道德教育融入学校的课程和学生的日常生活中，开设专门的网络道德教育课程，建设网络道德教育阵地。此外，针对一部分因沉迷网络而亲情淡漠的大学生，可以运用网络对其进行情感教育。

案例 1　宿舍里的“7+1”

一、案例基本情况

（一）基本资料

小白，大学一年级学生，女，家庭较贫困。家里还有一个小两岁的妹妹，跟着父母常年在外地打工。

小白说话声音很温和，慢条斯理的感觉，但是说话时经常低着头，很少抬头看我。

（二）自述

老师，我宿舍的其他几个女生整天在宿舍里谈论什么 Zara、Only 一些品牌的衣服，谈论美宝莲、屈臣氏等化妆品，她们说的我真的一点都插不上嘴。我也曾经尝试融入她们，但是我了解了一下，那些品牌的东西真的太贵了。父母供我上学已经很不容易，我也不想再给父母增加负担。为了避免宿舍卧谈的尴尬，我每天都上自习，学习到很晚才回宿舍。我的学习成绩一直不错，可是越是这样，我越是有一种被孤立的感觉。她们还经常嘲讽我只知道学习。我虽然知道我这样的家庭条件，只能好好学习，但是同一屋檐下，我又经常会觉得心里很不是滋味。我经常想自己搬出去住，可是我又没有那么多钱。现在在宿舍里我觉得每天都会过得很难受。

最近宿舍里又在讨论周末爬泰山，晚上要在山上住宿。她们明知道我根本没有那么多钱去旅游，可是她们还肆无忌惮地在宿舍里讨论，这让我很难堪。我感觉无地自容，想找个地缝钻进去躲起来。

（三）问题形成过程

小白从 7 岁开始跟着爷爷奶奶生活，父母在外地打工，每年只有过年才能见到父母一次。爷爷奶奶年纪大了，对自己的照顾仅限于饮食方面，其他一切都需要自己去处理。父母虽在外地打工，但收入并不高。小白从小就很懂事，心疼父母，自己从来不舍得浪费一分钱。小白说，记得有一次学校里举行广播体操比赛，老师让每个学生都穿白鞋，买一双鞋子需要30块钱，为了省钱，小白就用面粉将自己的一双已经刷得快烂掉的鞋子刷成了白色。比赛时突然下起雨，白鞋子变成了黑鞋子，虽然自己当时尽力躲藏，但还是被一些同学发现了，他们肆无忌惮地笑起来。小白说当时真想找个地缝钻进去。这样的事情还有很多，虽然如此，小白还是会一如既往地省钱，因为她知道父母在外打工太不容易，她不想给父母增加经济压力。

小白虽然是个懂事的孩子，但有时也特别渴望父母能够像别人的父母那样给自己更多的关心和爱护。高二放寒假时，同学的父母都来接，宿舍里只有小白是一个人，当时心情有些低落。就在这时，爸爸打过来电话，小白怀着欣喜的心情接起电话，可是爸爸只问了考试成绩如何。当时在宿舍里看到别人的父母在帮孩子收拾东西，而父亲只是关注自己的学习，小白心里特别难受。

二、案例分析

表面上看小白遇到的是宿舍环境压力导致的人际关系问题，但实际上是小白从小家庭经济条件较差，产生了较为自卑的心理；同时从小生活一直较为独立，在与人相处方面缺乏经验，处理人际关系时经常会因自卑心理对他人言语行为产生错误的认知，也因此会受到困扰。

运用叙事疗法引导小白重新建构对自我的认知，接纳自己，与舍友和谐相处，接纳舍友的一些行为举止。自我接纳，就不会太在意别人的看法等。

叙事疗法是受到广泛关注的后现代心理治疗方式。它摆脱了传统上将人看作问题的治疗观念，透过“故事叙说”“问题外化”“由薄到厚”等方法，使人变得更自主，更有动力。通过叙事心理治疗，不仅可以让当事人的心理得以成长，同时还可以让咨询师对自我的角色有重新的统整与反思。叙事疗法是目前应用比较广泛的现代心理治疗技术，具有操作性强、效果显著等特点，有较高的推广价值。所谓叙事心理治疗，是咨询者运用适当的方法，帮助当事人找出遗漏片段，以唤起当事人改变内在力量的过程。叙事心理治疗对“人类行为的故事特性”，即人类如何通过建构故事和倾听他人的故事来处理问题感兴趣。

叙事疗法认为，人类的活动和经历更多的是充满了“意义”和故事，而不是逻辑论点和法律条文，它是交流意义的工具。人类学家布鲁纳指出，故事一开始就已经包括开始和结束，因而给了我们框架，使我们得以诠释现在。当事人在选择和述说其生命故事的时候，会维持故事主要的信息，符合故事的主题，往往会遗漏一些片段，为了找出这些遗漏的片段，咨询师会帮助当事人发展出双重故事。例如，有学生在叙事治疗中谈到“他的问题故事”，而咨询师会引导他说出另一段他自己不曾察觉的部分，进而帮助他自行找出问题的解决之道，而不是咨询师直接给予建议。也就是在咨询过程中唤起当事人生命中曾经活动过的、积极的东西，以增加其改变的内在能量。在叙事心理治疗中，咨询师最常问的一句话是：“你是怎么办到的？”随后，会将焦点放在当事人曾经的努力，或他内在的知识和力量上，引导他走出自己的困境。

三、案例辅导过程

（一）问题外化

人是人，问题是问题。可以让来访者站在事情的外面，看到问题对自己的影响。外化的过程是把问题客体化、对象化，让来访者意识到问题是外面的东西，而不是我的一部分。通过问题外化来降低来访者对问题的挫败感，调动来访者解决问题的力量，提供与问题对话的可能，让来访者感觉自己是面对问题的专家。

对于小白来说，问题是自卑，问题带来的影响是在宿舍关系中觉得很难受，难以面对宿舍舍友。这个影响是坏的，为什么呢？因为来访者认为“因为我和她们不一样，我就容易被歧视”。

【对话节选】

来访者：我觉得她们都看不起我。

咨询师：当她们都看不起你的时候，你感觉怎么样？

来访者：我感觉难过。

咨询师：还有呢？

来访者：还有些愤怒，我不喜欢她们总是在谈论那些话题。

咨询师：你觉得当她们在谈论的时候，你为什么会难过和愤怒？

来访者：难过是因为我根本没法加入她们的讨论，我自己会感觉很糟糕，感觉自己真是不行，而且也会有一种被瞧不起的感觉；愤怒是我不想让她们继续讨论，我想大吼一声让她们停下来，可是我也没有那样做。

咨询师：这种感觉熟悉吗？以前曾经有过类似的体验吗？

来访者：我经常有这种感觉。我总是觉得别人会瞧不起我。

咨询师：为什么会这样感觉呢？

来访者：我觉得我很多方面都不如别人。

咨询师：如果给你的这个问题起个名字的话，你怎么命名？

来访者：我不够好。

咨询师：你觉得不够好对你有些什么影响呢？

来访者：别人不会围绕我，我就经常会感到孤独，我会难过。

咨询师：你觉得别人不围绕你是不好的吗？

来访者：嗯。

咨询师：为什么？

来访者：我希望她们都关注我。

从这一过程的谈话中，我发现小白的不自信实际上更多的是对自我的要求高，她渴望成为大家关注的焦点，以此来增强自己的自信。

（二）寻找例外

例外是不被问题影响的地方，是问题故事中的例外，是来访者资源、力量、优势的展示。例外包括：那些在困难中想办法、不断挣扎的时刻或事件；来访者喜欢的事件或品质；来访者的期待，也可能是现实；客观发生的事件，也包括将要发生的事件，或者在想象中发生的事件；现实存在的行动，也可以是内心的计划、感受、渴望、想法、宣誓或约定；可以是很小的一件事，当然也可以是很大的一件事；可以来自过去，也可以来自现在和未来。

【对话节选】

咨询师：从小以来有没有感觉自己还很不错的情况？

来访者：（想了一会）有啊。

咨询师：能具体给我说说吗？那是什么时候？都发生了什么？

来访者：我从小就很努力地学习，一方面是因为我的父母很重视学习成绩，他们虽然不在我身边，但是他们经常打电话问我学习状况；另一方面，我想改变我们家庭的生活状态，对于我们这些农村的孩子来说，考上大学是唯一途径。所以我从小就一直很努力，学习成绩在班级里一直名列前茅。高考之后，当我收到大学录取通知书时，我心里特别开心，甚至有点“趾高气扬”的感觉。

咨询师：为什么？是什么让你有了这样的力量或者感觉？

来访者：因为我让父母能够抬起头来。

咨询师：让父母为你感到骄傲的意思？或者说不希望父母失望？是这样吗？

来访者：嗯。

咨询师：还有什么事件让你有类似的体验？

来访者：还有一次我感觉印象特别深刻。我第一次高考成绩不是特别理想，虽然也能上大学，但是家里人都觉得我还可以考得更好，于是我们决定再复习一年。可是因为父母打工的城市离家里很远，他们没办法回来，所以我自己找复习的学校。我自己打车去了我们那的城市，那是我有生以来第二次去。第一次是因为我生病了，父亲陪我去看病；第二次居然就是我自己去的，我挨个联系想去上复习班的学校。（说到这里，来访者哭了）

沉默了一会儿。

咨询师：现在来看这件事情，你感觉自己怎么样？

来访者：那一次我虽然觉得自己特别不容易，但是另一方面我觉得自己很厉害，小小年纪能处理这么重大的事情。

咨询师：这些经历，你觉得自己是一个什么样的人呢？

来访者：我觉得自己是一个超独立的人，刻苦，能吃苦，仔细认真（也害怕出错），善良，不紧不慢不慌张……也有不好的方面，比如做事死板，慢悠悠的，应急能力和情感表达方面不强等等。

咨询师：当你重新发现了自己的这些特点，现在再来看看当前你遇到的宿舍关系问题，你觉得会有些什么帮助呢？

来访者：其实我觉得我还是可以应对的，宿舍里虽然有时候会让我不开心，但这些都不是什么大事。我本来就是一个很独立的人，再说其实舍友也没有做什么对不起我的事情，这些其实只是我自己的感觉而已。

咨询师：在宿舍里有感觉还不错的时候吗？

来访者：有啊，我得了专业第一名以后，一回到宿舍，她们都夸我了，当时我感觉宿舍很温暖。

……

四、咨询效果

咨询中运用的叙事疗法让小白感觉很温暖，曾经多次小白回忆起自己的过往，她都哭了，有时候是感动，有时候是些许的辛酸。但咨询的过程让小白看到了自己的力量，尤其是当寻找到例外的时候，小白的感触较深，她说那个瞬间感觉自己真的是很棒。小白咨询了两次后因为接近期末考试，电话告知暂时不再来咨询了，并且告诉我她现在感觉挺好，每当遇到问题，她就会想到“例外”，这个方法让她觉得充满力量。

五、关于案例的思考

在咨询过程中，还有很多的“7＋1”现象，比如：

7个游戏迷和1个勤奋青年。学生小林最近有点迷茫，他说，宿舍里7个哥们整天在宿舍玩游戏，吃饭都让人带，甚至经常逃课。小林每天学习回到宿舍，都会发现宿舍里遍地垃圾，床上还坐着7个跟僵尸一样的舍友。他们都在忙着“刀塔”“英雄联盟”或者“穿越火线”，他们很少说话，若说也是游戏中的语言。自己因为不玩这类游戏，往往插不上嘴，渐渐地与大家都远离了。现在自己也不知道是自己另类还是大家的问题，很迷茫。

7个烟民和1个无烟者。大一学生小墨是个比较爱洁净的男生，从小家庭里就没有烟民，也不喜欢有烟雾的环境。小墨在人际关系、学习等各方面都适应很好，唯有一件事情让他无法忍受，苦不堪言。小墨说，刚入学时宿舍里就有3个烟民，每人每天约抽一包烟，后来其他4位同学也都染上了吸烟的习惯，宿舍里经常烟雾缭绕。每次自习后回到宿舍都会被烟雾熏得难以忍受。小墨曾经尝试要求他们去阳台吸烟，但是大家坚持几天又都回到原来的状态。小墨很是无奈。

这些都是发生在大学生宿舍里的“7＋1”现象。这种现象还有更多，比如7个学习高手和1个学业不良者，7个同专业的和1个不同专业的，7个生活邋遢的和1个有洁癖的，7个高年级的和1个低年级的，7个贫困生和1个富家女……这是一种“落单”现象。落单就是原来是一个群体在一起，由于特殊原因变成孤单的一个了。“落单”在8人间的学生宿舍里很常见，他们精神上孤独，行为上孤单，意志常常不够坚定，常常会感到无力、无助甚至无望。这种“落单”是一种畸形的宿舍人际关系状态。但正如我们所认识的，宿舍是大学生在大学期间最重要的生活、学习、娱乐的场所，宿舍人际关系也自然成为大学生人际交往的最主要的关系。宿舍人际关系的好坏不仅直接影响了大学生学习生活的心境，更影响着大学生的身心健康发展。可是如何改善不良的宿舍关系呢？

1.改变认识，交往是必需的

曾经有学生这样说过：我一个人挺好，我不需要和他们交流……但是人在社会环境中生存，没有交往可以吗？曾经有个心理学家做过这样一个实验：以每小时15美元的酬金聘人到一间没有窗户但有空调的房间里去住。房内仅有床、桌子和一把椅子，别无他物。三餐由人送至门底下的小洞口，住在里面的人伸手就可以拿到食物。一个人住进这个房间后即与外界完全隔绝。有5名大学生参加了实验。最后，1人待了20分钟就要求出来，放弃了实验；3人待了两天；最长的待了8天。这个就是著名的交往剥夺实验，说明人很难长时间与他人隔绝。所以，要改变人际交往的状况，首先要改变认识，要认识到交往对人的健康成长具有重要意义。

2.学会沟通，没有什么不可以

人与人之间往往由于障碍的存在而产生误解，由误解又升级为矛盾，影响人际关系。消除障碍的最好的办法就是沟通。首先要尝试适当地自我开放。如果你希望别人理解你，只有你真诚地敞开自己，主动地与人交流。如果总是心门紧闭，那么只会永远把人拒之门外。其次要学会沟通，注意沟通的技巧。沟通在心态上需要真诚、信任和主动，在形式上需要双向沟通，即双方共同协商和讨论，直到双方共同明确和满意为止。最后也要积极创设良好的沟通环境。合适的时间、合适的场合都是良好沟通环境的重要条件，在必要的时候可以借助外力（比如求助心理老师或辅导员）共同创造良好的沟通机会。

3.学会坚持，奋斗在青春路上

和谐的宿舍关系固然重要，但是若你是"7个游戏迷和1个勤奋青年"里的那个勤奋青年，并且你也曾经尝试说服其他同学好好学习，但又毫无效果，那我想对孤单的你说：坚持，为了实现你的人生目标做你自己认为对的事情。在奋斗的青春路上，我相信终究会有人与你一路同行！

案例2　沟通陷阱引发的休学事件

一、案例基本情况

（一）基本资料

求助者，小希，大学一年级学生，18岁，汉族，独生女，出生于农村家庭，身体健康，无重大躯体疾病史。父母都是农民，且外出务工。家庭贫困。

（二）自述

老师，我最近一段时间一直觉得很难受，感觉无法在宿舍待下去了。一个月前的一个周末，我宿舍里的一个舍友过生日，早上的时候舍友在外地的男友找人送了一个蛋糕，大家都在七嘴八舌地说中午一起庆祝。我觉得我也应该参与，但是我没有说话。我认为既然大家都这么说了，她们肯定也会让我参加的。所以，我虽然有周末上自习的习惯，但为了舍友生日我就没出去。上午十点多的时候我看时间还早，就拿衣服去水房洗衣服了，想着回来的时候正好能赶上。可是当我洗完衣服回来的时候，发现宿舍门已经锁了。当时我又气又恼，用力踢了几脚门，放下洗衣盆就跑出了宿舍楼。后来越想越气，越想越伤心，我在校园的角落里大哭了一场。老师，她们怎么能这样对我呢？她们太过分了。后来晚上我回到宿舍的时候装作若无其事，她们也没有做什么解释。从那以后我就更少在宿舍里待了，也几乎不和舍友说话了。我每天上自习上到很晚才回到宿舍，以避免和她们有接触的机会，可是即使这样我还是难受，这些天一直觉得心情不好，还很烦躁，甚至想休学。老师，我该怎么办呢？

(三)其他资料

1.观察印象

求助者衣着整洁，思维条理，逻辑清晰，但是话不是很多，需咨询师多问。

2.咨询师了解到的情况

辅导员反映：小希性格内向，平时不怎么爱说话，也较少参加班级活动。但是小希学习很积极。最近一段时间情绪有点低落，并曾要求换宿舍，但是由于没有剩余空铺等原因，没有进行调整。辅导员曾经跟小希谈过话，但是效果不理想，因而建议心理咨询。

3.心理测验结果

SAS：57 分　　焦虑的分界值为 50　　为轻度焦虑

SDS：61 分　　抑郁的分界值为 53　　为轻度抑郁

(四)问题形成过程

求助者小希出生于农村家庭，因父母常年外出打工，自幼跟随奶奶长大，每年只有春节时才能见到父母。但即使如此，小希的童年也是幸福快乐的，因为奶奶对自己特别疼爱。天有不测风云，小希上初中时奶奶去世了。小希很伤心难过，渴望父母能够回到自己身边。但父母为了拿到所在工厂拖欠的工资，没有回到家乡，而是将小希暂时寄养在亲戚家。内心要强的小希，在亲戚和同学面前表现得很坚强，生怕会被别人瞧不起，但内心里小希越来越悲观，朋友也越来越少。半年多之后父母为了照顾小希返回了家乡，但父母重新回到身边并没有让小希感到很高兴，因为与父母分离多年，彼此间少了温情，小希时常会觉得自己仍然很孤独，没有人关心自己。要强的小希学习上一直很努力，后来顺利考入大学。进入大学后，小希在学习上很积极，她把大多数时间用在学习上，每天早起晨读，晚上上晚自习到十点。因舍友们喜欢宅在宿舍，小希说她经常是独来独往。小希也很想与舍友多交往，但时常觉得大家说话时自己插不上嘴，也不知道该说什么。即使交流不多，小希觉得那段时间和舍友相处还算和谐，没有大矛盾。一个月前的一个周末，舍友过生日，自己本来很想参与，但在洗衣房洗衣服时，舍友们没有叫她就一起外出庆祝去了，这让她很恼怒，与舍友们闹翻后她心里很不是滋味，一个月来经常闷闷不乐、烦躁，也没有食欲，不知道该怎样与舍友相处，甚至提出调换宿舍的申请。

二、案例分析

（一）评估与诊断

该求助者的问题是由现实刺激而引起，其心理冲突具有现实意义，为常形冲突；痛苦情绪持续的时间为一个月；有情绪低落、烦躁等情绪，回避与舍友交往，但未出现泛化现象，社会功能轻度受损；自知力完整，主动求医；结合心理测量的结果，与临床观察相吻合。

从以上求助者表现出的症状、严重程度、病程及心理测验结果综合评定，诊断为一般心理问题。

（二）原因分析

1. 生物学因素

求助者是处于青年期的大学生，面临的主要任务是学习、就业、人际交往等，这些任务及可能产生的心理社会危机会引发求助者的问题。

2. 心理因素

(1)人格特征。求助者偏内向、缄默冷淡等，缺乏与人的交流和沟通。

(2)不合理信念。求助者在咨询过程中一再强调“她们应该叫我一起庆祝生日”“她们根本不在乎我”“这件事情好像无法挽回了，宿舍关系再也不会和谐了”……认为这件事情糟糕至极，无法挽回。

3. 社会因素

(1)生活环境改变。求助者从中学进入大学，从农村来到城市，生活环境和社会交往方式都发生了改变，原来一直未住校，现在要和 7 个女生同居一室，生活中难免会有些鸡毛蒜皮的不和谐的小事。小希本来就缺乏与人交流，这些事情更让她力不从心。

(2)家庭方面。求助者自幼跟随奶奶长大，与父母接触较少，自然受到父母的关爱和指导也较少。这让小希一方面缺乏一些生活技巧，另一方面缺乏爱，渴望爱。

(3)社会支持网络不足。社会支持网络是指一组个人之间的接触，通过这些接触，个人得以维持社会身份并获得情绪支持、物质援助和服务。一个人所拥有的社会支持网络越强大，就越能够应对各种挑战。本案例中求助者的父母常年在外地，使求助者得不到父母的支持；求助者朋友较少，缺乏基本的交流沟通，遇到困难时难以得到有效的支持和帮助。

三、案例辅导过程

(一)咨询目标

缓解求助者情绪低落、烦躁的状态，让其能与舍友正常交往；矫正求助者的不合理信念，改变对舍友的看法，改变对已发事件的看法，较为合理地应对与舍友的关系。

(二)主要咨询方法：合理情绪疗法

合理情绪疗法由美国著名心理学家埃利斯创立。该理论认为，引起人们情绪困扰的并不是外界发生的事件，而是人们对事件的态度、看法、评价等认知内容，因此要改变情绪困扰不是致力于改变外界事件，而是应该改变认知，通过改变认知，进而改变情绪。他认为外界事件为 A，人们的认知为 B，情绪和行为反应为 C，因此其核心理论又称“ABC 理论”。

只有通过从根本上改变求助者不合理的信念，才能减轻或消除其情绪的困扰和不良行为方面的问题，维护心理健康，促进人格不断完善。

合理情绪疗法主要是通过纯理性分析和逻辑思辨途径改变求助者不合理的信念，是一种着重认知取向的方法，对年轻、智力和文化水平较高的人更有效。鉴于该求助者的实际状况，选用合理情绪疗法进行咨询治疗。

(三)咨询过程

1. 诊断评估与咨询关系建立阶段

第一次咨询完成诊断评估和咨询关系建立，主要包括建立良好的咨询关系，收集相关信息，进行心理诊断，确定咨询目标和咨询方案。

(1)填写咨询登记表，介绍咨询中的相关事项。采用摄入性会谈收集求助者的有关资料，了解求助者的基本情况、精神状态、行为特点以及求助动机。咨询师通过热情、真诚、共情、尊重、关注等技术与求助者建立良好的咨询关系。

(2)指导求助者做相关的 EPQ、SAS、SDS 等心理测验，作出评估与诊断，与求助者共同确定咨询目标，制订实施方案，介绍咨询方法、原理及过程，签订协议。

(3)诊断结果：根据情绪行为反应的持续时间一个多月，结合测验结果(SAS 是 57 分，为轻度焦虑；SDS 是 61 分，为轻度抑郁)，初步诊断为一般心理问题。

2. 领悟阶段

本阶段的主要任务是进一步推进咨询关系，帮助求助者领悟合理情绪疗法的原理，帮助求助者寻找和确认不合理信念；帮助求助者领悟自己的问题与不合理信念的关系。具体过程为：

(1)帮助求助者明确自己的“ABC”。A 是舍友庆祝生日没叫求助者；C 是情绪低落、烦躁等情绪反应，回避与舍友交往的行为；B 是对 A 事件的看法，认为舍友应该请求助者一起庆祝。

(2)引导求助者认识到改变情绪困扰不是致力于改变外界事件，而是应该改变认知，通过改变认知进而改变情绪。只有改变了非理性信念，才能减轻目前存在的各种问题。

(3)帮助求助者领悟，引起情绪困扰的认知是自己的认知，因此情绪困扰的原因与自己有关，求助者应对自己的情况和行为反应负有责任。此阶段帮助求助者找出了自己存在的不合理信念，比如“她们从来都不邀请我一起参与宿舍活动”“她们根本就不在乎我”“这件事情好像无法挽回了，宿舍关系再也不会和谐了”……

家庭作业：认真琢磨 ABC 理论的中心思想，并将自己的不良情绪记录下来，检查引发事件、信念和情绪之间的对应关系，同时转变信念，体验情绪是否有变化，并记录下来。

3.修通阶段

此阶段是合理情绪疗法的修通阶段，也是最主要的阶段。帮助求助者修正或放弃原有的不合理信念，并代之以合理的信念，从而使情绪症状得以减轻或消除。

【对话节选】

求助者：我觉得她们做得很过分，她们凭什么不喊我一起参加？

咨询师：现在想起来这件事情，你还是很生气是吗？

求助者：是啊，我经常想起这件事，每次都觉得很气恼，她们做得太过分了，完全不考虑我的感受。

咨询师：听上去你好像还有些委屈。

求助者：（眼圈有点红）嗯。她们经常一起外出，从来也不叫我。（沉默）我觉得她们真的不考虑我的感受，根本不在乎我。

咨询师：既然她们不在乎你，不顾及你的感受，那是不是你早上很早起床的时候她们都很反对你？晚上学到很晚她们也会让你早点关上灯？

求助者：那倒没有。她们好像从来没有说过。

咨询师：早上六点多，大家都还在梦里，这时你起床洗刷，你觉得她们会不会被吵醒？

求助者：应该也会，有时候看到她们翻身、盖被子什么的。

咨询师：你影响到她们，那她们为什么没有制止你？

求助者：可能她们知道我有早起晨读的习惯吧。

咨询师：因为知道你有早起晨读的习惯，所以即使被打扰到了，舍友们也忍了，也不会制止你，是吗？

求助者：（沉默）应该是吧。这么说来她们好像也会顾及一些我的感受。

咨询师：你前面说她们完全不顾及你的感受，现在又说她们好像也会顾及一些，这好像有点矛盾啊？

求助者：（思考）可能是在有些事情上不顾及我的感受。比如她们从来不请我一起外出，不管是逛街也好，吃饭也好，她们都不喊我一起。每次看着她们大包小包拎回来，还津津有味地谈论着，我心里特别不是滋味。

咨询师：也就是说在一起外出的事情上没有邀你一起，让你感觉难过是吗？

求助者：嗯。

咨询师：那就是说，只有每次外出时都喊你一起，这样才好。是吗？

求助者：（沉默）也不好，那样的话我就没有时间学习了，而且逛街其实很麻烦的，还要花钱……

咨询师：如此说来，你觉得她们不在乎你，她们应该外出时喊你一起，可又说外出占用时间，还浪费钱，这好像前后有点矛盾呢？

求助者：（沉默）我好像明白一些了，有些时候我想和她们一起，有些时候又不想，但这些想法只有我自己知道，所以我并不能够要求别人完全按照我的意思去做。

咨询师：对啊，所以正是因为你对她们有要求，一旦她们不按照你的要求去做，你就会生气难过。不是因为她们没喊你一起庆祝生日而生气，而是你对她们有绝对化的要求，如果你能够改变对舍友的要求，你就可以缓解自己的情绪。

求助者：我好像突然想通了，其实我可以主动参与她们，如果我主动要求参加，她们应该也不会拒绝。

咨询师：你能认识到这些真的很棒，你可以在生活中尝试……

4.再教育阶段

此阶段为合理情绪疗法的再教育阶段。巩固前几个阶段治疗所取得的效果，帮助求助者进一步摆脱原有的不合理信念及思维方式，使新的观念得以强化，使求助者在咨询结束之后仍能用学到的思维方式、合理信念应对生活中遇到的问题，更好地生活。同时使用心理测验，评估求助者咨询后的抑郁和焦虑水平。

四、咨询效果

1.咨询后心理测验结果

SAS：44分　焦虑的分界值为50　　为正常

SDS：48分　抑郁的分界值为53　　为正常

2.求助者自我评估

自述心情好转很多，认识到以前的很多想法是不合理的，现在感觉轻松多了，而且主动与舍友们和好了，与舍友的交流沟通比以前也增多了，并能够适当地主动参与一些宿舍的集体活动。

3.咨询师的观察与评定

咨询的具体目标和近期目标已经基本实现，求助者基本消除和缓解了闷闷不乐、烦躁的情绪。求助者在认知、情绪、行为模式上出现了积极的变化，人际关系改善，获得了一定程度的成长。

五、关于案例的思考

人一来到这个世界上，他(她)的沟通能力就成为决定其人际关系和生活状况的一个最重要因素。我们如何才能生存，如何发展与人的亲密关系，如何与自己的内心沟通，如何让自己活得有乐趣、有意义，所有这些都在很大程度上取决于我们的沟通技巧。

1.许多人都假定其他人能够彻底了解自己，这是一种常见的沟通陷阱

故事中的小希即是这样假定的。小希周末没有特殊情况时都会去上自习，这一个周末因为有同学过生日她特意待在宿舍，所以小希就想当然地以为舍友都了解她的想法，都会知道她没去上自习是为了给同学庆祝生日。而舍友却并没有这样想，她们以为小希喜欢安静，不会喜欢参加吵闹的生日庆祝会，况且小希出去时舍友们也都没有注意到她是去洗衣服，都认为小希又去上自习了，所以就想当然地关门了。误会就这样产生了。一个小小的事件，小小的误会，就导致了整个宿舍生活的不平静，甚至导致小希出现休学念头。

2.描述性地表达感受会使彼此更加真诚相待

有时我们会因为过去的某件事一直没能有机会说开，在心中形成一块伤痛或一个疑问。而这个未能解释清楚的事情总是会成为以后交往中的障碍，使彼此不能真诚相待。但在我们内心似乎有样东西一直驱使着我们要了结未完成的事情。这时坦诚直率地表达自己的想法和感受会帮助我们消除误解，加深感情。比如在宿舍成员的团体辅导过程中引导小希真诚地表达自己内心的感受："那天我准备好了要参加××同学的生日聚会，可当我

被锁在门外时我心里真的很难过……”或许舍友也会表达“你平时很少参与宿舍的活动，所以我们一直以为你不喜欢太吵闹的环境，而且那天我们真的以为你去上自习了……”这样或许误会就解开了。

3.赞扬别人会收到意想不到的效果

很多人从来不去赞扬别人，他们想当然地以为别人知道自己的想法而吝于开口。当一个人总是说自己的不满，而满意的时候却从不说出来，他就会被疏远甚至被憎恨。咨询中小希曾说过，赞扬别人的话自己总是说不出口，这也是舍友会疏远她的一个重要原因。在宿舍的团体辅导活动中，我刻意安排了“戴高帽”的活动，即大家围成圈，让小希站在中间，大家都向小希表达积极的、肯定的评价。舍友们说：“小希你学习很好，我很羡慕你。”“小希你很努力，我一直想跟着你一起去上自习。”……当听到这些赞扬时，小希哭了，她真切地感受到了赞扬的力量，她觉得浑身充满了力量要去应对一切。的确，又有谁会不喜欢不时地有人拍打一下自己的背呢？因为这个动作很简单地说明“我很欣赏你”。相信有了这次经历后，小希也会尝试去赞扬别人，因为这样做会收到意想不到的效果。

案例3　学会说“不”

朋友们，生活中有没有这样的事情：明明不愿意再次施以援手，却在别人哀求的眼神下不得不说“可以”；明明不愿意参加的活动，却在别人的盛情邀请下不得不说“好的”；手头明明已经有了太多的事情，但是碍于面子，在老师安排工作任务的时候不得不说“Ok”……我们满怀“不愿意”地去做了这些对于别人来说可能微不足道的事情，自己却在“不舒服”的情绪里走不出来，更可怕的是我们可能带着这些“不舒服”的情绪继续了我们自己的生活。大一学生小卫便是这样一个人。

一、案例基本情况

小卫，一个本来充满了力量的男孩子，最近却陷入了烦恼。小卫自小爱整洁，自己的生活会安排得井井有条，来到大学后他很快适应了集体生活。但是不久，小卫就遇到了一些麻烦。小卫舍友大多不太讲究卫生，宿舍的厕所、地面等基本没有人主动打扫，当发现只有自己在打扫卫生的时候，他虽然闪过一些不情愿的瞬间，但也继续承担起了打扫任务。后来，小卫经常发现自己早上打的热水，晚自习回去的时候就没了。有一次他正好撞见舍友用他的热水洗头发，虽然不情愿，但他还是没有制止，而是又去打了一次水。这些小卫都还能忍受，但后来发生的事情实在令他忍无可忍了。舍友们爱窝在宿舍打游戏，开始是关系不错的上铺让小卫帮忙带饭，小卫当然是义不容辞，后来宿舍的同学经常打电话让他帮忙买饭，甚至是各种生活必需品，有人还经常有意无意地忘记给他钱。小卫很难受，曾经也想拒绝同学的各种要求，可是尝试过很多次，他始终难以开口。矛盾中小卫意识到自己不能一直这样，偶然的机会听朋友说起了心理咨询，于是就有了咨询师和小卫的面谈。

二、案例分析

正像前面所说的，小卫满怀“不愿意”地去做了这些对于别人来说可能微不足道的事情，自己却在“不舒服”的情绪里走不出来。表面上看是小卫表达技巧的问题，或者从咨询目标的角度来讲，短期目标就是联系表达拒绝；但从内在来看，实际上是小卫不够自信，因为小卫害怕拒绝别人之后会影响自己的人际关系，所以从咨询的长期目标来讲就是认识自己，接纳自己，提升自信。

三、案例辅导过程

1. 运用焦点解决的方法引导小卫重新认识“拒绝”

【对话节选】

咨询师：请你想一想，曾经有没有过一件令你印象深刻的并且是你拒绝别人的事情？

来访者：肯定没有，我从小就不会拒绝别人。

（由于惯性思维，学生经常会不假思索地肯定自己的一贯性行为，但是我相信他成长经历中肯定会有例外，于是我还是坚持地问他，引导他回忆、思考。我认为这个过程非常重要）

咨询师：你再想想。

来访者：（沉思）……

咨询师：没关系，慢慢来。

十分钟之后小卫终于开口了。

来访者：我想起来了，我上小学五年级的时候，学习一直特别好，老师都很喜欢我，经常会让我上讲台往黑板上板书一些学习题。有一次我发烧了，很不舒服，老师在不知道我生病的情况下让我继续板书，可是我实在没有力气，我就拒绝他了。

咨询师：还记得当时怎么说的吗？

来访者：我大概说："老师我不舒服。"就没再说别的。

咨询师：当时感觉怎么样？

来访者：我当时说的时候有些害怕的，害怕老师以后再也不用我板书了，可是发现并没有什么影响。

咨询师：现在再看这件事情，你有些什么感受呢？

来访者：有些情形根本不会发生，都是自己吓自己的。

咨询师：再看看你现在面临的这些事情，你会怎么做呢？

来访者：一些力所能及的事情我想我可能还是不会拒绝，因为那些也不会太影响我，再说本来大家都住一个宿舍，应该相互帮忙；但是如果他们再让我带饭，我或许应该让他们先把钱给我。

咨询师：我觉得你想的办法非常好，既不会直接面对拒绝，又避免了一些烦恼。

来访者：（开心地笑了）老师，有些事情就是需要多思考啊！

2.运用空椅子技术练习说“不”

【对话节选】

咨询师：现在假设你的舍友就坐在那里，一边玩着游戏一边说：“小卫，你去帮我买个饭吧。”你想象一下，你直接对着那把椅子说出来你内心真正想说的话。

来访者：（沉默一会）老师，我有点不好意思。

咨询师：没关系，我等你。

来访者：（又过了一段时间，声音很小地说）林哥，你整天在那里打游戏，有什么意思呢？你现在课也不上，饭也顾不上买，你这是过的什么大学生活？

说着说着小卫有点气愤。

来访者：我不想帮你买，你自己去。

说到这里小卫眼圈有点红了。

咨询师：现在你感觉怎么样？

来访者：老师，我开始有点难过，但是我说出了我想说的，现在觉得轻松多了。

咨询师：我听到你虽然拒绝他，但是都是善意的提醒。

来访者：是的老师，如果他学习或者工作很忙，让我帮忙买饭，我义不容辞，但是他这样让我很反感。

咨询师：我发现你特别善良。

来访者：是吗？老师，我都拒绝他了，我不觉得自己善良。

咨询师：刚才我也说了，这是善意的提醒，你在用自己的方式提醒他。

3.引导小卫充分认识自己，接纳自己

看起来小卫的问题好像解决了，但是一旦遇到无法开口的事情，小卫还会陷于两难。所以从发展的角度，咨询师引导小卫进行了自我探索，了解自己存在的问题，然后接纳自己。过程中小卫发现自己不曾注意到的优缺点，比如自己做事很努力，很善良，但也总担心做得不够好，担心别人给予自己负面的评价，做事情经常思前想后，影响进展等。通过引导，小卫认识到这些优缺点都是自己的特点，是自己的一部分，这些特点也都会给自己带来一些帮助，比如做事思前想后的特点会让自己更稳定，想问题更周全。

四、咨询效果

本案例进行了两次咨询，第二次结束的时候小卫跟咨询师讲，他认识到无法拒绝别人是源于对自己不够信任，以后的生活中他自己会注重锻炼自己的能力，提升自信。此外，小卫觉得通过这次咨询，他发现拒绝并不可怕，只要自己坚持善良的本质，拒绝并不会影响自己和别人的关系，以后自己会想一些办法合理地拒绝一些自己的确不能够做的事情。

五、关于案例的思考

多数人会像小卫一样，遇到一些不好意思开口拒绝的事情。不拒绝别人是我们善良本质的体现，在有能力的情况下不拒绝别人会让我们自己有存在感和更高自我价值感，但如果没有能力助人，那我们就无异于是在戴着“假面具”生活，如此会活得很累而又会失去了自我。案例中的小卫便是如此：第一，他答应了太多的事情，难免干扰自己的正常生活；第二，时间变得散乱，无法把精力放在对自己来说更重要的事情上；第三，这些事情还给小卫带来了经济压力；第四，小卫一忍再忍，但心情却是越来越烦……可能存在的影响还有更多，那当我们遇到这样的事情时应该怎么办呢？

（一）认识一个真相——我是有限的

当我们要去照顾自己、他人的感受的时候，首先要认识到一个真相，即“我是有限的”，这体现在我的时间有限，我的精力有限，我的能力亦是有限的。认识到自己的有限，我们给自己划定一个界线，在这个界线里我们可以更好地控制自己的生活和时间；我们还需要接纳自己的有限，如此我们在拒绝别人的时候才不会自责、自卑；我们更需要理解别人的有限，如此当我们遭遇别人拒绝的时候，也会坦然接受。

（二）学会一点技巧——轻松拒绝而又不伤害

1. 延迟决定

当实在说不出拒绝的话的时候，那我们可以说“我考虑一下”或者“我看一下时间安排”等，这能让我们深思熟虑之后做决定，同时又避免了双方在当时情景中的尴尬。

2.坚持原则

当我们划定自己界线的时候便是形成了自己的做事做人原则。坚持原则是对自己负责,也是对他人负责。如此一来直接告知对方自己的原则便是一次温柔的拒绝。比如“实在不好意思,我从来不和别人用一个毛巾”,这样别人就会明白,你的拒绝没有敌意而只是你的一种生活方式。

3.替代建议

别人请我们帮忙只是为了解决一个问题,而我们未必是他的唯一人选。当我们发现我们自己的时间精力有限,并不能够帮助对方做这件事的时候,那可以给他提供另外一个解决方案。比如小卫想拒绝继续帮忙带饭,那可以让舍友寻求送饭服务,或者干脆让舍友锻炼身体自己下楼买。

4.真诚沟通

真诚沟通需要有感情地、温和而坚持地交流,同时做到不指责,不讨好,不回避。有效的真诚沟通可以参照“每当……我感觉……我希望……我相信……”的语句结构进行。比如案例中小卫打扫宿舍卫生的事情,他可能无法延迟决定,也无法给出更好的建议,此时他可以跟舍友进行一次真诚沟通:“每当看到宿舍很脏的时候,我都觉得很难受,我真的希望宿舍就像家一样温暖、整洁,这样的环境需要我们大家一起来维护,我相信在那样的家里我们这些兄弟们会生活得更舒心。”

案例4　少年小进之烦恼

一、案例基本情况

(一)基本资料

小进,男,20岁,大二学生,有一个姐姐。父母做小生意,家庭条件尚可。成绩中等偏下,与同学相处不太融洽。

第一印象：头发较乱，黑眼圈严重，情绪低落，说话时经常皱眉。

（二）自述

眼看要期末考试了，自己非常焦虑，学习效率很低，在自习室经常走神，不自觉地回想起自己和舍友的种种不快。自己的舍友刘某上学以来一直不思进取，整日玩游戏，最可恨的是他玩游戏不戴耳机，音响声音非常大，严重影响了自己的睡眠。自己之前就为此与他发生过争吵，那时其他舍友都帮着自己说话，刘某可能觉得自己有错在先，后来就一直戴着耳机玩游戏。事实上还是有声音，因为大半夜宿舍非常安静，敲键盘按鼠标的声音都特别明显。自己睡眠一直不好，很难睡着不说，睡觉也很轻，一有动静就醒。但对方已经做出了让步，自己也不好再说什么，就一直忍着。现在进入了复习阶段，都结课了，他更加肆无忌惮，每天过得黑白颠倒，晚上熬夜通宵玩游戏，白天在宿舍睡大觉。自己最近复习压力很大，心情也不好。几天前的晚上，他又在那玩游戏，弄得鼠标"咣咣"响，自己白天就够烦的了，晚上再睡不好，第二天怎么复习，于是当场就爆发了，下床直接把刘某电脑电源拔了，两人非常激烈地争吵起来……不过这次，其他舍友没有再为自己发声。进入大学两年，自己的生活可以用苦闷来形容，一点乐趣都没有，也失去了最初对大学美好的期待，现在只想快点毕业，离开这个宿舍。

（三）问题形成过程

小进父母重男轻女的封建思想严重，在第一胎是女儿的情况下违法超生有了小进。小进作为家中独苗，打出生起就在全家人的"精心照料"下成长，小进的任何要求父母都无条件满足。而小进姐姐却没有如此待遇，不仅如此，小进父母还要求姐姐什么都要让着弟弟，姐弟俩起了争执，父母不问青红皂白就会直接体罚姐姐。久而久之，小进变成了家中的小皇帝，什么事情都要听他的，自我中心主义严重。

小进从高中就开始住校，然而这段集体生活并未给他留下太多美好回忆。小进与高中舍友相处并不融洽，其中的矛盾源于一件小事：有一次舍友感冒了半夜咳嗽不停，小进被吵醒后就冲他发脾气指责了他，后来舍友再也没跟小进说过话，其他舍友也渐渐疏远了他。小进觉得舍友影响自己睡眠本就有错在先，后来又小题大做孤立自己，也不愿意主动跟舍友开口说话，于是关系不冷不热直到毕业。

上大学后，小进给自己设立了目标，一定要跟舍友搞好关系，交一些能“称兄道弟”的好朋友，为此入学初始还主动要求担任宿舍长，但没想到又把人际关系弄僵。

二、案例分析

（一）评估与诊断

心理诊断：本案例属于一般心理问题中的人际关系问题。

诊断依据：根据病与非病的三原则判断，来访者主观世界与客观世界相统一，心理活动内在协调一致，人格相对稳定，有自知力，因此排除精神障碍。

从时间上看，心理冲突为近期发生，强烈情绪低落持续时间不长；从内容上看，冲突内容尚未泛化，其反应强度虽强烈，但并没有影响思维逻辑性，尚能带着症状维持正常的生活，属于一般心理问题。来访者性格内向，人际关系不良，经常与舍友发生冲突，且冲突发生后缺少有效的冲突解决策略和社会支持系统的情感扶助，因而产生了焦虑、低落等情绪反应，属于典型的人际冲突导致的情绪困扰。

（二）原因分析

1. 以自我为中心的性格缺陷

来访者父母有重男轻女的封建思想，父母对其过度宠溺，使其从小就以自我为中心，凡事从自我需要的角度出发，强调自身感受，希望他人接纳自己，自己却不善于接纳他人，希望他人尊重自己，却又缺少尊重他人的意愿，这就给平等沟通造成了障碍。此外，来访者性格内向，缺乏人际交往的积极主动性，也在一定程度上加重了他的人际关系问题。

2. 人际交往能力欠缺

来访者没有建立正确的人际认知，缺乏恰当的沟通和交往技巧，也是造成宿舍矛盾激化的原因之一。当前，许多大学生对人际交往存在不良认知，比如“每个人都必须喜欢我”“大家都应该听我的安排”“我为你做了这么多，你应该感激我”，这些绝对化的要求往往给人际交往设置了障碍，使人在错误认知的引导下产生不当交际行为。人际交往还需要借助恰当的方式和适宜的载体，但很多时候学生缺乏语言、行为上的分寸，比如，想向别人表达关心和好感，却不知如何做起，想用幽默化解尴尬的气氛，却被人理解成讽刺等等，这也造成了矛盾的激化。

3. 回避性的冲突解决策略

缺乏完善的冲突解决策略，不能及时有效地化解矛盾，也是来访者人际关系不良的原因。当冲突发生时，来访者不能正视矛盾，而是采取回避和消极等待的态度，不积极去沟通，而是期望他人先向自己主动求和，错过了冲突解决的良好时机，导致矛盾积累越来越深。除了来访者采取的回避状态，校园中有很多学生还会选择默默忍耐，但这种忍耐是在对方并不知情的情况下，因此对方往往会继续他的行为，最终导致矛盾的不可调和。被动消极的忍耐并不是解决问题的最好方式，寻求积极可行的冲突解决策略，并在冲突过程中合理控制自身情绪，才有利于人际交往的改善。

三、案例辅导过程

（一）解决思路

本案例采用空椅子技术及合理情绪疗法进行咨询与辅导。

空椅子技术是完形心理治疗常用的一种技术。其本质是一种角色扮演，是使来访者内射外显的一种方式。此技术运用两张或多张椅子，要求来访者坐在其中一张椅子上，扮演内心冲突情境的一方，再换坐到另一张或几张椅子上，扮演内心冲突情境的另一方，让来访者所扮演的双方持续进行对话，以逐步达到自我的整合或者自我与环境的整合。空椅子技术包括3种形式：倾诉宣泄式、自我对话式、他人对话式。本案例采用他人对话的形式，即来访者通过空椅子技术进行自己和“他人”的对话，从而站在他人的角度考虑问题。对以自我为中心，不能体谅、理解或宽容别人的来访者，通过与“他人”展开对话，可以设身处地地理解他人。

合理情绪疗法的理论基础为ABC理论，A代表外界事件，B代表人们的认知，C代表情绪和行为反应。引起人们情绪困扰的并不是外界发生的事件(A)，而是人们对事件的态度、看法、评价等认知内容(B)，因此要改变情绪困扰(C)不是致力于改变外界事件,而是应该改变认知,通过改变认知,进而改变情绪。

(二)具体辅导过程

来访者在人际关系上存在不合理的认知,如来访者认为"凡事都应该以我为中心"。针对其不合理的人际认知,采用合理情绪疗法进行改善,使来访者认识到自己在人际冲突中的问题,进而放弃不合理的信念。然后采用空椅子技术使来访者了解对方的感受,明确自己在冲突解决中采用的不恰当的语言和方式,以及这种方式对人际关系产生的不利影响,促使来访者积极寻求转变。

【对话节选】

让来访者摆好两把椅子,一把椅子上贴有来访者名字的标签,另一把椅子贴上舍友的标签。让来访者坐在写有自己名字的一把椅子上,另外一张椅子当作舍友,引导其进入当时的事件状态,并与舍友对话。为了营造真实的气氛,诱导来访者投入其中,咨询师告诉来访者,他的舍友就坐在这张椅子上,详细描述舍友的表情、动作、声音等。要让来访者感到舍友是真实地坐在他面前,使来访者有话可说。咨询师还要提醒来访者要设身处地地站在舍友的角度去思考问题。让来访者在扮演角色时,不要用第三人称的口吻讲话,而要用第一人称说话,并且要尽量去模仿舍友的声音和动作。只有这样,来访者的体验才能够深入,获得的领悟也就比较深刻。

咨询师:现在请你轻轻地闭上眼睛,深呼吸,回到高中的宿舍里。现在,想象你的高中舍友就坐在你对面的椅子上,看清楚他的样子,然后,把你的全部感觉都沉浸在自己的内心。在心里,你有很多很多话想对他们说。等你想好后,就用"我"和"你"来对话。你可以把你心里想说的话,全部对他们说出来。

来访者(坐在"自己"的位置):那件事情……我知道自己口气有些过了,但你没有必要这么记仇吧?你知道我睡眠一直不好,如果晚上睡不好第二天学习效率很低,你咳嗽声音这么大,我忽然被吵醒,心里肯定有闷气,人在半梦半醒的情况下脾气肯定会很大,你就不能站在我的角度考虑一下吗?

咨询师:现在,你可以坐到对面的椅子上去。想象这一刻你就是你的高中舍友，刚才听了他对你说了那么多的话，你现在想对他说点什么？

来访者（坐在“舍友”的位置）：我并不是故意咳嗽影响你睡觉的，那晚我感冒了，嗓子又疼又痒，根本控制不住咳嗽。我不是记仇，而是心寒，那时我多希望有人能问问我有没有事，给我倒杯水，可你呢，劈头盖脸地就冲我大吼大叫，你关心过我吗？

咨询师：好。现在回到你自己的位置，你还是现在的你。在你听完刚才舍友对你说的话后，现在的你有什么感受？

来访者：我觉得自己有点自私。我知道那天他不舒服来着，但我却没有考虑到他的感受，只想自己。

……

咨询师：现在另一张椅子上坐的是你现在的舍友，你有什么想对大学舍友说的吗？

来访者（坐在“自己”的位置）：你知不知道你每天晚上打游戏声音有多响？从上大学开始每天晚上都这样，我不想把我们之间的关系弄僵，一直忍着不说你。难道你一点都没意识到自己的问题吗？既然是集体宿舍，也该考虑下其他人的作息吧！

咨询师：现在坐到对面的椅子上，听了他的话，你想说些什么呢？

来访者（坐在“舍友”的位置）：我承认我做得确实不对，所以你第一次说完我之后，我都戴着耳机玩。这次我不知道我敲键盘的声音也影响了你，但是，你不说我怎么知道，而且，你就不能好好跟我说话吗？下来直接拔我电源线。

咨询师：请回到你自己的位置。现在，你心里是什么感受？

来访者：我觉得，我和舍友关系不好，很重要的一个原因就是“我以为你知道”，但实际上他们并不知道。我没有对他们说出我的感受，每次都是忍不住了爆发，导致我们直接决裂。如果当时能态度好一些，提前跟他们沟通，也不至于为了这些小事争吵。

咨询师：是的，换一种对方更容易接受的表达方式效果会更好。比如，舍友玩游戏不睡觉影响自己睡眠，我们之前的反应是“你只顾自己玩游戏，影响到我休息”，如果转变成“你这样的作息对你身体不好”，对方感受到你是站在他的立场为他考虑，可能更愿意接受，也更愿意改正。两种出发点带给对方的感受以及所引发的对方的反应是不同的，后者更有助于问题的解决，有利于双方友谊关系的发展。

四、咨询效果

（一）来访者自我评估

不再逃避和舍友的冲突，愿意正面去面对矛盾，积极主动地去解决矛盾。同时开始自我反省，意识到自己在人际交往中存在的问题，改正了一些不合理的人际认知，开始关注他人的感受和内心需要，遇到问题能够在一定程度上控制情绪。焦虑、低落的情绪有所缓解，睡眠质量有所改善。与舍友的关系开始缓和，能够主动与舍友沟通，舍友对自己的改变也给予了积极反馈，对未来的大学生活重拾信心。

（二）咨询师评估

经过咨询，来访者对自己身上存在的问题有了大概了解，并有主动寻求改变的意愿。焦虑情绪缓解，与舍友关系缓和了很多，也愿意参加班集体的一些活动，人际关系状况开始好转。

五、关于案例的思考

小进的困惑是许多大学生所面临问题的缩影。中学阶段，迫于升学压力，学生和家长往往只重视学习成绩，忽视人际交往，某种程度上还会为了把更多的精力放在学习上而人为抑制社交需求。进入大学后，学校更强调学生的自主性，同学间的交往互动增多，于是，很多学生在人际交往中出现了问题。“马加爵案”“复旦投毒案”等宿舍惨剧的发生，折射出当代大学生在宿舍人际关系处理上的不成熟。《中国青年报》在 2015 年的统计显示，近七成的受访学生曾因室友间矛盾想调换寝室。作为社会关系网络中的个体，良好的宿舍人际关系是同学们舒心学习、安心生活的重要前提。根据马斯洛需求层次理论，良好的宿舍人际关系可以满足人类归属与爱的需要，对个体心理的健康发展至关重要。尤其在大学阶段，青年学生处于学习专业知识，发展亲密感，探索外部世界的重要时期，良好的宿舍人际关系对今后的人生发展具有特殊的意义。因此，高校教育工作者要把宿舍作为心理健康教育的重要阵地，围绕宿舍人际关系开展相应的心理健康教育活动。

首先，进一步普及宿舍人际交往的相关知识。作为学校，可以通过公众号、微博、电台广播、课堂等媒介向在校学生普及宿舍人际交往的相关知识，教育大学生重视宿舍人际关系，经营好宿舍内部的人际关系；教育大学生学会理解和包容，懂得换位思考，站在别人的角度去看待问题；教育大学生学会恰当的语言表达方式、交流沟通技巧；教育大学生要正视人际交往中的矛盾冲突，不断提高解决矛盾冲突的能力。

其次，营造积极健康的宿舍文化。积极开展各种活动，推动宿舍文化建设。培养大学生良好的生活习惯、遵纪守法观念、审美意识、道德观念、人格修养和集体观念等等，这些活动都可以为宿舍成员沟通交流搭建平台，培养宿舍的凝聚力，使大学生在这些活动中自己去领悟相处之道。

最后，完善相关的心理危机干预机制。充分发挥好党员、班级干部、宿舍长的作用，让他们负担起宿舍关系的监督工作，当出现问题时要及时向学校相关部门上报，不能使事态变得严重；辅导员要随时关注自己学生的宿舍关系动态，随时给予心灵上的关怀。

案例5　快乐起航，筑梦成长

——大学生人际能力提升团体辅导方案

大学生处在人生的重要转折阶段，虽然生理上已基本成熟，但心理上尚未成熟，存在着这样那样的问题。研究发现，不同年级大学生的主要心理问题存在着不同的特点和差异。

大一是高校适应的困惑期，普遍存在着对生活、学业、人际等环境不适应的“大一综合征”；大二是心理问题的多发期，相互熟悉的大二学生为人行事消除了拘束感，以往存在的问题逐渐暴露，各种人际冲突也随之出现；大三是情感的冲突期，情感冲突在大三表现得尤为突出；大四是择业求职的盲目期，多数心理问题因求职择业而产生。

本项目针对不同年级大学生的心理特点和人际能力发展需求，通过活动化的团体训练，培养学生的适应性、独立性，提升人际沟通能力、组织协调能力、团队协作能力等，不断优化学生人际关系处理能力，提升整体心理素质。

一、一年级：初来乍到——“破冰”训练

（一）活动一：回旋交流

由各小组带领负责的班级，开始活动。活动前，工作人员做自我介绍，调动现场气氛，使得组员在轻松愉快的情况下进入游戏。

1.活动方法

（1）以班级为单位，所有人员围成一个圆圈。

（2）依次“1、2、1、2……”报数，报数为2的组员向里迈一步，又组成一个圆圈，两圈人面对面。

（3）工作者喊“开始”，每人有半分钟自我介绍的时间，每半分钟向左一步。

（4）由此活动每班确立了两支队伍，确定为一队和二队，下面活动不再更换。

注意事项：让小组成员充分认识，如气氛不活跃，工作人员亲身参与，带动气氛。

2.活动目的

使大家建立初步认识，形成第一印象。

（二）活动二：情解千千结

1.活动方法

同学们手拉手站成一圈，记住自己左右的人，然后打乱顺序，双手仍然握住原来同学的手，此时的手臂交缠形成一个结。手与手紧握不松开，想办法打开结，恢复原来的位置。

2. 活动目的

进一步打破相互不认识的尴尬，使大家逐步增加相互认识的程度。

(三)活动三：左手右手(又叫“举一反三”)

引导词：要认识一个人首先要知道对方的名字。下面呢，我们将做一个小游戏，来进一步地加深大家的认识与感情，考察考察大家的反应能力和记忆力。大家反应要快哦！

1. 活动方法

组员围圈而坐，每个人有10秒的时间向大家介绍自己的名字。每位同学要尽可能多地记住其他同学的名字，同时一定要记住自己左边和右边的同学的名字。活动开始，工作员任意喊出其中一位组员的名字A，A左边的同学答“到”，右边的同学举手，然后由A来随机喊出下一位同学B的名字，B左边的同学答“到”，右边的同学举手，依此类推直至结束。过程中出现失误的同学将获得自我介绍的机会，介绍自己的姓名、家乡、爱好等等(时间为30秒)。

2. 活动目的

制造紧张刺激的气氛，令参加者强记其他组员的名字，促进组员间的初步认识了解。

(四)活动四：大风吹(约30分钟)

引导词：之前的活动使大家加深了对彼此的了解，下面呢我们来活跃一下气氛。

1. 活动规则

(1)组员坐在地上围成一圈，每个组员在自己坐的位置用粉笔画一个圈(使自己坐在圈内)。

(2)活动开始，工作员站在圈中央发布施令：“大风吹，大风吹，有××特征的同学站起来。”工作员发布施令后迅速找一个圈坐下，有该特征的组员就要站起来离开自己的圈，去坐到他人的圈内。最后肯定有一个同学因未能找到圈而站着，这个同学要站在圈中间为大家展现自己的才艺。(××特征有：长头发的、扎辫子的、穿××颜色衣服的、戴眼镜的等等)

(3)才艺展示后，由站在圈中间未能找到座位的组员继续发布施令，说出某项特征，有该特征的组员就要站起来离开自己的圈，去坐到他人的圈内……如此反复。

2.活动分享

大家是不是玩得很高兴啊？做这个活动，是为了使大家知道在短时间内可以很容易地辨别他人的外在特征，但是要深入了解一个人却不是很容易的，那需要和他人经常交流。另外，通过小小的惩罚使你们在大家的面前展现了自己，锻炼了自己。通过慢慢的锻炼，你就可以在别人面前很好地表现自己了。

3.活动目的

让陌生的小组成员互动，调换座位打破组员的隔膜，增加组员的投入感，活跃小组气氛。

(五)活动五：花开几朵

1.活动规则

(1)同学们围成一个圈，手拉手跑动，工作员说："花开了。"同学们问："开几朵?"

(2)工作员随便说出一个数字，如5朵，这时同学们就要找到相邻的5个人抱团。单出来的同学可以有一个向大家展示自我的机会。

分享：刚刚的活动锻炼了大家的反应能力。是不是在听到数字的一瞬间有一丝丝的紧张、担心？相互信任、风雨同舟是我们期待的团体，希望这个游戏能让大家的心能更进一步的融在一起。

2.活动目的

(1)加强同学之间的接触，巩固刚刚建立起来的记忆。

(2)带动气氛，使活动在欢乐的氛围中完成。

二、二年级：君子之交——沟通、自控等能力训练

(一)活动一：你来比划，我来猜

1.活动规则

将一个班级分成3组，依次排列站开。将写满成语的纸条递给第一个同学，其他同学一律不准窥视。第一位同学用肢体和表情语言，将成语表达的意思传递给下一位同学，则再由下一位同学依次用肢体语言传递至最后一位同学，最后一位同学则将肢体语言转化为汉字写在纸上。规定时间内完成最多的一组同学为胜。

2.活动物资

纸片、记号笔。

3.活动目的

培养同学之间的心意相通，提升他们的默契程度，增加他们相互理解的理念与意识。

(二)活动二：驿站传书

1.活动介绍

全队成员排成一列，你们每个人这时候就相当于一个驿站，到时候主持人会把一个带有7位数以内的数字信息卡片交到最后一位伙伴的手中，你们要利用你们的聪明才智把这个数字信息传到最前面这位伙伴的手中。当这位伙伴收到信息以后呢要迅速举手，并把了解的信息写在纸片上交给最前面的主持人。比赛总共会进行四轮。在信息传递的过程当中，我们会有一些规则来约束。

2.活动规则

项目开始后(所谓项目开始是指主持人喊“开始”，信息从后面一位伙伴开始传递那刻起)：

(1)不能讲话。

(2)不能回头。

(3)后面伙伴的任何部位不能超过前面人身体的肩缝横截面以及无限延伸面。(前后标准要以最前面的某个物品作参照，比如白板，离白板近则为前，离白板远则为后。)

(4)当信息传到最前面伙伴手中时，这位伙伴要迅速举手示意，并把信息交到白板附近的主持人手中，计时会以举手那一刻为截止时间。

(5)不能传递纸条和扔纸条。

(6)项目的最终解释权和裁判权归主持人(要解释清楚，某些很有争议的方法，和我们培训的整个中心相吻合算正确，背离则算错误)。

(7)第一轮时间不超过2分钟(给出8分钟的讨论时间，然后回来对战)。

第二轮：以前规则继续生效，新的规则增加。

(8)第一轮所有方法不能再使用。

(9)不能传递和扔任何物品。

(10)第二轮时间不超过 1 分钟(给出 7 分钟的讨论时间,然后回来对战)。

第三轮:以上规则继续生效,新的规则增加。

(11)第一轮第二轮所有方法不能使用。

(12)第三轮时间不超过 40 秒(给出 6 分钟的讨论时间,然后回来对战)。

第四轮:以上规则继续生效,新的规则增加。

(13)前三轮所有方法不可用。

(14)屁股不可以离开地面。

(15)第四轮时间不超过 20 秒(给出 5 分钟的讨论时间,然后回来对战)。

3.活动目的

使学生强烈意识到,充分沟通对团队目标实现的重要意义;建立与修正制度规则,然后内化于身,形成自律、自制意识。

(三)活动三:珠行万里(对抗游戏)

1.活动简介

整个团队每个队员手拿一根半圆形的球槽,将球连续传动(滚动)到下一个队员的球槽中,并迅速地排到队伍的末端,继续传送前方队员传来的球,直到球安全地到达指定的目的地为止。看相同时间里,哪个队运的乒乓球最多,哪个队获胜。

2.活动规则

每个班分为两队,相互竞争,计时定胜负。

3.活动分享

刚刚的游戏目的是让大家体会一下合作能力和自身责任感。大家在为班级做事的时候一定要有责任意识。只有一心想着班级,一心为同学才能做好工作。大家一定要努力加油了!

4.物资准备

半球槽、乒乓球。

5.活动目的

感受团队间有效的配合,责任感的培养。培养自我控制能力,为共同的目的以及团队的责任感做好每一个环节。

三、三年级:相濡以沫——组织协调、领导等能力训练

(一)活动一:轰炸大队(约30分钟)

引导词:团队合作精神在大家以后的生活中很重要。想体会一下团队合作的滋味吗?我们马上进入下面的活动。大家要用心体味其中的深切含义,努力完成团队任务。

1.活动规则

(1)分队比赛,五组分为五队,每队成员需要把15个气球吹好,并运到目的地,最后将其压破。一组队员回来后,另一组才能出发,直到所有气球都被压破则比赛结束。

(2)游戏中气球吹爆则作废,中途气球落地需回起点重新开始。各组助手交叉进行监督,工作员计时,主持人控制现场和时间。

2.活动分享

一个班级首先要团结才会有凝聚力,尤其是大学这个相对于高中来说比较自由的小社会,团结二字显得更是重要。班级是我们自己的,需要我们每一个人去努力,努力为班级增光添彩,相信自己的班级是最棒的。

3.活动目的

(1)加强彼此之间的了解,增强团队合作精神。

(2)增强班级认同感和班级凝聚力,真正融入班集体,强大班级力量。

(3)通过一些小细节去发掘部分小组成员的领导能力。

(二)活动二:解手链

1.活动方法

所有的队员手牵手结成了一张网。队员们这时是亲密无间、紧紧相连的,但是这个时候的亲密无间、紧紧相连却限制了大家的行动。我们这时需要的是一个圆,一个联系着大家,能让大家朝着一个统一方向滚动前进的圆。在不松开手的情况下,如何让网成为一个圆?这是团队的严峻挑战。

2.活动目的

锻炼新团队的沟通、执行及领导力。

(三)活动三:支援前线

1.活动规则

主持人要求每组先选出一名接收者,手持托盘站在舞台上。其他小组人员按照主持人的要求提供物品放到托盘中。最先集齐物品的小组获胜。

2.活动过程

主持人:“现在我们5个组面临同样一个困难,要解决此困难需要我们每个组的队长出面(拿着托盘),组内的成员齐心协力,不但要勇于付出,同时还要节约时间。在解决困难的时候,我们的队长需要各种的支持,当我说到一件东西的时候,每个组的组员要以最快的速度将该物品送到队长的托盘内。队长需要多少物品,以及活动结束时间由我决定,结束时哪个队长收集的物品最完整,哪个组获胜。”

3.活动目的

培养班级同学的沟通、组织协调意识与能力,增强班级凝聚力。

(四)活动四:盲人方阵

1.活动规则

让所有队员被蒙上眼睛,在40分钟内,将一根绳子拉成一个最大的正方形,并且所有队员都要均分在四条边上。这个项目教会所有学员如何在信息不充分的条件下寻找出路。大家耗用时间最长、最混乱、所有人最焦虑的时候是在领导人选出、方案确定之前,当领导人产生,有序的组织开始运转的时候,大家虽然未有胜算,但心底已坦然了许多。而行动方案得到大家的认同并推进,使学员们在同心协力中初尝着胜利的喜悦。

2.活动目的

这个任务体现的是团队队员之间的配合和信任,一个有领导,有配合,有能动性的队伍才能称之为团队。本活动既能锻炼组织协调能力,也可以锻炼大家的团队合作能力,还可以锻炼领导能力。

四、四年级:玉琢成器——团队合作、创新等能力训练

(一)活动一:叠叠乐

1.活动内容

(1)组员分为两组,每组派发一些报纸及鸡蛋。

(2)限时5～10分钟，将报纸用任何方法叠高，然后把鸡蛋放在最顶部。

(3)能够在最短时间叠得最高者得胜。

2. 材料

旧报纸、鸡蛋或小球。

3. 活动目的

训练同学们之间的合作意识、创新能力等。

(二)活动二：信任背摔

1. 活动简介(由于游戏危险较大所以介绍详细)

全队每个人轮流上到背摔台上背向队友，双脚后跟1/3出台面，(主持人做出示范动作)身体重心上移尽量垂直水平倒下去，下面的队员安全把他接住。

注意事项：

(1)背摔队员在背摔台上只能严格按照动作要领来做才可以保证足够安全。特别要遵守以下几点：不要向后窜跃；倒下时肘关节收紧不要打开；不要垂直向下跳；要控制自己的双脚，不要上下摇动并打开；不要在倒下时回头看；不要突换动作，以免给下面的队友带来伤害。

(2)搭人床的队员第一组队员的肩膀距背摔台沿约30厘米的距离，个子可以不用很高，通常可以安排为女生；第二、三组应用力度最强的4个人，当然，如果背摔者的个子较高时受力点应向后调节。每组队员的肩膀应紧密相连，勿留空隙。人床形状应保持由低渐高的坡状；剩下的队员要用双掌推住最后一组队友的肩膀处，以保护人床的牢固；所有队员在任何时候都不可以撒手或后退。当听到背摔队员的询问“准备好了吗”时，头要向后仰同时侧向队友的背部，当队友倒下来后一定遵守“先放脚后将身体扶正”的拓展安全第一原则。另外，做保护的队员不要迅速撒手或鼓掌，以免发生其他意外。

(3)二、三组队员在承接几名队员后要互相交换组位以免疲劳。教练须知：在学员平安倒在人床之前，在任何情况下都不得松开手中的背摔绳。

2. 活动物资

背摔绳、桌子、简单的药物、垫子。

3. 活动目的

信任背摔是一项心理素质拓展的活动，目的是通过这个活动建立起彼此间的信任关系。同时，这个活动还可以锻炼心理素质，克服恐惧，对业务人员的心理素质提升有很大帮助。该活动还可以提高组员的人际沟通能力，引导组员换位思考，让他们认识到责任与信任是相互的。

案例6　相亲相爱一家人

——宿舍关系团体辅导方案

一、团体名称

相亲相爱一家人。

二、团体性质

以成长性及学习性为主的团体。

三、参加对象

希望改善宿舍关系或班级同学关系的大学生。通过邀请或者招募，并经面谈甄选确定成员。

四、团体目标

目标：改善成员（宿舍成员、班级成员）的沟通模式，以提升宿舍（班级）融洽关系。

(1)引导成员认识自己的性格、优缺点及喜好，认识自我的价值观，了解自己于不同环境的角色及地位。

(2)让团体成员认清矛盾所在，从而引导成员正确面对问题。

(3)学习沟通技巧，使之深切感受对方内心真实想法，学会换位思考，接纳关爱其他成员。

(4)在活动过程中，使成员产生共鸣，培养归属感、亲密感、集体荣誉感，使之在活动过程中体会到家的温暖。

五、团体背景及理念依据

（一）背景

进入大学后，来自五湖四海的同学，彼此之间不相识。通过沟通，很多同学表示自己与人交往的能力较差，在大学中不能很好地和同学交往，也不能顺利地融入宿舍以及班集体中，出现了孤独寂寞、心理压力大、自卑等种种不良的心理问题，并且解决这种问题的迫切程度日益增强。为了更好地增强自信心，加强同学彼此之间的交往，我们希望通过团体工作的方式，以助人自助的理念，为同学提供一个交流、缓解压力的平台，使成员能够在交流中获得轻松，互动中得到启示，重塑自信的价值观，以良好的心态面对大学生活。

（二）理论基础和概念架构

1.马斯洛的需要层次理论

较高级的需要层次：归属和爱的需要，尊重的需要，自我实现的需要。在团体中营造良好的氛围，使成员对团体有归属感，感到被关怀，被尊重，感受到自身的价值，重塑信心。

2.人本主义

罗杰斯的"当事人中心"疗法认为，人类倾向于朝着健康和自我实现的方向去发展。团体中的个体成员，能够在团体的帮助下，找到自己的方向。在工作员的引导下，在团体中建立真诚、关怀、理解、乐于倾听的氛围，给每位成员以无条件积极关注，使成员在团体中感到自己并不孤独，与面临同样问题的同学共同从中得到信心和勇气。

3.库利的"镜中自我"理论、"首属群体"理论

库利认为，在与他人的互动过程中，我们通过感知他人对我们的反映和评价，从而建立起我们的自我意识、自我形象和自我评价。团体中成员可以从中发现自我，加深自我了解，从而更好地看待自己，完善自己。

4.行为主义和社会学习理论

此理论认为人的行为可以通过强化而后天习得，强调教育和环境的重要性。成员可以在团体中，通过观察，认识错误的行为，习得正确的行为。团体中的每个成员都是其他人学习借鉴的目标，通过分享各自的想法、经

验、感受使个体获得提升改正。这样成员可以结合自己的实际从中寻找榜样，进行观察、模仿和学习，增加个人的适应性行为。

六、团体结构

(1)这是个志愿性团体，成员依据自己的意愿参加。
(2)成员由团体开始到结束都是固定的。
(3)采用结构式的方式。

七、团体带领者

辅导员或者心理老师。

八、小组进行过程

(一)第一次团体(相识知多少)

地点	时间(60分钟)	目标	内容	所需物资
团体辅导室	5分钟	热身，破冰	游戏：大风吹	
	20分钟	让成员及工作员互相认识	工作员作自我介绍，成员自我介绍(用图画的形式介绍自己)	纸张、笔
	5分钟	让成员更清楚团体目的及内容，并澄清他们的疑问	介绍团体目的及内容	
	15分钟	与成员一起订立规范	与成员一起订立团体契约	A1纸1张
	10分钟	让成员对工作员产生亲切感、信任感，增进彼此之间的关系	游戏：坐地起身	
	5分钟	总结感想	让成员与工作员表达这次聚会的感受	

（二）第二次团体（打开心门）

<table>
<tr><th>地点</th><th>时间(55分钟)</th><th>目标</th><th>内容</th><th>所需物资</th></tr>
<tr><td rowspan="4">团体辅导室</td><td>10分钟</td><td>破冰，通过成员的肢体接触，拉近彼此心灵的距离</td><td>游戏：打开心门</td><td>音乐播放器</td></tr>
<tr><td>25分钟</td><td>鼓励互相表达心意，并了解沟通技巧</td><td>主要以写纸条的形式表达自己的优缺点、对舍友的看法以及对宿舍（班级）的感受</td><td>A1纸1张、便利贴、笔</td></tr>
<tr><td>10分钟</td><td>在大家表达心意后，化解彼此之间浅层的隔阂，带给同学团结的感觉</td><td>游戏：心有千千结</td><td></td></tr>
<tr><td>10分钟</td><td>总结感想</td><td>让成员与工作员表达这次聚会的感受</td><td></td></tr>
</table>

（三）第三次团体（我们一起）

<table>
<tr><th>地点</th><th>时间(60分钟)</th><th>目标</th><th>内容</th><th>所需物资</th></tr>
<tr><td rowspan="4">团体辅导室</td><td>5分钟</td><td>破冰</td><td>游戏：怪兽</td><td></td></tr>
<tr><td>30分钟</td><td rowspan="2">让成员学会沟通，学会换位思考，深切理解，感受对方的真实想法。让每一个成员感受到，自己是被重视的，同时感受到细节的重要性</td><td>游戏：盲行</td><td>眼罩</td></tr>
<tr><td>20分钟</td><td>游戏：辨别舍友的手</td><td>音乐播放器</td></tr>
<tr><td>5分钟</td><td>总结感想</td><td>让成员与工作员表达这次聚会的感受</td><td></td></tr>
</table>

（四）第四次团体（相亲相爱）

地点	时间(60分钟)	目标	内容	所需物资
团体辅导室	15分钟	破冰，增进归属感、集体荣誉感、默契，感受到家的温暖	游戏：心有灵犀	卡片
	10分钟	体会在与别人交往的过程中你是否拥有了足够的自信，对宿舍的归属感是否变强等等	回顾整期活动，分享团体活动的感受。工作员简单谈谈自己的感受，并引导成员敞开心扉，让成员回首、珍惜、展望	往期活动资源
	15分钟	成员回首、珍惜、展望，让别人了解自己的内心世界，提高组内人员的凝聚力	成员和别人分享自己的内心感受	
	10分钟	帮助成员制定培养人际交往能力以及自信心的未来计划和目标	给出成员日后发展宿舍关系的若干建议，并进行爱的鼓励	
	10分钟	结束仪式	成员填写自我评定量表，工作人员宣告团体结束，合影留念	自我评定量表、照相机

九、评估方法

(1)在团体活动前及最后对团体成员各做一次内容相同的问卷调查。通过对比，了解参与团体前后成员对陌生人交往的态度认识的变化和自身心态有无改变。

(2)在团体的整个过程中,成员对工作员的工作进行评估;让成员不断分享自己的感受和提出意见,工作员注意他们的变化,并对成员在团体过程中的表现进行分析。

(3)在问卷调查中,让成员表达自己的感受和评价。

(4)工作员于每次团体活动结束后做记录和书面评估,对团体过程做全程观察。

(5)进行后续跟踪访问,了解成员动态。

附件 1　游戏环节操作流程

一、第一次团体

1.大风吹

内容及形式:

(1)小组成员围成一圈,每个人站定或坐定一个位子。

(2)主持人说“大风吹”,所有成员回应“吹什么”。主持人说出一部分小组成员身上有的物品或特征,比如可以说“吹戴眼镜的人”等,依据当时实际情况而定。

(3)主持人说完后,所有被吹到的人,即拥有这些特征的组员需要互换位置,没有被吹到的组员待在原地。这时,主持人会加入占一个位置,所以最后会有一个组员没有位置,没有占到位置的组员需要表演节目。之后,没有占到位置的组员担当下一轮的主持人。

2.坐地起身

内容及形式:

(1)先派出两名学员,背靠背坐在地上。

(2)两人双臂相互交叉,合力使双方一同站起来。

(3)以此类推,每组每次增加一人,如果尝试失败需再来一次,直到成功才可再加一人。

(4)在游戏结束后,要帮助完成效果不好的团体找出原因。帮助他们树立团队意识,引导他们总结自己的失误。这对学员的素质提高有很大帮助。

二、第二次团体

1.打开心门

内容及形式:

(1)成员面对面站成两排,音乐响起。

(2)成员目光对视十秒,手心手背相击一下,肩碰肩。顺时针依次与其他成员完成上述动作。

2.心有千千结

内容及形式:

(1)请成员手握手面向内围成一个圆圈,记住自己左手和右手相握的同学。

(2)音乐响,大家在场内随意走动。

(3)音乐停,大家停止走动,伸手找最初与自己左右手相握的同学(左右手的顺序不要改变),重新握住双手,结成“人结”。

(4)现在,所有人面对一个难题——在不放手的情况下,解开这个错综复杂的“人结”。

(5)如果解不开,可征求大家意见。

三、第三次团体

1.怪兽

内容及形式:

培训师给出要求:团队要创造出一个怪兽,这只怪兽有11只脚和4只手在地上,而且全体人员必须连接在一起成为一个整体。

有关讨论:

讨论大家用什么方法达成共识。你认为最有创意的地方在哪里?

2.盲行

内容及形式：

(1)从成员中抽出两人扮作盲人，两人扮作领路者，其他人扮作障碍物。

(2)障碍物在指定地点站好，一名领路者指挥一名盲人，需绕过每一个障碍物，且不能和障碍物有身体接触。

(3)碰到障碍物则重新开始游戏。

3.辨别舍友的手

内容及形式：

(1)用窗帘把猜者A与被猜者B隔开，工作人员加入游戏，协助进行。

(2)从窗帘侧面伸出左手，A判断B的身份是否是其宿舍成员，然后工作者设置特定情境，配合音乐A握着B的手说出此时此刻最想对她说的话。A与B互换角色继续进行游戏，直至轮流一圈，游戏结束。

四、第四次团体

1.心有灵犀

内容及形式：

(1)工作者与成员各成一组，由对方组提供要传递的信息(成语或一句话或一个词)。

(2)各组站成一纵队，第一人看信息，其他人不准看。所有参与者都不许说话，只允许以动作向下一个人传递信息，最后一个人说出信息的内容。

附件二　自我评定量表

1.你认为作为一名大学生最重要的素质是什么?(双项选择题)

A.应对问题的能力　　B.学习的能力

C.与人沟通和合作的能力　　D.自主行为的能力

2.请问你对目前宿舍成员了解多少?

A.基本能叫出名字

B. 知道彼此的院系、家乡

C. 了解其他成员的兴趣爱好和生日等

D. 大致了解其他成员的性格

3. 请问你与班内其他成员平时的联系情况如何？

A. 只和少数成员有生活或学习上的联系

B. 与所有成员都有少量联系，基本上是学习工作上的联系

C. 会偶尔和其他成员发一些祝福短信

D. 会和其他成员相约出游或一起自习

4. 遇到学习或生活上的困难时，你会想到找谁帮忙？（可多选）

A. 原来的朋友和同学　　B. 现在的朋友

C. 父母和家人　　D. 宿舍成员

5. 你认为与宿舍成员建立起良好关系最重要的是什么？

A. 彼此个性、志趣上的一致

B. 彼此尊重和信任

C. 宿舍规范的建立和完善

D. 对彼此有较多的了解，宽容忍让，互相关心

6. 你认为在与宿舍成员相处中存在的障碍有哪些？（可多选）

A. 性格上的差异太大，很多事情看法不一致

B. 沟通不够，不知道对方的意见

C. 分工不明确，责任也不明确

D. 宿舍主要负责人对各成员协调不够

7. 你认为“优秀宿舍”最重要的衡量指标是什么？

A. 学习生活上的互帮互助　　B. 融洽的成员关系和良好的团队氛围

C. 团队目标的达成　　D. 公众的认可（如获得各项奖励）

8. ①参与活动，你想收获什么？②参与活动，你收获了什么？

第四章　规划我的人生

导　读

一、生涯辅导理论发展沿革及定义

生涯辅导(career counselling)是职业生涯辅导的简称，该理论起源于美国，其前身是职业指导(vocational guidance)，随后演变为职业辅导，20 世纪 50 年代发展为生涯辅导并于 20 世纪 70 年代后逐渐发展成熟。美国职业指导的奠基人弗兰克·帕森斯(Frank Parsons)首次明确使用了“职业指导”一词，这一专门术语的使用拉开了职业指导的序幕。而他撰写的《职业选择》(*Choosing Vocation*)一书，阐明了职业指导的理论和方法，提出了职业指导的三大原则——“了解自我，了解工作要求以及做出两组事实的真实推理”，这也进一步促进了职业指导的发展。自 20 世纪 50 年代开始，受人本心理学专家罗塞格尔(Rosegger)的影响，职业指导逐渐由“指导”向“辅导”转变，教导式的职业指导逐渐被更加人性化、强调发挥被指导者主体作用的职业辅导取代。金兹伯格(Ginzberg)等人也在此基础上通过对不同家庭背景的大学生进行调研，提出了“职业发展是一个与人的身心发展相一致的过程”。

随后，美国生涯辅导理论专家萨帕(D. E. Super)整合了发展心理学、差异心理学、人格心理学及职业社会学等研究成果，进一步提出“生涯发展”(career development)理论，标志着职业辅导向生涯辅导的转变。他于 1957 年出版了《职业生涯心理学》一书，进一步提出了生涯发展五阶段理论并逐渐被美国教育界和企业界接受并应用。萨帕的生涯发展五阶段论注重通过动态的观点看待个体的生涯选择过程，他认为生涯发展包括成长(从出生到 14 岁)、探索(15～24 岁)、建立(25～44 岁)、维持(45～64 岁)和衰退(65 岁及以上)5 个阶段。在此之后，生涯辅导理论受到社会广泛关注和支持，不同学派“百家争鸣”，生涯辅导理论也逐渐走向成熟。在政府部门的推动下，美国大学生生涯辅导理论迅速发展，并在全世界范围内产生了深远的影响。20 世纪初，职业指导传入我国。而在之后的几十年，受国内外政治形势和计划经济体制下大学生毕业分配制度的影响，我国的职业指导及其体系建设几乎停滞。改革开放以来，随着社会主义市场经济体制下的就业政策的推进，职业指导教育重新回到正轨。而今随着高校扩招，大学生就业难等问题的凸显，大学生生涯辅导逐渐成为高等教育关注的重点。目前，我国多数高校对生涯辅导理论的关注和研究有余，实践却基本停留在初级阶段，与西方尤其是美国的生涯辅导还存在较大差距。

学者对生涯辅导的定义各不相同，本书认为生涯辅导是指辅导人员通过运用系统的辅导方法，引导个体判断、探究并整合运用有关的经验、知识，从而提高个体对生涯及组成要素的认知和理解，帮助个体确立职业生涯发展目标，制订职业生涯发展具体方案以及提高职业生涯发展能力。而大学生生涯辅导是生涯辅导的一部分，是根据大学生不同生涯发展阶段的任务实行有针对性有区别性的辅导，是以职业发展为基础进行的全过程全方位辅导。具体来讲，大学生生涯辅导是指以大学生的自我成长规律为依据，以生涯发展过程为着力点，在生涯辅导人员的帮助下，结合自身发展特点正确理解、整合和运用各种社会信息资源，自觉选择、调整生涯发展的方向，从而达到个人生涯全面发展的目的，同时将大学生的个体发展与社会的现实需求相结合。通俗地讲，就是要帮助大学生选择并走好人生路，明确回答“我是谁”“我要到哪里去”和“我如何到达那里”3 个问题。

二、大学生生涯辅导的目标

大学生生涯辅导的目标主要包括以下几个方面：

（一）生涯规划和生涯决策能力的辅导

生涯辅导要协助学生学习如何规划好人生，在面对各种抉择情境时，能够明确地界定问题，收集整合并运用相关资料，从而提高生涯的规划和决策能力。

（二）了解自我状况和澄清个人价值观的辅导

生涯辅导要协助大学生认识自我、了解自我，不仅要了解个人的能力、能力倾向、优缺点、兴趣、个性等情况，还要辨析和澄清个人的职业价值和生涯发展的状况；不仅要知道职业的基本事实状况、有关行业信息，还应该结合个人的期望和价值倾向。

（三）合理选择的作出

升学和就业是每个人生涯发展都要面对的任务，生涯辅导要协助大学生为升学选择专业和就业选择职业做好准备，同时也要帮助学生了解生活中其他各种可能的选择，比如创业。

（四）开发自我潜能的辅导

生涯辅导要发现并培养个人的潜能，给予个人充分的机会，以独特的方式去发展和表现他的才能；同时还要协助个人适应快速变迁的社会与职业环境，以达成他的生涯发展目标。

三、大学生生涯辅导存在的问题

（一）大学生生涯辅导基础薄弱

大学生生涯辅导基础薄弱主要体现在高校生涯辅导的对象和主体大学生的生涯意识不成熟。我国的生涯辅导教育不像西方国家那样起步较早，从小学到大学都有生涯辅导课程。我国生涯辅导教育开展得较晚，基础教育阶段缺乏生涯准备、生涯规划等的引导，更注重中考高考等各学科知识的教育，生涯辅导教育基本没有或形同虚设；学生对自身的兴趣、优势劣势以及适合从事的行业认知不足，在报考专业时也比较盲目，没有从生涯的整体角度对专业与职业发展的重要关系进行通盘考虑。因此到了大学阶段，大学生从生涯发展的角度审视专业的高度不够、深度不足，生涯规划意识淡漠，对自己打算从事什么职业，该如何做出人生决策没有清楚认知，在做出人生重大决策时不能寻求或得不到专业指导，对生涯发展缺少整体全面的考虑。还有的大学生秉持"计划不如变化快"的信条，认为即便制订了生涯规划，将来也未必能实现，对生涯规划的重要性认识不足，缺乏生涯规划的主动性，甚至对大学开设的生涯规划课程疲于应付。还有的大学生对生涯辅导存在错误认知，将生涯辅导等同于就业前的短期培训，在毕业前夕才临时抱佛脚考虑个人发展问题。因此，在步入社会后，许多大学生仍然迷茫，对自己从事的工作不太满意，工作幸福感不高，职业认同度低，发展动力弱。

(二)大学生生涯辅导专业化不足

我国大学生生涯辅导专业化水平不高，主要体现在以下几个方面：

(1)缺乏系统的理论体系。我国生涯辅导没有得到足够重视，体系不够健全，生涯理论缺乏从职业指导到职业生涯发展再到发展为生涯理论的系统完整过程，较侧重个体与职业的匹配，而欠缺转向关注以整个生命历程的事业生涯为核心，关心个体一生当中的职业选择与发展。

(2)缺乏科学的生涯咨询辅导策略和行之有效的测量工具，比如计算机辅助生涯辅导系统和个性化量表等，使生涯辅导的诊断和评鉴过程缺乏科学性和规范性，影响了辅导的效度和信度。生涯辅导主要停留在一般意义的择业指导层面，注重就业信息的收集整理发布、校园招聘宣讲会的组织安排、就业政策的咨询、求职礼仪、简历设计等。生涯辅导多以就业指导课、讲座等方式开展且课程的开设较晚又略显仓促，并带有明显的急功近利短视倾向性。

(3)缺乏职业化、专业化、专家化的生涯辅导队伍。虽然我国教育部规定，高校学生就业指导与服务专职人员与毕业生比应为 1∶500，但许多高校远远达不到要求。此外，大学生生涯辅导人员非专业化、非职业化且粗放式运作，缺乏生涯辅导的职业化标准、准入制度和人员的系统专业培训制度等，大学生生涯辅导的授课教师往往是没有经过系统培训的非专业学工队伍，而学工队伍中的老师所学专业与所在院系开设的专业大相径庭，专业背景不强且缺乏社会实践经验，容易照本宣科。此外，不少辅导人员已经承担了诸如大学生党建、学生组织管理以及资困助学等工作，很难有足够的时间和精力针对大学生的生涯辅导开展系统工作。另外，兼职辅导人员也占很大比例，不少高校将生涯辅导工作完全交由心理中心的老师承担。因此，辅导人员层次结构参差不齐，辅导的主体大多不是生涯辅导专家，即便高校配备有生涯辅导专家，但由于人数较少，师资配比率较低，从而导致辅导缺乏专业性、系统性，辅导工作流于形式，效果不佳，难以满足大学生的切实需求。

(4)缺乏专业组织机构。我国绝大多数高校都没有设立专门的职业生涯辅导机构，大学生生涯辅导一般由高校招生就业指导中心负责，而招生就业指导中心一般仅提供就业政策咨询、用人单位招聘信息、签约流程管理以及举办一些诸如求职技巧的讲座等，对大学生职业生涯规划方面的辅导并未全面开展，重点关注的是通过帮助学生快速找到工作从而提高就业率，完成学校就业指标任务。这种指导有很强的功利性，很少从生涯发展的视角长期、系统、科学地开展，致使有些毕业生虽然顺利找到了工作，但在工作中仍会感到迷茫。同时，我国高等教育的快速扩张也使大学生的就业压力增大，各种因素导致的就业难已成为社会矛盾的潜在致因。

(三)大学生生涯辅导的非全程化

美国心理学家萨帕将“生涯”(career)一词界定为：生活里各种事件的演进方向与历程，它整合了人的一生中各种职业与生活的角色，由此表现出个人独特的自我发展组型；它也是人自青春期以至退休之后，一连串有酬或无酬职位的综合，除了职位之外，尚包括任何和工作有关的角色，甚至也包括了副业、家庭和公民的角色。由此可见，生涯的内涵和外延涉及人的一生，生涯辅导不仅涉及学生大学期间的生涯发展，还关注其在大学前与毕业工作后的发展，生涯辅导也是伴随着个体的生涯发展而进行的。而我国大学生的生涯辅导，很大程度上是择业指导，具有明显的阶段性特点，一般是在学生毕业前后一段时间开展相关的指导活动，涉及的也大多是技巧性、政策性等一些实用性强的内容；其目标也非常明确，就是帮助大学生找到相对合适的工作，这与真正意义上的生涯辅导大相径庭。

（四）大学生生涯辅导的共性化

从最初的美国波士顿大学教授帕森斯的人职匹配理论开始，职业指导就强调个体的多样性、独特性以及职业选择的差异性。美国心理学家罗杰斯的人本主义心理学理论也注重在咨询中“以当事人为中心，以不指示（nondirective）为原则”的咨询模式，认为应当赋予当事人对自身成长的责任感，应该创造机会让当事人感受到被接纳、被倾听，这样就会使他们更好地认识自己，更有自信心。由此可见，“个性化”是生涯辅导的取向和基础，强调个性、人的价值和自我实现，强调激发人的潜能、主动性、积极性和创造性，并结合学生个性化特点进行有针对性的就业咨询、就业教育、职业技能训练以及生涯规划辅导等促进学生个性化就业和发展。而我国的生涯辅导主要是开设就业指导课，课程也主要是围绕学生如何找工作展开，就业指导授课形式单一，方式单调，基本上都是灌输式的老师在台上讲，居于主导地位，学生在台下被动接受，所讲的理论知识也往往与实践经验存在脱节现象。重视共性指导，忽视个性辅导；重视全面辅导，忽视个案辅导。对不同年级、不同专业的学生采取较相同的教学内容、教学重点以及教学模式，忽视了学生的个性化差异和需求的多元化特点，降低了生涯辅导在学生心中的信度，也使生涯辅导失去了应有的魅力。

四、开展大学生生涯辅导的具体措施

（一）夯实大学生生涯辅导的基础

面对大学生生涯辅导“先天不足”的劣势，为及时“亡羊补牢”，需要对大学生一入学就进行生涯教育，为接下来的生涯辅导奠定良好基础。针对大一年级学生的特点，主要开展以下 4 个方面的生涯意识教育：

一是新生所学专业与职业选择倾向性之间的关联性教育。在新生入学之初各院系召开新生教育大会时，应安排专业老师就专业学习与职业选择之间的联系进行介绍，帮助新生树立学习目标，认清毕业时将要面对的就业压力，并帮助新生将就业压力转化为整个大学阶段的学习动力，从而提高学习的主动性和积极性。在具体课程设置方面，也可开设专业导论课程，使学生能从整体和宏观的角度把握四年所学的专业，在专业教育过程中体会职业生涯教育的重要性，在职业生涯教育中感受专业知识的魅力，能够将所学的专业知识在以后的职业发展中有良好的运用。组织新生与高年级学生座谈，听取高年级学生在大学学习、生活和就业方面的建议和经验；邀请专家和优秀校友，举办大学生职业生涯规划必要性方面的讲座，为之后的职业生涯规划奠定良好基础。

二是意图转专业学生的学业方向选择指导以及专业学习规划辅导教育。专业学习是大学生最直接的生涯探索过程，选择一个合适的专业在很大程度上限定了未来生涯规划的方向。生涯辅导人员帮助大学生依照其兴趣、能力、价值等选择专业或转专业，也是生涯辅导的重要内容之一。

三是通过观察、调查、测试对话等多种途径获取学生较全面的信息并建立大学生生涯发展档案，并对档案及时纪录和更新，从而全面了解学生的生涯发展状况，将档案作为生涯辅导的重要依据。档案中既包括学生的身体状况、特长、学业成绩、兴趣爱好、性格气质、求职发展意向、自我评价等基本信息，也包括学生的家庭背景、家庭经济情况等社会资源信息。

四是辅导学生了解自我状况和澄清个人价值观。通过开发和运用职业心理测量与评估工具、职业的实践体验或进行团体（一对一）咨询的方式等帮助大学生探索自我、了解自我，对自己的能力和特点进行准确评估。常用的心理测量工具有能力测验（如一般能力倾向成套测验，GATB）、兴趣测验（如霍兰德职业兴趣测验量表）、个性测验（如气质 60 问卷）、性格测验（TTS）、职业爱好问卷（VOI）等。此外，也可以通过设计并让学生填写求职意向调查表，了解学生求职倾向性。通过系统方法帮助和引导学生了解自我，不仅要明确自身的兴趣爱好、能力倾向、性格气质等个性心理特征，还要辨析和澄清自己的职业价值观，评估、诊断和调整生涯规划，以寻求最佳的人职匹配。

（二）大学生生涯辅导的全程化

职业生涯本身就是一个连续不断的发展过程。职业生涯辅导的开展不能仅集中在学生面临就业的特定时期，而要贯穿大学的全过程。高校必须抛弃为就业而指导的短视行为，树立发展取向的生涯辅导观，开展科学、系统、长期以及务实的生涯辅导，使生涯辅导贯穿于整个大学教育的始终。从生涯发展的角度看，职业兴趣和职业能力的培养是长期而连续的过程，生涯发展的每个阶段的发展任务不同且环环相扣，如果前一阶段的发展任务不能有效完成，就会影响后一阶段的任务实施。因此，大学的生涯辅导应以学生长期的、系统的身心发展为着力点，要从新生入学开始就有计划有节奏地进行贯穿整个大学生活的生涯教育，从而达到潜移默化的教育效果。全过程的生涯教育应根据学生的不同特点有所侧重，具体分为以下 3 个方面：

一是在大一年级的生涯适应期以生涯意识教育为主，帮助新生尽快完成从高中生到大学生的角色转变，具体做法在“夯实大学生生涯辅导的基础”部分有详细说明，此处不再赘述。对大一年级学生进行生涯意识教育的主要目的是使大学生认识到生涯发展的重要性，增强规划生涯的主动性，使新生充分利用学校的各类教育资源进行自我完善，为接下来的学习生活做好充分准备。

二是大二年级和大三年级集中进行生涯发展能力训练。通过开展书写职业生涯规划方案、顶岗实习、科技创新大赛、社会实践活动、社团活动或者学生工作等对大学生进行生涯规划训练，开发大学生的潜能与创造力，包括自我管理能力、自我激励能力、开拓创新能力、组织协调能力、动手实践能力、时间规划能力、人际交往能力、环境适应能力以及计划与执行能力等，培养大学生的竞争合作意识、换位思考意识以及爱岗敬业精神，不断提高自我效能感。教育学生利用多渠道收集与就业相关的信息，确定自己的长期发展目标和短期发展目标，鼓励学生积极参加与专业技能相关的资格认证考试，不断增强职业选择的竞争力，促进个人的全面协调发展，更好地把握自己的前途和命运。

三是对大四年级学生给予一些求职实用技能和升学的辅导。求职类辅导既包括职业生涯测评，也包括职业生涯咨询；既包括实习岗位的推荐，招聘信息的发布，也包括面试技巧、简历制作、求职中的自我保护意识培养等。升学辅导主要涉及研究生考试专业方向的确定、报考院校的选择以及考研经验的分享等。

四是对已经毕业的大学生通过跟踪访问、电话邮件等回访的方式为他们提供生涯规划服务，协助已毕业学生克服生涯发展过程中遇到的障碍，减轻心理负荷，更好地规划自己的职业生涯。与已毕业学生的就业单位加强合作，统计分析毕业校友的职业生涯发展资料，毕业校友的意见建议以及就业单位对已毕业学生评价的反馈信息等，以便高校根据社会需要及时调整学科设置和教学内容，使高校教育成为专业基础知识学习与职业生涯发展之间的桥梁。

(三)大学生生涯辅导的个性化

生涯教育要重视强调大学生的主体地位，强调生涯辅导的个性化，要从老师本位、知识本位转为学生本位，尊重学生的个性差异。

1.开设个性化的生涯辅导课程

由于不同的年级和专业有着不同的教学计划、教学内容等，因此生涯辅导课程就要具备不同针对性的教学内容，要有不同的讲授重点。重视小班化教学，在课堂上多使用现代化的教学媒体，通过图文并茂的讲解方式和生动形象的场景演播等提高课程的吸引力。

2.个性化生涯咨询

充分发挥大学生生涯发展档案的重要作用，在充分考虑个体独特的内在品质和外在条件的基础上，根据具体的情况对不同的大学生开展职业兴趣、职业价值观、气质、性格等人格分析，提供个性化的咨询和辅导。可以通过面对面预约谈话、热线电话、视频通话或者网上信箱等方式对学生进行个体化指导。针对有创业意向的学生进行创业教育，引导学生打破传统就业观念，培养学生的创业能力。通过个性化就业咨询、职业技能训练和生涯规划辅导等引导学生根据个人特点进行个性化就业并促进学生的个性化发展。

3.实施专业课程的渗透式生涯辅导教学

具体是将专业课程的教学渗透到生涯辅导之中，通过专业任课教师的课堂教学或者是教研室承担的生涯辅导任务，按照专业特点及相关行业对人才的需求标准，对大学生进行有针对性的生涯教育和引导。

(四)大学生生涯辅导的专业化

1.建立多层次、专业化、专家化的生涯辅导队伍

政策与制度建设是高校开展生涯辅导的保障。政府需要通过出台相关

法律或政策保障生涯辅导的顺利实施，通过提供财政支持促进生涯辅导的快速推广，通过划拨经费建立专业化的生涯辅导机构并培养一批批专业化的辅导人员。生涯辅导的队伍建设是生涯教育能否顺利进行的关键所在。生涯辅导对于高校生涯辅导人员而言，既是挑战，也是发展的机遇。相比于传统的学生工作而言，生涯辅导更具有技术性和专业性，既强调生涯辅导的理论素养，又需要辅导的实践经验，是一项值得长期投入的事业。首先，要建立完善的师资认证、考核、选聘和审查机制，加大师资投入和培训力度，促使生涯辅导人员不断提高专业能力。其次，生涯辅导人员应积极参与针对生涯辅导的培训课程，努力考取相关资格证书，除此之外，也应主动涉猎心理学、社会学以及教育学等其他学科，确保辅导角度的全面性和多样性，不断提高辅导能力和水平。最后，高校也应积极加强校企合作，建立完善的校外生涯辅导师资格认证制度，充分利用社会中的各种资源加强师资建设（例如邀请相关企业高管、负责人通过讲座的形式现身说法），努力构建一支专兼职结合、多层次的、专业素质硬且业务能力强的生涯辅导师资队伍，以增强大学生生涯辅导的实效性。

2.设立专门的生涯辅导机构

在高校设立独立、常设的生涯辅导机构，配备专业的生涯辅导人员，机构设立中心主任、生涯辅导顾问、就业主管、对外联络员以及秘书等岗位。

3.构建信息化的生涯辅导网络平台

随着互联网技术和移动终端的快速发展，职业生涯辅导也应当与时俱进、开拓创新，努力打造信息化的生涯辅导网络平台。要积极建设生涯辅导课程的网络学堂，通过在线课程提高学生学习的自主性和灵活性。建设在校大学生和校友之间的网络交流平台，为在校学生拓展人脉资源，获得更多的实习和就业机会创造条件。通过网站、微信公众号以及QQ群等及时发布和更新实习和招聘信息，使学生在第一时间了解就业需求状况。购买或开发相关心理测评软件，帮助学生进行专业化的职业倾向测评，从而更好地促进职业生涯辅导工作的开展。

4.完善生涯辅导的课程设置

对大学生进行职业生涯辅导主要通过课程设置实现。在课程设置过程中，应坚持循序渐进的原则，从整个大学期间的角度进行宏观考量，根据大学生在不同学习阶段对于职业生涯规划的不同要求，结合各个阶段学生的心理、专业学习等特点，设置一套完整的职业生涯辅导课程。对于教学方式可采用必修与选修相结合的形式开展，教学办要安排足够的课时保障教学时间，选用高质量教材，在具体授课内容方面注重将就业形式与政策等的理论讲解和职业探索的实践操作相结合，重视成功校友的经验分享、职业体验。此外，生涯辅导还可以与校园文化活动相结合，通过开展大学生职业生涯设计大赛、简历大赛等激发学生主动参与的热情，使学生可以根据自身的兴趣爱好进行合理的职业生涯定位和人生规划。

5.将心理咨询与生涯辅导有机结合

在我国经济转型、教育转轨的社会变革的大背景下，大多是独生子女的大学生受到父母的悉心照顾。作为“温室中的花朵”，大学生普遍存在抗挫折能力弱，心理素质不强等缺点，也极易产生各种心理问题。资料显示，有很大一部分大学生认为心理压力大且对有效化解压力缺乏信心，在就业、学业、人际交往、情绪管理、环境适应等方面表现出焦虑、抑郁、强迫等心理问题，而这些心理问题不仅会影响大学生的学习和生活，也将影响未来的职业选择和规划。因此，应重视心理学技术在生涯辅导教育中的价值，充分发挥心理咨询在生涯辅导中的作用，将心理健康咨询、心理测评与职业心理咨询纳入生涯辅导的范围内，对学生进行诸如压力疏导、自我认知、就业准备、生涯发展等方面的辅导。

随着高校教育改革、招生政策调整和大学生就业政策的变化，大学生就业问题已经成为政府、社会、高校乃至每个家庭关注的重点问题之一，因此对大学生生涯辅导进行具体研究具有十分重要的现实意义。我们有必要充分认识大学生生涯辅导中存在的问题，深入分析其影响因素，积极探索科学有效的解决方法。

案例 1　勇敢做自己

一、案例基本情况

（一）基本资料

小米，女，法学专业大三学生。父母都是公务员，家中还有一个正在读高中的弟弟。

第一印象：小巧，衣着比较时尚，善谈，声音好听，举止大方。

（二）自述

感觉大学三年来一直过得比较纠结，尤其是对自己未来的发展感觉“乱”。本来一直以来喜欢新闻传播相关专业，未来想当主播，可是家里人尤其是妈妈并不同意。因为从小妈妈就很强势，自己到目前为止大多数事情都是由妈妈做主，一直没有反抗过。所以上大学时也听从了妈妈的意见，选择了法学专业。可是经过一段时间的学习发现自己并不喜欢法学，甚至有点厌烦。自己想做决定将来考英语专业研究生，可是又担心自己作了选择考不上很丢人。目前感觉很纠结。有时候很讨厌自己，做事情总是反反复复，对自己没有信心，不敢做决定。

最近很长时间没有和妈妈联系，因为妈妈总是干涉自己的生活。

（三）问题形成过程

小时候因为妈妈要生弟弟，小米从小跟爷爷奶奶生活，爷爷奶奶都是有文化的人，对小米特别宽容，照顾得很好。到上小学的时候，小米和爷爷奶奶一起回到妈妈身边，全家人生活在一起。但是因为家里弟弟还小，妈妈对小米的关注和关心比较少，小米感觉自己跟父母之间有莫名的疏远。小米自小就认为妈妈长得很漂亮，很有气质，对于妈妈做的文艺方面的工作也很喜欢。小米曾经跟妈妈说自己长大后想当主播，可是妈妈说“你长得不漂亮，不能做这方面的工作"，从那以后小米就总觉得自己不够好，不漂亮。小时候有一次妈妈以为小米睡着了，和爸爸说"我更喜欢儿子"，小米当时听了心里特别难受，有点讨厌妈妈。妈妈性格很强势，凡事都喜欢拿主意，再加上平时爸爸工作很忙，很少参与家里的生活，家里的大大小小的事都要听妈妈的。比如小升初的时候本来根据成绩小米可以去更好的中学，可妈妈说要照顾弟弟不能离家太远，就听从妈妈的意见。而且在此之前小米一直觉得听妈妈的话是对的，从来没有想过反抗。

上大学以后，小米发现身边的同学都很独立，很多事情都是自己决定，小米开始对自己有所怀疑，想独立，但是每次做决定的时候还是不自觉地就想听听妈妈的意见，当妈妈提出不同意见的时候又开始讨厌她。小米目前觉得妈妈有些不可理喻，而且最近弟弟也在跟妈妈闹矛盾，因为妈妈对弟弟的管教多。妈妈和奶奶也闹矛盾，爸爸对妈妈也爱搭不理的。目前小米跟弟弟关系比较好，弟弟有些话不敢跟妈妈讲会跟自己讲。爷爷在三年前已经去世，奶奶在小米家和小米父母一起生活。平时奶奶对小米一直很好，现在小米和爸爸的关系也比较好，唯独和妈妈有些隔阂。

二、案例分析

1. 自卑情结

小时候妈妈不经意间给小米的负面评价，影响了小米的自我意识，导致了自卑情结的存在。

2. 依恋关系

依恋，一般被定义为幼儿和他的照顾者（一般为父母）之间存在的一种特殊的感情关系。它产生于幼儿与其照料者之间的相互作用过程中，是一种感情上的联结和纽带。玛丽·爱因斯沃斯（Mary Dinsmore Salter Ainsworth）等人将幼儿的依恋类型划分为典型的 3 类：安全型依恋、焦虑-回避型依恋、焦虑-反抗型依恋。心理学强调个体差异在应对和适应环境过程中可能起到主要的作用。压力情境下，依恋系统被激活，安全依恋可能是帮助个体积极评价压力情境的内部资源，从而可以建设性解决这些事件，提高自身的健康和适应能力。而且，安全依恋的个体有一种很强的自我效能感和对事件的控制感，有自信能够在需要的时候寻求外部帮助。不安全依恋会降低个体在遭遇压力时的心理弹性，可能是导致个体适应障碍以及较差的处理压力事件能力的内在因素。

小米的幼儿期主要与爷爷奶奶一起生活，小学时即 6 岁后回到母亲身边。小米的依恋关系极有可能属于不安全型，在遇到压力情景时，小米对自己缺乏自信，具有较低的自我效能感，但已经长大的小米极其希望能够独立，能够自主，这样的矛盾让小米感到异常焦虑。

三、案例辅导过程

根据来访者的情况，确定的心理辅导方案分 3 个方面：一是针对来访者自我评价低、无法做决定的具体情况，运用焦点解决的理论和方法，引导来访者聚焦更多成功的体验；二是帮助来访者梳理目前的发展方向，明确目前要做的具体事情；三是引导来访者充分感受与母亲之间的关系，运用心理格板等技术引导来访者积极调整与母亲的关系。

1. 来访者自我评价低，认为自己无法决策，并且目前来访者面临多重趋避的现实问题，这使来访者更加焦虑

对此运用焦点解决的咨询方法，帮助来访者找到例外，引导来访者聚焦更多类似体验，促成改变的开始，逐渐发展到更多的改变。

焦点解决是以寻找解决问题的方法为核心的短程心理治疗技术。焦点解决短期心理治疗（SFBT）是一种心理治疗派别的转移，以“正向为焦点的思考”“例外带来的解决之道”“改变永远在发生”等治疗信念，以及目标架构、例外架构、假设解决架构和丰富的问句技术，使 SFBT 成为后现代独特且盛行的心理治疗学派。随着来访者对心理咨询的需求量不断增加，社会的迅速发展，经济、时效的心理咨询已经成为共同的期待，因此近年来，短期咨询得到了蓬勃发展。

焦点解决短期治疗的特点一是关注来访者现在的问题，而不去探索来访者深层次的历史和原因；二是认为来访者拥有解决自身问题的必要资源，在咨询者的指导下可以自己建构解决历程；三是认为小改变不可忽视，可以引起来访者现有思维、情感和行为方式的改变。

焦点解决治疗方法的基本理念：

(1)用探究此时此刻可以做些什么的问句，取代过去原因的问句。

(2)“问题症状”有时也具有正向功能。问题的存在，不见得只呈现出病症或弱点。不仅要看到问题的症状，更要看到其背后的正向功能，以求用更好的解决方法，同时又能保有其正向的期待。

(3)合作与沟通是解决问题的关键。

(4)不当的解决方法常是问题的所在。

(5)来访者是自身问题的专家。

(6)从正向的意义出发。强调来访者的正向力量，而不是去看他们的缺陷；强调他们成功的经验，而不是失败；强调来访者的可能性，而不是他们的局限性；强调来访者自身的资源，更强调尊重来访者自身解决问题的能力，咨询员只是“引发”来访者运用自己的能力及经验改变，而不是“制造”改变。

(7)雪球效应。SFBT 看重小的改变，当小的改变发生，系统就和原来的不同了，只要维持小的改变，就会累积成大的改变。咨询员要引导来访者看到小改变存在，看重小改变的价值，而愿意促进小改变的发生和持续。

(8)找到例外，解决就在其中。透过来访者做了什么而使问题没有发生，并加强、加多例外情景的发生，而使这小小的例外变成改变的开始，逐步发展成更多的改变。常用的问句是：何时问题不会发生？曾经做过什么事使你的心情好一点？

(9)重新构建来访者的问题，创造改变。首先咨询员问来访者：你在生活中想要些什么？这样可使来访者停止抱怨，正视问题的解决，带出行动的目标。然后咨询员构建一个问题得以解决的情景，和来访者讨论出不止一种解决方案，找出最有效的行为，鼓励来访者多做一点。

(10)时间及空间的改变有助于问题解决。焦点解决短期咨询的基本精神在于这是一个包括改变、互动与达成目标的整体模式，也可以称之为“消费者模式”，即要让来访者选择他的目标，决定目标；协助来访者达到他要改变的目标，而不是将咨询理论强加在来访者身上。

【对话节选】

来访者：我觉得自己什么都做不了决定，我一想到我的将来我就感觉乱、纠结,我不知道该怎么办……

咨询师:你感觉心里很乱。

来访者:一直以来都是我妈妈和爸爸给我安排好一切事情,我都没有想过。高中以前我一直感觉比较快乐,可是现在我觉得纠结。

咨询师:你在纠结什么呢?

来访者:我担心将来。目前我根本不喜欢法学,我很努力,在班里的成绩也只是中等。

咨询师:那你有喜欢的专业吗?想过将来要从事什么样的工作吗?

来访者:我本来喜欢当主持人,可是我妈妈说我不漂亮,不能当主持。后来我想当记者,慢慢地发展到做一些节目的主持,可是我又不知道我能不能做到。我也曾经喜欢外语专业,想考外语专业的研究生,将来从事教师行业也可以,可我又不知道能不能考上。我现在一想到这些就感觉很乱,我根本做不了决定,我不知道该怎么办……

咨询师:原来很少做决定,而现在马上面临人生发展方向的选择,这对你来说是一件非常重要的事情,这让你感觉有些纠结,是这样吗?

来访者:嗯。

咨询师:那现在请你仔细地想一下,来大学以后有没有自己做过一次决定,并且感觉效果非常好的经历?

来访者:来大学后我做过解说员,是我自己选择的社团。

咨询师:说说当时怎么做的决定?

来访者:我一点没有纠结,因为我喜欢播音主持类的,解说员我也很喜欢,所以毫不犹豫地加入了。

咨询师:当解说员期间感觉如何?

来访者:我觉得非常好,大家都说我的声音很好听。

咨询师:这个决定做得比较成功,你有想过是为什么吗?

来访者:因为我喜欢解说员这个岗位。

咨询师:也就是说因为喜欢一件事情做的决定,这样也不会有纠结,是这样吗?

来访者:是的。

咨询师：这件事情说明你可以做决定，有这个能力，是吗？

来访者：这样想来是的。

咨询师：因为喜欢，可以做决定。那接下来我们来看看这样的成功经验可否帮助你梳理一下目前遇到的问题。

2. 梳理自己的发展方向

对于自己的发展方向，来访者表示想做自己真正喜欢的。在进行了充分的考虑之后，来访者表示目前有3个发展方向：一是想当记者，法学专业本科毕业后找记者类的实习岗位，努力工作的同时不断充实自己的相关知识，将来发展到节目主持一类的工作岗位；二是按照妈妈的意见在法学专业继续学习，将来考取法学研究生，毕业以后从事法学相关工作；三是跨专业考取外语研究生，因为自己也非常喜欢外语，而且外语成绩一直非常好，外语研究生毕业后当老师或者翻译，也是自己喜欢的岗位。

经过梳理，来访者首先排除了第二方向，即从事法学相关工作，因为来访者发现对法学相关工作非常抗拒，表示一定不要从事相关工作。后经过进一步梳理，发现方向一和方向三并不冲突，都需要先学好法学的本科，本科毕业之前努力考取外语专业研究生，考上挺好，因为当老师或者翻译是妈妈和自己都喜欢的发展方向；如果考不上就选择找一个实习记者的岗位，是自己喜欢的，也很好。经过梳理，来访者发现目前的矛盾好像没有了，自己终于不"乱"了。

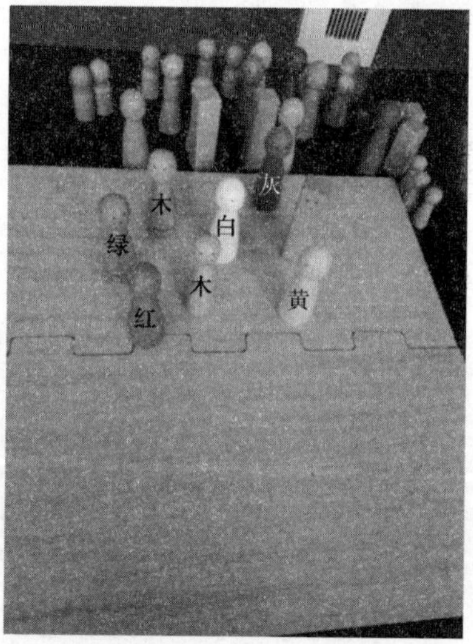

图 1-4　家庭关系格板呈现

3. 改善和妈妈之间的关系

在和妈妈的关系方面，小米一直觉得有些苦恼，想和妈妈亲近，但经常因为意见不一致不欢而散。对此，运用格板技术引导小米将自己的家庭关系进行了呈现，如图1-4所示。格板中白色的是小米自己，小米说用白色来代表自己，感觉非常纯洁；绿色的是妈妈，感觉妈妈总是非常洋气，但又有些忧郁；奶奶是灰色的，在自己的身后，感觉奶奶总是很关心自己；右侧是爸爸，前面是弟弟，爸爸和弟弟都是原木色的，感觉他们在家里都是比较温和的；前面还有红色和黄色的两个人物，小米说这是她的朋友，她觉得朋友的特点鲜明，她喜欢这样的朋友。

从格板呈现的状况来看，小米和家人之间的感情都有些疏离。缺乏亲密感是小米整个格板呈现的主要问题。

【对话节选】

咨询师：家庭关系里，你最想改善和谁的关系？

来访者：我感觉我和妈妈之间总是有些隔阂，虽然我也很爱她，但总是不知道该怎么表达。每次想和她亲近，她就会说到我的学习，我将来的发展等等，说到这些我就烦了，因为我根本不喜欢她给我安排的路子，所以就谈崩了。

咨询师：我能感觉到你还是很爱妈妈的，是这样吗？

来访者：嗯。

咨询师：根据我对你前面所讲内容的理解，我来对妈妈做一个描述可以吗？

来访者：嗯。

咨询师：妈妈是一个很小资的女人，今年 47 岁，很喜欢穿漂亮的衣服。这些年来，爸爸工作上一直很忙，很少照顾到家庭。妈妈一个人照顾整个家庭，需要处理和爷爷奶奶的关系，要照顾两个孩子的学业等发展问题，妈妈付出了很多。虽然她有时候很强势，但是她所做的都是为了孩子有更好的发展……

（说着这些的时候来访者哭了，咨询师停下来静静地等待）

来访者：我也知道妈妈不容易，我心疼她，可有时候不知道该怎么跟她说话，一言不合，她就爆发。

咨询师：每次打电话都是这样的吗？

来访者：最近都是这样。

咨询师：当你说什么内容的时候她容易烦躁？

来访者：都是说我不喜欢现在的专业，一说她就生气了。

咨询师：你给妈妈打电话每次都说这样的内容吗？

来访者：有一次我在外地画图，当时给妈妈打电话，她还挺开心的，说我在外地的时候还惦记她，给她打电话。

咨询师：当妈妈这样说的时候你有什么感受？

来访者：我也感觉很开心。

咨询师：这件事情有没有让你有什么启发？

来访者：看来我妈妈也需要关心。当我关心她，哪怕是一点点，她都很开心。

咨询师：你能想到这方面非常好，那以后你准备怎么做呢？

来访者：在专业发展上如果我能按照之前梳理的结果进行调整，或许我会和妈妈关系好一些吧。

咨询师：为此，你准备做些什么呢？

来访者：比如经常打电话关心一下她，问问她的身体怎么样，问问她最近有没有买到漂亮的衣服……（说到这里，来访者开心地笑了）

四、心理咨询效果

通过3次的咨询，来访者能够尝试做一些力所能及的决定，而且从中体验到一些成就感，这既能够鼓励来访者继续尝试做决定，也能帮助来访者逐渐建立自信心。在与母亲的关系上，来访者通过心理格板感受到了母亲的不易，并愿意积极尝试从自己的角度关心母亲，改善与母亲的交流沟通方式，促进母女之间的情感交流。

五、关于案例的思考

小米犹豫不决的背后实际上是不够自信。不够自信是当前大学生中存在的普遍现象，据学校心理健康教育中心测试数据，学生中不够自信的学生占18%左右。缺乏自信会影响大学生自我发展，那么如何培养和保护学生的自信呢？这需要学校、家庭和社会的共同努力。

（1）家庭方面：父母不要轻易给孩子负面的评价。家庭教育中父母给予孩子适当的鼓励、中肯的表扬等会帮助孩子建立自信心，相反负面的评价常常会影响孩子的自我认知，会形成“我就是不够好”的错误认识。这种错误的认知会伴随孩子的成长过程，起到负面的作用，让孩子做事情缩手缩脚，犹豫不决。

(2)学校方面：缺乏自信是大学生中的普遍现象。学校可通过开展团体训练、心理健康课等方式帮助学生正确认识自己，树立自信心。

案例2　即使失败也不再害怕

一、案例基本资料

(一)基本资料

小辛，男，大三学生，家中独子，父母都是小学教师。该生目前正在准备考研复习，感觉紧张焦虑，睡眠不良。

(二)自述

我最近正在准备考法学研究生，学习状况比较好，但是总担心一些不好的事情发生，比如万一考不上研究生，害怕别人会笑话我。由于总是这样的担心，睡觉时也总担心睡不好，但是实际上都会按时睡着，第二天早晨精神也还可以。睡眠方面曾经有过失眠的状况，2016 年 11 月与女友分手时，曾经一个周左右睡不着，去省中医神经内科找医生看过，吃中药调理，之后睡眠较好。但是总担心一些事情发生，因为一旦有较有压力的事件发生，就会影响睡眠。

我一直对自己要求比较严格，所以上大学后就有考研究生的打算。考研这件事情感觉自己没有退路，必须考上。这个想法有一方面也是来自于父亲的压力，因为父亲是在小学担任校长，在当地是比较有名望的人，父亲很在乎面子，在乎别人的看法，从小父亲就爱拿我和别人家的孩子做比较。当年考大学，由于我考试发挥失常，没有考到理想的高校，父亲对此总是觉得不满意，说别人问起来的时候总是感觉很没面子。在我的心目中，父亲古板，但是母亲就像天使一样，因为母亲性情温柔，能够理解自己，对于考研这件事，母亲总说考上考不上都没事，不要有太大压力，而父亲在考研这件事情上总是对我有较高的期望。目前，我也是很想考一个重点高校的研究生，一方面是考虑父亲的感受，想让他在别人面前提到我的时候很骄傲；另一方面是自己确实很喜欢法学专业，并且将来想从事法学相关工作，据了解2018年以后不允许非法学专业本科生参加司法相关考试，所以自己感觉必须要考上法学研究生。

(三)其他资料

1. 观察印象

来访者衣着整洁，言谈举止较为谨慎，言语一直较为平和，过程中没有情绪波动。来访者进入大学以来很少参加校内活动，生活内容较为简单，大多数时间都在学习，朋友较少。

2. 来访者的个性特征

来访者性格较为内敛，与人交往过程中有较多的顾虑；学习一直很勤奋，成绩在班级里名列前茅；虽然有些焦虑，但是能够坚持努力学习，从不停歇。

二、案例分析

该生受家庭教育的影响，对自己的要求过于严格，有些完美主义的倾向，在考研这件事情上要求有些绝对化。咨询过程中尝试通过改变认知来改变该生对考研的认识，从而缓解因考研引起的焦虑情绪。在此基础上与来访者进行了充分的协商，确定了咨询的短期目标和长期目标。短期目标是通过改变认知来改变该生对考研的认识，从而缓解因考研引起的焦虑情绪；长期目标是引导来访者重新建构自我意识，认识自己，接纳自己，充分挖掘自己的潜能。

三、案例辅导过程

(1)该生一直害怕考不上研究生，觉得很丢人，不敢去想，困扰到睡眠时还在想这件事情。所以，事情的不可预知性让来访者感到害怕，因而感到了焦虑。对此运用意象对话技术，引导该生与自己的未来对话。结果发现，当来访者认为将来可能发生的最糟糕的事情实际发生时，自己是完全可以接受的。来访者突然感到了放松，不再那么焦虑。

【对话节选】

咨询师：现在请你找一个最舒服的坐姿坐好，然后闭上眼睛，让我们一起来看看事情最糟糕的情况是怎样的。现在你准备好了吗？

来访者：准备好了。

咨询师：考研结束后成绩出来，你看到的最坏的结果是什么？

来访者：没考上。

咨询师：没考上研究生，你接下来做了什么？

来访者：我回家了，觉得对不起父母。我把自己关在屋子里三天三夜，谁都不想理，大家最好也都不要理我。

咨询师：三天三夜不吃不喝吗？

来访者：应该会吃一点，不然会很饿。

咨询师：三天三夜之后呢？

来访者：我觉得还是要返回学校，因为要写毕业论文啊！

咨询师：之前你曾经说过很在意同学的看法，如此没考上研究生，重返学校会出现什么情况？

来访者：同学们考上的肯定很喜悦，当然肯定也会有很多考不上的，大家估计都会情绪低落。

咨询师：你觉得大家会很关注你吗？

来访者：大家应该早都知道我没考上的事情，应该也不会再多问。再说大家都忙着毕业论文的事情。

咨询师：如此你回到了学校，感觉怎么样？

来访者：看到考上研究生的同学感觉有点羡慕嫉妒，看到没有考上的同学有点同病相怜的感觉。

咨询师：既然这样，你接下来做什么？

来访者：我一边写毕业论文一边重新准备下一年的研究生考试，我一定要考上法学研究生。

咨询师：下一年的考试结果出来了，结果还是没有考上，看到这个结果你感觉怎么样？

来访者：非常难过，这不太可能！

咨询师：这个结果是真的，接下来你准备怎么办？

来访者：既然如此，或许我跟法学研究生无缘。即使如此，我也得活着呀！不如找个工作算了，我文笔还不错，找个公司做文员吧，文员的工作应该会做得不错。

咨询师：现在请你睁开眼睛吧，刚才都是我们在想象，现在请你回到现实。

来访者：我总觉得这样的结果是不可能发生的，如果真的发生了，一旦有机会我还是要尝试考研究生。

咨询师：嗯，刚才我们的确按照最坏的打算进行了想象，看到最坏的结果(可能根本不会发生的事情)你感觉如何？

来访者：……老师，我发现了，好像也没有什么啊(来访者有些顿悟)，这个结果我也可以接受啊。

咨询师：既然如此，那你还害怕吗？还担心吗？

来访者：老师，我好像突然间明白了！

(2)引导来访者接纳自己。第一次咨询之后给来访者布置了作业：我的长处和我的短处。引导来访者梳理自己的长处和短处，发现自己的长处，理解自己的特点，接纳自己的特点，“我就是这样一个人，我就是我”。

(3)运用萨提亚治疗模式，引导来访者画家庭图。通过画家庭图，来访者理解到自己的很多特质来自于父亲，目前的状态更多的是自己给自己压力，自己对自己的高期望导致的。运用萨提亚沟通模式，引导来访者尝试与父亲沟通，对父亲表达自己的感情，与父亲建立和谐平等的关系。

【延伸阅读】

萨提亚治疗模式的核心观点：萨提亚模式认为人是活在环境、关系中的(或说系统中)。所以，一个症状的出现，与人与他人、环境的互动有很大的关系。其中，一个人在原生家庭中通过经验获得的各种关系，以及各种应付方式，对这个人的一生影响最为重大。

可以看到，人在各种关系中，影响人，也被影响。所以，症状的产生，并不是一个原因导致一个结果这么简单，而是人与周围的人事物相互的影响。而这些关系中的沟通不良，导致了各种压力、情绪、症状的产生。所以，可以看到，其一：人的压力、情绪、症状的产生过程中，没有谁是单纯的受害者或迫害者，人都必须对这段关系的产生承担部分的责任。其二：可以通过改善与他人的沟通方式，来改善心理状况。

一个人在原生家庭中通过经验获得的各种关系，以及各种应付方式，对这个人的一生影响最为重大。而在这些家庭关系中，影响力最大的，又属从童年至青少年期（出生至16岁）之间在家庭中经历的关系。

当长大成人之后，在青年期之前经历、学到的思考、行为、感受的方式都会一直影响着人的生活、工作、人际关系。与父母的关系，被内化到心里，然后会在与爱人、孩子、朋友、上司、下属等人的关系中，重演这种关系。

所以，萨提亚创造出家庭图、影响圈来协助人们了解自己在家庭或整个人际关系圈中，与他人的关系是怎么样的，还有自己与他人不同的应对姿态（应对姿态是萨提亚总结出来的关于人们在压力下，对他人、环境、自己的应对方式）是怎么样的。

四、咨询效果

来访者在4次咨询之后没有再来，通过电话回访，来访者表示自己目前处于考研紧张复习阶段，睡眠和学习状态良好。

五、关于案例的思考

近年来高校毕业生就业越来越困难，大多数大学生选择了考研，但是考研并不一定是自己愿意面对的选择。而真正想通过考研来改变的人生的这部分学生的心理健康状况也值得关注，他们往往要求自己必须成功不能失败，这样的目标对自己来说会造成很大的压力。如何帮助他们正确面对人生的选择，如何应对压力，这是我们需要努力的方向。

案例3　别让意志的小船说翻就翻

大三女生明明，最近比较烦，经常无精打采。早上不想起床，起床后又不想外出，不知道自己要做什么。大一、大二时候的明明，是一个积极向上的孩子。她积极参与一些社团活动，喜欢帮助别人。班里的同学、舍友都很喜欢她。学习上虽然不能够名列前茅，但是明明很努力，每天坚持上自习，多读书。转眼间，快乐的时光过去了，进入大三下学期以后，大家都开始考虑自己今后的打算了，有的决定考研，继续深造，有的开始为就业做各种准备，而这时候明明有些迷茫了。她看到舍友大多考研，于是也决定考研，可是学习的时候总是不能够静心，她开始担心自己考研不会成功了，越来越学不下去了。后来明明干脆放弃了考研，准备找工作，可是每当看到舍友们努力学习的状态，自己又会觉得很失落，思想又开始动摇。摇摆不定的目标让明明无所适从，后来干脆什么也不做了。每天早上别人起床后开始忙碌自己的事情，明明却一直躺到中午，情绪低落到什么都不想做了。明明的问题可能是很多大三学生目前正面临的问题，在这种两难的境地，追求上进的大学生们非常焦虑。那这是什么原因让自己陷入了两难？该怎么样走出两难的境地呢？

1. 首先要理解和接纳自己，这本来就是一件难以抉择的事情

考研和就业对大多数人来说的确是难以抉择的，因为这本身就是个双重趋避式的冲突。所谓双重趋避式冲突，是指当有多个目标，每个目标对自己都有利，也都有弊，反复权衡拿不定主意时的矛盾心情。比如考研，可以提升学历水平，将来就业层次要高一些，但是成功率不高，很有可能白忙活了一年；若就业，可能就不必为了努力学习而烦恼，还能为家庭节省些开支，但是目前的就业形势又着实让人担忧……细想还有更多利弊，总之反复权衡还是拿不定主意。实际上我想说的是，当你有如此冲突的时候，你会发现这是自己对自己相当负责任的表现，不轻易下决定，不草率面对自己的未

来，重视自己人生发展的每一个转折点，我觉得能做到这一点非常好。所以我们需要理解自己在这个关键期的矛盾心理，接纳自己。当然理解和接纳不是说我们就可以一直这样摇摆不定，因为毕竟从现在开始到考研的时间是有限的，容不得我们一直权衡，所以最终还是要抉择。可是矛盾依然在，怎么抉择啊？那我建议大家不要看别人怎么做的，避免“从众”，而是重新来审视自己，制订适合自己发展的目标。

2.重新认识自己，然后轻松地继续上路

我是谁？我该做什么？我该怎样做？当我们迷茫的时候，当我们根本就丢失了自己真正想做的目标的时候，不妨回到原点，重新看看我们自己。每个人都是一个独特的个体，有自己独特的生理状况，比如身高、体重、容貌等；有自己独特的心理特点，比如能力、气质、性格、兴趣等；有自己独特的关系模式，比如与他人的关系，在群体中的作用等。综合这些特点，你会发现你是一个独特的人，你会有独特的人生，有独特的生活方式和发展目标。这种情况下确定的目标才真正属于自己，你才会为了实现这个目标而坚持不懈地努力。克里希那穆提在《重新认识你自己》一书中曾经说过：“你一旦开始了解自己，不论自己多么渺小，富有创造力的非凡行动已经开始进行了。”既然精彩的人生已经开启，你可能说：“可以了，Ok 了！”No！这才是开始，每一个决定，都要为之付出坚持不懈的努力，这就要说说意志了。

3.坚持，让意志的小船远航

我们的性格中有太多好逸恶劳的成分，即使目标明确，我们也时刻会有要放弃的心情，或者我们也会因为一点点小成功替代了真正的目标。那我们怎么样才能坚持我们的目标呢？在执行决定的过程中，我们需要做到有计划，有准备，有方法。有计划是说要有考虑周全的、切合实际的行动计划，计划会使行为更加有效，有计划的生活虽然紧张但井然有序。比如对于考研这件事情，光靠想想可能会觉得学习难度很大，但是如果制订了翔实的计划，就相当于把困难进行了分解，接下来按部就班地完成各阶段的学习任务即可。有准备是说要有充分的思想准备，因为在执行决定的过程中，常常会遇到意想不到的困难，有准备，才能坚定信心，保持清醒的头脑，认真观察，仔细思考，及时应对各种变化。有方法是说寻找一切适合自己、利于自己坚持目标的方法，比如加入考研或者就业的群体中，寻找志同道合者相互激励，获取信息，增加信心。

案例4　在路上，拐个弯

——写给考研、就业十字路口上的徘徊者

又是一年“徘徊季”，很多学生会来问我：“老师，你说我该考研还是该就业啊？纠结啊……”的确，很纠结。在考研就业的十字路口，抉择很难，因为可能关系到一生的发展。

1.为了父母，想尽快就业

某天下午我校某专业大三学生萧山（化名）按预约时间来到了位于图书馆三楼的心理咨询室。萧山给我的第一印象是：性格开朗，很健谈。所以在我介绍完我的工作原则之后，他就迫不及待地侃侃而谈。他说：“老师，你说我该考研还是该就业啊？我好纠结啊！甚至都睡不着觉……”从他的叙述中，我能感受到他的焦虑和犹豫，甚至掺杂一些无奈。萧山来自农村，父母年过半百，由于多年务农，身体劳累，健康状况不是很好，且收入较低，仅够基本生活消费。每每假期回家，看到父母因劳累而日渐消瘦的身躯，他都感到无比的心疼。每当这时，他就会暗暗下定决心，本科毕业后立即参加工作，减轻父母负担，并努力让父母尽早过上安逸的生活。他的孝心让我有些感动，我也并没有掩饰，给予了他真诚的赞美。我的赞美让他有些小小的欢喜，这在他的眼神中虽然一闪而过，但我依然能够捕捉到。

在我的咨询工作中，我也常常会去捕捉或者发现学生的优点，并给予肯定或赞美，因为他们在平时的生活、学习中很少被“肯定”。从业多年，我深刻地认识到“肯定”对一个人健康成长的重要性。

2.从众心理，使他徘徊

就在萧山初步决定要就业时，他了解到同班同学多数要考研，考研比例甚至达到60%～70%。这些考研的同学每天忙于购买考研资料，上考研辅导班，抢自习座位，熬夜学习……这样的环境中，萧山慌了。“大家都考研，我真的不知道该怎么办了。”萧山一脸迷茫，他说已经想了好几天了，越想越乱，若就业，害怕找不着合适的工作，若考研，父母又要劳作多年。徘徊在十字路口，萧山几天夜里辗转反侧，难以入睡，甚至怀疑自己得了焦虑症。

的确，考研大军的形成会让很多没有想清楚的学生受从众心理的影响而选择考研。据了解，对大学生的调查“本科毕业会选择继续攻读研究生吗？为什么?”有22%的学生选择了“大家都考，考了再说”。很多学生把考研当作一种潮流，别人都考研，我如果不考，感觉无所事事，“怪怪的”，所以“哪儿人多我就去哪儿”就成了一种合理的、保险的选择。这就是从众心理。

但是从众考研的学生往往是盲目的，没有认真考虑未来的职业发展，这样学习起来就缺乏劲头，到头来可能白忙活一场，甚至坚持不到最后。

3.在路上，拐个弯

萧山的情况在大学生中很普遍，很多人会因为不同的原因一直纠结，结果到最后考研落空，就业不成。

其实，“纠结”是这期间正常的心理现象，是因为重视、认真才会有纠结的情绪。可虽纠结，最终决定是要做的。在分析考研和就业的各种利弊之后，大学生们应认真分析自己的特点，给自己定位，规划未来的职业发展。比如可以参考《霍兰德职业倾向测试》进一步分析自己倾向的职业类型，是实用型、研究型、艺术型、社会型、企业型、常规型中的哪一种。若是研究型等，可能适合高校、研究所等单位，须考研；若是企业型或实用型等，可能适合专业技术领域发展，那就业就是不错的选择。

对于萧山，我建议他先抛开家庭、经济等的外界因素的影响，给自己定好位，认真考虑自己的专业发展方向和职业发展方向。走合适的路，才会发展得更好；发展得好，家庭才会更幸福。经过一番交流，最后他决定好好复习，准备考研，但有合适的单位来校招聘，他也会去面试，遇到各方面都比较好的单位，会选择就业。之所以这样决定，是因为他虽然认为自己更适合研究型的工作，但仍放不下年迈的父母。

作为一名咨询者，我尊重他的选择和决定，人生道路上的选择没有对与错，只要自己清楚目标，任何决定都是合理的。况且任何选择也都不是一成不变的，可以灵活应对。考研路上，可以拐个弯就业，自然在就业之后，也可以拐个弯选择在职深造。

所以，有时候，在路上，可以拐个弯。

案例5　毕业季的烦恼

一封毕业生的来信：

周老师，你好，我是一个大四毕业生，还有几周就要离开校园了。在这大学的最后时光，大家都在疯狂的聚会，诉说着离别的伤感，也憧憬着美好的未来。我也过着这样的生活，因为年前就已经签订了一家不错的企业，所以我每天都很快乐，早上睡到自然醒，晚上和同学打牌到半夜，这种没有压力的生活我过着很是舒心。但是最近我被通知有一门课没过，我才想起来本学期初我曾经参加过一次补考，本以为到了大四老师都很宽容，都会“放”我们一马，但是没想到这门课还真的没过。我顿时高兴不起来了，开始害怕了，因为有课程不及格就拿不到毕业证，拿不到毕业证我就没法被单位录用，这对我来说就是晴天霹雳。这些天我茶饭不思，同学聚会我再也打不起精神了，每天看着大家打牌我心里都会很烦。我特别懊恼，我恨自己没有珍惜大学的时间，没有好好学习，我觉得自己一无是处。虽然毕业后还有一个月时间可以再次补考，但是若我不能及时拿到毕业证可能会影响我的工作，我也很担心以后在事业上的发展。老师，我真的很后悔，我真的想让时间倒流，我不再打牌，不再玩游戏……

给毕业生的回信：

毕业生，你好，首先非常感谢你的来信和对我们的信任！从你的来信中，我了解到你目前面临的困难，并且也能够理解到你现在既焦虑又懊恼的心情，但是值得庆幸的是你开始认识到自身存在的问题并且能够求助，我想这对你的人生发展来说会是个好的开端。针对你目前的状况，我想给你几个建议：

1. 调整心态，以解决实际问题为中心

我们常常在遇到问题后先悔恨，陷入无限的自责和懊恼当中，但是时间就从自责和懊悔中一点点流失了，这对解决问题毫无意义可言。你目前的情绪低落是由实际问题（拿不到毕业证）导致，若实际问题解决不了，情绪调节或者改变做事方式都无从谈起。根据焦点短期治疗的理念，我们首先要明确需要解决的实际问题，并寻求解决办法，而不是探讨出现这些问题的原因。简单说，即遇到问题时，尝试完成句子“事已至此，我该……”。对你来说，“事已至此”即确有课程不及格，无法及时取得毕业证书，并且会影响毕业后的签约报到。这已成事实，既然如此，就需要考虑“我该怎么办?”我想你已经有了办法，你说的“毕业生离校后一个月左右还有一次补考机会”，就是很好的解决问题的办法。既然还有办法，那就从现在开始好好准备，力争通过，解决“无法及时取得毕业证”的实际问题。

2. 换个角度，问题也许具有正向功能

一个问题的存在，不见得只呈现出弱点，有时也存在正向功能。所以我们在遇到问题时，不必急于全盘否定，而是要努力去发现它呈现的具有正向功能的一面，以此增强解决问题的信心。从你的来信中发现你认为自己“一无是处”，由于课程不及格取不到毕业证，你把自己完全否定了。“否定”会让人失去动力，对于解决问题毫无益处。所以，我们不妨换个角度，看看这个事情会不会存在一些积极的方面，是否能够给你带来一些积极的力量。从你的描述中能了解到你会经常与同学一起聚会，这至少说明你有良好的同学关系，喜欢与人相处。学会与人相处，能够具有良好的人际关系，这正是适应社会最需要具备的能力之一。此外，在出现问题时，你能够积极地考虑解决问题的办法，比如你发现“毕业生离校一个月左右还有一次补考机会”。还有值得庆幸的是在学生时期的最后阶段你发现了自己存在的问题，并且决心改变，这便是问题引发的正向力量的表现。

3. 现在开始，小的改变会带来大的改变

找到了解决实际问题的办法，并且也具备了解决问题的信心，接下来我们还是要分析出现问题的原因，需要做出哪些改变，避免给以后的工作生活造成不必要的麻烦。之所以会出现不及格等学业问题，我想有两个方面的原因：一个是目标不明确，一个人如果缺乏目标，生活就会失去方向；另一个是时间管理问题，大学阶段，主要的任务还是学习，学习专业知识和技能，若把时间浪费在游戏、娱乐等方面，很难较好地完成学业。所以无论在校园还是在工作岗位，都需要确立目标，做好发展的规划，合理管理自己的时间。听说过骨牌效应吗？一个最小的力量能够引起的或许只是察觉不到的渐变，但是它所引发的可能是翻天覆地的变化。小的开始是成功的一半，小的目标可以给你足够的信心和动力。

所以，改变，从现在就开始吧！

案例6　立标定向，扬帆起航

——确立生涯目标团体辅导方案

一、团体名称

立标定向，扬帆起航。

二、团体性质

以发展性及成长性为主的团体。

三、参加对象

致力于提高生涯规划和决策能力的大学生，通过面谈、邀请或者招募等方式确定成员。

四、团体目标

(1)协助团体成员了解自我状况和澄清个人价值观。

(2)激发团体成员的生涯规划意识,建立符合个人特点的生涯目标。

(3)对确定的生涯目标进行系统分析并完善达成目标的具体措施。

五、团体背景及理念依据

(一)背景

当代大学生生涯意识较弱,从生涯发展的角度审视专业的高度不够、深度不足,生涯规划意识淡漠,对自己打算从事什么职业,该如何做出人生决策没有清楚认知,对生涯发展缺少整体全面的考虑。为了帮助大学生增强生涯规划的意识和能力,确立生涯发展目标,我们希望通过团体辅导的方式,通过搭建平台,使成员能够在团体活动中拨云见日,认清发展目标,从而能对个人的职业生涯发展有一个清晰的认知。

(二)理念依据

1. 帕森斯和威廉姆逊的特质因素论

特质因素论是最早被提出的职业辅导理论。该理论以个人的个性心理特质作为描述个别差异的重要指标,强调个人的特质与职业选择的匹配关系。被誉为"职业辅导之父"的帕森斯提出了职业辅导的三大原则。原则一:了解自己,包括了解个人兴趣、能力倾向、智力、资源、限制及其他特质;原则二:了解职业,包括了解各种职业成功必备的条件、机会、发展前景、酬劳、优缺点等;原则三:将自己和职业之间进行协调与匹配。威廉姆逊认为,经过心理测验,通过直接建议、说服和解释 3 种方法进行指导咨询。他认为,在上述 3 种方法中,解释的方法最完整且较能让人满意。

2. 约翰・霍兰德(John Holland)的类型论

霍兰德的类型论源自人格心理学。他将职业选择看作个人人格的延伸，职业选择也是人格的表现。霍兰德将人区分为6种人格类型：现实型、研究型、艺术型、社会型、企业型和传统型，个人的人格属于其中的一种。在社会环境中的职业也具有6种类型：现实型、研究型、艺术型、社会型、企业型和传统型。个人的人格和工作环境之间的适配和对应，是职业满意度、稳定性和成就的基础。

3.金兹伯格和萨帕的生涯发展理论

金兹伯格认为职业在个人生活中是一个连续的、长期的发展过程，职业选择经历是从模糊的空想走向现实。他将这一逐渐成熟的心理过程分为3个阶段：空想阶段（11岁之前）、尝试阶段（11～17岁）以及现实阶段（17岁至成人）。萨帕进一步提出了生涯发展五阶段理论，注重通过动态的观点看待个体的生涯选择过程。他认为生涯发展包括成长（从出生到14岁）、探索（15～24岁）、建立（25～44岁）、维持（45～64岁）和衰退（65岁及以上）5个阶段。

六、团体结构

(1)这是个志愿性团体，成员依据自己的意愿参加。

(2)成员由团体开始到结束都是固定的。

(3)采用结构式的方式。

七、团队带领者

辅导员或心理老师。

八、小组进行过程

(一)第一次团体(寻伴同行)

地点	时间(105分钟)	目标	内容	所需物资
团体辅导室	15分钟	破冰，协助成员互相认识	(1)成员在音乐声中入场，寻找与自己的“生涯色彩卡”相匹配的另一半，结成生涯伙伴 (2)两位生涯伙伴间相互介绍 (3)将自己的生涯伙伴介绍给其他成员	音乐带、播放机、生涯色彩卡
	25分钟	成员提出期待，明确需要	成员自问并思考回答以下问题： (1)我理想中的团体应该是怎样的 (2)我是一个(有/无)生涯目标的人 (3)我参加团体的希望是什么 (4)我能为我们的团体做些什么	
	30分钟	澄清团体目标及成员参加动力	(1)通过播放名人纪录片引导成员思考自己的未来并写观后感 (2)领导者说明团体功能、内容和目标，建立和谐、融洽、开放、友善的团体氛围	笔、纸、录像带、播放机
	10分钟	制定小组契约	(1)小组内成员讨论，将讨论好的规范写在“生涯色彩卡”上并贴在教室显眼位置 (2)在成员对彼此建立初步印象的基础上，建立团体规范	
	15分钟	引导成员参与活动	游戏：蜈蚣翻身	笔、纸
	10分钟	总结感想	让成员与工作员表达这次聚会的感受	

（二）第二次团体（探知真我）

地点	时间（100～110分钟）	目标	内容	所需物资
团体辅导室	30分钟	活跃气氛 认知自我价值	游戏：一块和五毛	
	20分钟	认识自我和探索人生	活动：人生透视	笔和纸
	20分钟	发现自己的优点	活动：学会欣赏	
	20～30分钟	反省和澄清个人价值观	活动：价值排队	
	10分钟	总结感想	让成员与工作员表达这次聚会的感受	

（三）第三次团体（立标定向）

地点	时间（100分钟）	目标	内容	所需物资
团体辅导室	10分钟	扩展成员的职业思路	指导者列举一系列专业的名称，成员迅速说出该专业毕业生的可能出路	收集各专业的名称
	40分钟	（1）加深成员对职业的感性认识 （2）了解各职业形态及对个体的要求	成员汇报收集的有关各职业的资料	
	40分钟	（1）认识个人与环境的关系 （2）深入分析自己暂定的生涯目标	（1）小组合作，回忆填报高考志愿时受社会和家庭因素的影响有哪些 （2）对暂定的生涯目标进行力场分析	表格
	10分钟	总结感想	让成员与工作员表达这次聚会的感受	

(四)第四次团体(扬帆起航)

地点	时间(70分钟)	目标	内容	所需物资
团体辅导室	10分钟	调动成员为生涯目标努力的信念	全体成员一起唱《我的未来不是梦》	音乐、播放设备
	10分钟	更充分地认清自己与目标间的差距	思考“人生价值象征图”	人生价值象征图
	40分钟	坚定为自身生涯目标努力的决心	小组合作填“生涯平衡单”	生涯平衡单
	10分钟	总结感想	让成员与工作员表达这次聚会的感受	

附件1　操作流程

一、第一次团体活动

1.蜈蚣翻身

内容及形式：

(1)将所有成员分成两大组，推荐产生两位组长，成员们两路纵队排好。

(2)全组成员把双手搭在前面同学的双肩上组成一条“大蜈蚣”，开始练习一下“大蜈蚣”跑动，看看彼此是否协调。

(3)接下来开始做“蜈蚣”翻身比赛，要求第一位组员依次从第二、三人拉手处，第三、四人拉手处……一直到队伍最后两位的拉手处钻过去，第二位组员、第三位组员……跟随前面的组员一直钻完所有的拉手孔。

(4)完成“蜈蚣”翻身用时最少的组为胜。

二、第二次团体活动

1. 一块和五毛

内容及形式：

(1)设定男生为五毛，女生为一块。女生和男生分别站在主持人周围，注意听主持人口令。

(2)主持人任意说一个钱数，如“四块五”，成员按照男女生各自代表的钱数组队，每一组学生加起来需刚好符合主持人报的钱数。超过的和未满的组均为失败，需要接受惩罚。

(3)分享：每个人都有属于自己的价值，不管是“一元钱”还是“五毛钱”。即便你可能认为自己是个“小角色”，但却是小团体中非常重要的一员。所以，需要用善于发现的眼睛审视自我价值。

2. 人生透视

内容及形式：

(1)指导者向每位成员发放印有下图表格的纸，成员在思考后认真填写。

(2)填写完毕后小组内部讨论交流(5～6 人)。交流分 3 个环节：第一环节每人轮流介绍刚步入大学时的情况，并说明为什么会这样写；第二环节每人轮流介绍现在的情况，并说明理由；第三环节介绍对未来生活的展望和理由。成员可以在分析自己、了解他人的过程中逐渐明确自身地位，加深相互之间的了解。

	当我步入大学时	我现在的生活	10 年后的情形
兴趣			
问题			
希望			

3. 学会欣赏

内容及形式：

(1)团体成员在卡片上分别写下自己的优点和缺点。

(2)以四人一小组的形式进行内部交流分享。

(3)小组成员之间给予彼此改掉缺点、完善自我的建议并完善卡片。

优点	缺点	改进措施

4. 价值排队

内容及形式：

(1)团队成员写出个人生命中最珍贵的 5 项事物。可以是人物，也可以是事件；可以是已过去的，也可以是未来的；可以很具体，也可以很抽象。书写时不必排列次序。

(2)由于现在面临一个特殊环境，个人不能再全部拥有这 5 项珍贵的东西，一定要放弃其中之一。待作出决定后，划掉放弃的那一项。

(3)请你再放弃一次，思考后作出选择。

(4)请你再划掉一项，只剩下两项。

(5)迫不得已，你还得作最后的选择，只能剩下最后一项。

(6)分享：你为什么留下那一项？分享自己放弃过程中的心理感受以及作出最后决定的想法。优先选择反映着个人的价值观念和潜在的目标，通过“价值排队”协助成员反思生活中什么是最重要的。

三、第三次团体活动

1.收集、整理的职业资料清单格式

职业名称	
资料来源	
职业报偿	
职业内容(地点、环境、工作形态等)	
应具备的资格或条件	
达到该职业目标的途径和机会	
短期内我应达到的目标	
备注	

2.暂定生涯目标力场分析

暂定生涯目标 影响因素	目标 1	目标 2	目标 3
社会与文化	阻力 助力	阻力 助力	阻力 助力
家庭与亲戚	阻力 助力	阻力 助力	阻力 助力

四、第四次团体活动

1.人生价值象征图

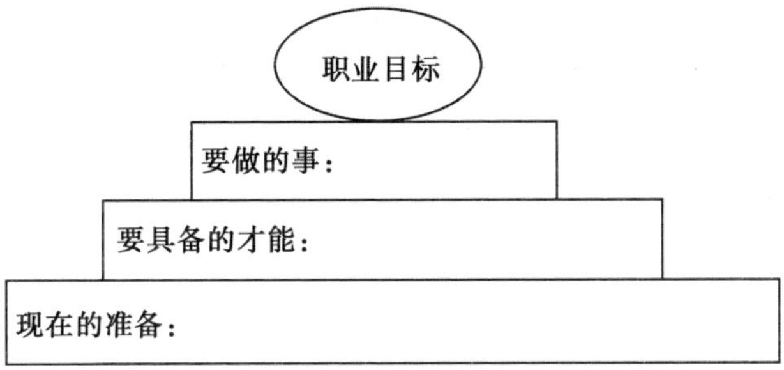

2.生涯平衡单

选择 项目	权重	短期目标 1		短期目标 2		短期目标 3	
		有利	不利	有利	不利	有利	不利
个人方面的得失							
家庭方面的得失							
亲友方面的得失							
社会方面的得失							

第五章　爱情面面观

导　读

一、恋爱与恋爱观

恋爱是人生中的一件大事，其目的在于寻求终身伴侣，走向神圣的婚姻殿堂。在恋爱问题上，许多当代大学生对其概念的认识一知半解、模糊不清，结果导致他们不能正确认识和对待恋爱的动因、目的以及采取的方法。因此，我们首先就必须对恋爱观的相关概念进行归纳和整理。

（一）恋爱的定义

恋爱，《现代汉语词典》认为其是指“男女互相爱慕”。随着同性恋逐渐被社会所接受，现在来讲，广义上的恋爱是异性或同性互相爱慕的行动表现。同时，恋爱也是在一定的社会文化状态下，两性或同性之间以共同的生活、理想为基础，以平等的互爱和自愿承担相应义务为前提，以渴求结为终身伴侣为目的，按照一定的标准自主结成的一种具有排他性和持久性的特殊的社会关系。它是生理、心理、美德、道德和承诺的结合与共同体验的过程。恋爱实质上是一种社会历史现象，是男女两性或同性之间的一种社会关系，不仅受人的自然属性的影响，而更多的是由社会的生产关系所决定。男女青年到了一定的年龄之后，就必然会碰到恋爱问题，这是人生道路上走向婚姻的必经环节，关系到个人一生的幸福。但是，恋爱不仅对个人有重要的意义，同样对社会也是有价值的，即恋爱在满足个人需求和利益的同时也必须为社会的价值观所认同。

（二）恋爱观的含义

对于恋爱观概念的厘定，目前学界尚未形成一致的观点，仍处于探讨阶段。马忠丽、张玉堂教授提出，恋爱观是指选择配偶与爱情时持有的基本看法和态度；李庆祝认为，恋爱观是大众对待恋爱与爱情的基本观点和态度，不同的世界观、人生观、价值观决定了每个人不一样的恋爱观；邓验经过详尽的总结分析后认为，恋爱观是个体世界观、人生观、价值观在恋爱问题上的重要体现，具体是指个体对男女两性恋爱关系和恋爱行为的基本观点和看法，是人们对待恋爱的主观感受内心标准，不但直接影响个体对未来配偶的选择标准，还会更深层次地对个体于未来婚姻、家庭的责任和义务的承担产生重要的影响。

综合以上观点，我们认为：恋爱观综合反映了一个人的人生观、世界观和价值观，是个体对于恋爱行为、恋爱主观态度、道德准则、恋爱受挫等问题的观点，社会背景、学校教育和家庭教育对人的恋爱观的形成有着重要的影响。所以恋爱观是指人们在恋爱过程中所表现出来的对恋爱问题的基本观点、态度和情绪体验，是人生观、价值观在恋爱问题上的重要体现。它是人们对待恋爱的内在标准和主观看法，不但直接影响个体对配偶的选择，还会影响个体对未来婚姻、家庭的责任和义务的承担。

大学生恋爱观即大学生对恋爱这一感情行为的看法和观点，主要包括大学生对恋爱本身的看法和认识，大学生择偶的标准和大学生对性、婚姻的认知。不同的恋爱观决定人们有不同的恋爱态度和恋爱行为。因此，正确的恋爱观将会对大学生的心理健康发展产生极其重要的影响。

二、当前大学生恋爱存在的主要问题

恋爱问题是恋爱这一社会现象中出现的疑难和矛盾。恋爱问题本身不能简单地进行性质划分，在不同的时代背景和社会道德影响下，恋爱问题界定的标准有所不同。本章以中共中央、国务院《关于进一步加强和改进大学生思想政治教育的意见》为指导，针对当前大学生恋爱中存在的问题进行探讨。本章中的“恋爱问题”主要是指当前大学生恋爱中出现的偏离社会主义道德要求和影响到大学生身心健康发展的矛盾。当前大学生恋爱存在的主要问题，概括起来主要有以下几个方面：

(一)恋爱动机趋向多元

受近年来社会思潮及其他因素的影响，大学生的恋爱动机已经开始趋向多元化，国内学者也做了很多相关的研究。刘晓华的《大学生恋爱心理误区及对策研究》一文，从心理学角度谈了几种恋爱动机：①一见钟情；②摆脱压抑感；③证明自己的魅力；④满足好奇心；⑤赶潮流。除以上 5 点外，大学生恋爱动机还包括追求爱情、丰富生活等，也有一些追逐名利的功利性动机。

有人就大学生恋爱动机问题进行了调研，其结果显示大学生恋爱并不完全是出于单纯对爱情的追求。接受调查的大学生中，有 35％的大学生表示是因为爱情而恋爱的，而近 65％的大学生则是出于爱情以外的因素而恋爱的。这些因素包括从众心理、排遣寂寞等等。为了婚姻而恋爱的大学生只占到极少数。

在市场经济和西方思潮等因素影响下，社会多元化价值观对传统的道德规范提出了空前的挑战，传统的恋爱观念在当前大学生心中已经发生了转变。越来越趋向多元的恋爱动机表明，大学生恋爱与以往相比正发生着显著的变化。当前大学生恋爱，往往并不是以婚姻为最终的目的，爱情并不完全是婚姻和恋爱的前提和基础，高校恋爱的随意性越来越大，恋爱的周期也越来越短。我们应该看到，在当前高校所面临的现实境况下，影响大学生恋爱的已不仅仅是大学生自身的恋爱观在单独起调节作用了，大学生恋爱与其人生观、价值观等紧密地联系在一起，并受其影响。

(二)恋爱责任意识有所淡化

恋爱作为一种特殊的社会关系，要求恋爱双方在恋爱过程中必须践行一定的道德规范和责任。现在的大学生在恋爱中更加注重恋爱过程的感受，对于恋爱最后能否进入婚姻看得并不那么重要。张颖在《大学生恋爱观及其伦理审思》一文谈到，在“大学生恋爱不应过多的与婚姻家庭关联在一起，所以不求天长地久，只求曾经拥有”的问题上，接受调研的大学生中有45％表示认可上述观点，有55％的大学生不同意。这些数据说明，有相当部分的大学生并不认同传统的恋爱观，有部分大学生认为恋爱与婚姻家庭并不存在必然联系。持这种观点的大学生往往不会谨慎地看待恋爱，他们恋爱一般都是出于非爱情的因素，由此而反映出当前大学生恋爱中存在较多的责任意识淡化问题。对于当前大学生恋爱责任意识淡化问题，我们可以从以下3个方面进行分析。

(1)对恋爱对象缺乏道德责任感。大学生恋爱中道德责任感的缺乏不仅仅表现在对恋爱对象不负责任，同时也表现在对自己不负责任。有的大学生在尚未开始恋爱之前，其恋爱目的就不明确，在恋爱后往往很少顾及恋爱的责任和义务。

(2)家庭道德责任感淡化。大学生进入高校后往往远离父母和家庭，由于没有了父母、家庭的约束，一旦开始恋爱后比较容易把时间和精力用于恋爱中，从而导致学业受到影响，辜负父母的殷切期望。有的大学生在恋爱时为了博得对方好感，或是为了满足自身虚荣心，一味铺张浪费，加重家庭经济负担。还有的大学生因失恋而难以自拔，导致荒废学业，甚至违法犯罪，给家人带来无法弥补的伤痛。

(3)忽视了社会公德。有的大学生认为恋爱是两个人的事，与身边的人无关，往往做出违背社会公德的言行举止，缺乏基本的社会道德责任感。有的大学生休息时间在寝室里打电话或者上网进行谈情说爱，影响同寝室同学的学习和休息，引发各种矛盾；还有的大学生甚至在教室里谈恋爱，在校园公共场所卿卿我我。

恋爱责任意识淡化在性别上有非常显著的差异，一般女生比男生更加看重恋爱的结果。大多数的女生认可和接受将婚姻作为恋爱的目的。女大学生由于感情丰富，在恋爱时比男大学生更容易全心投入，随着感情投入的累积，她们会更加期望付出的爱情能够带来幸福的婚姻。而男大学生因为承担着较大的经济负担和社会压力，则把婚姻更多地看作一种责任。大学生恋爱责任意识的淡化也对高校思想政治教育提出了新的课题和更加艰巨的任务。

(三)恋爱中性体验现象凸显

性观念是人们对性问题的较为稳定的看法及所持有的态度和评价,既包括个体的性观念,也包括在一定时代的社会背景下,人们对性问题的评价、态度、看法的总体趋势,在本质上是一种价值取向。相对来说,当前大学生接受西方的东西较多,再加上受社会不良风气的影响,有些大学生的贞操观念淡化,对婚前性行为的态度更加理解和开放。

网上调查结果显示,当问及对婚前性行为的态度时,有 56.1%的大学生认为“可以理解”;有 14.5%的大学生认为是“正常行为,无可指责”;有20.6%的大学生认为“无所谓”,不支持也不反对;仅有8.8%的大学生认为是“道德堕落”。大学生高度开放的恋爱观还可以从以下调查的对比数据中看出。2004 年,井冈山学院的德育教学工作者对来自全国 24 个省、市的在校 4 个不同年级、不同性别、不同专业的 2000 名本、专科学生进行了广泛的问卷调查和座谈,并将这些数据和信息同 1995 年的大学生恋爱调查有关数据(1000 份,均为江西生源)相对照,发现有了很大的变化。其中最为明显的是对于大学生未婚同居的态度。1995 年,赞成大学生同居的占 2%,反对的占 76%,任其自然的占 22%;而 2004 年,赞成的占28.6%,反对的占13.6%,任其自然的占 57.8%。

另外,2007 年 1 月,有记者就大学生未婚同居问题走访了西安、北京、上海、武汉、重庆等 6 大城市的一些著名高等学校,进行了无记名问卷式随机调查。调查结果显示,大学生对婚前同居行为表示“可以理解”或持肯定态度的占 48.5%,认为“说不清”的占 27%,也就是说几乎 75%的大学生认可或不反对同居这一现象。随着观念的改变和经济条件的改善,大学生同居现象在全国各高校日益凸显。原本在北京、上海等经济发达地区较多的校外租房同居现象,现在已经在经济较滞后的西部地区高校附近随处可见。当前大学生的恋爱方式也比以往大学生更为开放,他们激情洋溢,大胆追求爱情,甚至还有一大部分女大学生改变传统观念,能大胆、主动地去追求心仪的异性。

（四）恋爱极端事件时有发生

随着大学生恋爱现象的普遍，在恋爱中出现各种恋爱问题这一矛盾也愈发凸显。近年来，大学生因为恋爱问题处理不当，进而导致学业荒废，甚至引发心理疾病的事件时有发生。这些恋爱问题对于正处于身心健康发展阶段的大学生而言，无疑造成了严重的影响。由于恋爱观的不正确，一些大学生在恋爱过程中不会控制自己的情感和情绪，难以做到科学合理地宣泄感情。热恋的时候整天忙于花前月下、卿卿我我，甚至租房共同生活，热衷于爱情而冷漠了周围。

当大学生遇到失恋的挫折时，由于缺乏相应的心理知识和调适能力，往往难以自拔。他们在失恋的挫折中很难正确认识自己，找到解决问题的方法和途径，往往表现为厌学、迟到、旷课，导致多门课程不及格，甚至重修或被勒令退学。一旦失恋，痛不欲生者有之，纠缠不休者有之，恶意威胁者有之，个别严重者甚至引发暴力流血事件，严重影响到大学生的身心健康和正常的学习、生活。《羊城晚报》报道，2006 年 4 月，广州某高校一男生因失恋，在出租房内欲引爆煤气自杀未遂；《青岛早报》报道，2006 年 4 月，青岛某高校大一学生小柯（化名）因失恋跳海自杀；《合肥晚报》报道，2011 年 3 月，某高校大一学生张一（化名）因失恋受挫，在出租房内割腕自杀未遂。近年来，因恋爱而引发的大学生违法犯罪等极端事件更是屡见不鲜，大有愈演愈烈之势。

三、当前大学生恋爱问题的成因分析

人们的婚恋特点和婚恋取向总是受一定的社会因素制约的，这些因素都直接或间接地影响、决定着人们的婚恋取向及特点。人具有两种属性：一是自然属性，指人的自然成长、发育和生理结构的完善；二是社会属性，指人参与社会活动而产生的需要，即在心理上的逐渐成熟和自我完善。因此，我们必须从社会、学校和大学生三方面，对当前大学生恋爱现状的成因进行分析。

（一）西方思想文化的冲击

改革开放以来，各种西方思潮涌入我国，影响着高校中的大学生。这些思潮中，以西方性革命对我国大学生恋爱观影响最为明显。西方性革命是20世纪20年代前后在西方出现的一种以“性解放”“性革命”为主导，表现在性表达和性表现方面的关于两性关系的理论与思潮。西方性革命这种思潮提倡性的解放和自由，主张揭开性的神秘面纱，要求公开进行性知识的普及和教育，对于传统性文化中长期对性的压抑和性认识的扭曲，主张予以彻底的击碎。这种西方性革命思潮的涌入，给我国整个社会在观念与行为上带来了巨大的影响和变化，尤其是极大地影响了青年人对性的看法。

青年大学生本身对新鲜的事物充满好奇，他们渴望打破传统观念的束缚。西方思潮的大量涌入，很容易对大学生产生巨大的吸引力，相当数量的大学生开始尝试和推崇所谓“现代”的性观念。在这种“现代”的性观念影响下，大学生恋爱不再以爱情为基础，以婚姻为目的，恋爱更多地趋向于一种人生的体验，对恋爱过程的重视也逐渐地超过了恋爱结果。对恋爱结果的忽略和对恋爱过程的重视，导致一些传统观念被抛弃，进而恋爱中的责任也逐渐淡化。传统观念的打破，恋爱责任意识的淡化，导致大学生在恋爱中对性观念和性行为的认识和理解发生偏差，而这些偏差也使得我国大学生在恋爱中性观念和性行为日益开放化。

（二）市场经济下社会环境的影响

从我国实行改革开放以来，市场经济得到了较快的发展，各种社会思潮也不断涌入，其中不乏一些诸如利己主义思想、功利主义思想和金本位思想等。这些消极的不健康的思潮使大学生的思想观念发生了巨大的变化，人生观和价值观趋向多元化。

市场经济本身具有开放性、功利性及自主性等特点，这些特点不可避免地会使大学生的人生观和价值观受到影响，当然也会造成大学生恋爱观的变化。大学生受到市场经济的影响在恋爱观上的变化也是明显的，具体表现为大学生恋爱择偶标准渐趋多元。以往的大学生在择偶时往往关注和看重对方的人品、外貌和性格等，而当前大学生在择偶时则加入了许多物质因素，如对方的家庭经济条件、前途预期等等。因此，在考虑选择怎样的恋爱对象时，越来越多的大学生表现出了功利性的特点。近年来我国实行的高校扩招使得大量青年能够进入高校接受教育，一方面促进了教育机会均等，提高了国民的整体素质；另一方面也导致大学生毕业人数激增，就业形势严峻。面对这样的严峻形势，有的大学生产生了畏难情绪，寄希望于通过其他手段来改善这种不利处境，其中在大学期间恋爱就成为了改变处境的一种重要手段。

（三）校园文化的影响

大学生在进入高校之前往往对未来的生活怀着美好的憧憬，高校给予大学生的第一印象将对大学生整个大学生活产生重要的影响。目前大学生恋爱现象愈发普遍，很多大学生在进入高校后，受到影响最大的往往是看见一对对亲密的恋人，这就容易使他们产生羡慕和向往的念头，在大学期间恋爱就可能成为他们大学生活的一个重要环节。

大学校园中一旦形成普遍恋爱的氛围，那大学生个体在这样的环境中不谈恋爱反而可能成为一种特例。在这样的氛围影响下，许多大学生或者为了追求时尚，或者因为从众心理，或是因为虚荣心等等，盲目地开始恋爱。大学校园本身环境较好，学习的压力比高中阶段相对轻松，大学生很容易进入一种放松的状态；大学生活一般远离家庭和父母，没有了来自家庭的束缚，大学生的生活也相对自由；随着社会整体经济条件的改善，大学生经济上比较宽裕，加上父母的溺爱，多数大学生没有经济方面的困扰；大学里面各种学生活动比较丰富，大学生的社会交际面也在不断扩大，所有这些便利的条件也促使大学校园生活成为了恋爱萌发的温床。

（四）学校管理手段相对弱化

前面我们谈到大学校园已经成为了恋爱萌发的温床，这里面固然与高校特殊的环境有着密不可分的关系，但是高校相关管理规定的变化也是不可回避的因素之一。高校作为一个学术中心，其氛围本身就是比较宽松的，作为一个追求自由和民主的场所，大学生可以比较自由地提出和践行自己的价值观，当然也包括恋爱观。近年来，随着我国法制建设的发展，人们法律意识也逐渐增强，高校为了适应新形势的需要，也在不断地调整自身的管理机制。

改革开放之前，面对大学生恋爱问题，高校一般是“极力反对”的，后来又改为“不提倡不反对”的态度。2005 年，教育部颁发《普通高等学校学生管理规定》,规定中明确指出学校不得干涉和禁止本科生结婚。大学生结婚禁令的解除充分体现了人文精神和社会的进步,同时也给高校管理提出了新的问题,如大学生在高校结婚后是否允许生育,大学生能否休产假,学生夫妻可否同居以及在校生育的孩子户口如何解决等等。面对这些新问题,高校原有的学生管理规定屡遭质疑。特别是2005年大学生“禁婚令”取消之后,高校原有的许多管理规定已经形同虚设。如对大学生未归、晚归以及校外租房等问题,如果学校放任不管,在教育管理上似乎说不过去,真要严格约束管理,好像又缺乏法律和规定的依据,这也使得高校思想政治教育工作者对大学生恋爱问题感到无从下手。高校管理手段的弱化,使得一些大学生更加有恃无恐,这无疑也为大学生恋爱观的偏离产生了助长作用。

(五)当前大学生自身方面的原因

当前大学生恋爱观的偏离是在社会因素和高校环境等因素共同作用下产生的,外因通过内因起作用,真正决定大学生恋爱观是否产生偏离的决定性因素还是大学生群体自身因素。这些大学生群体自身因素呈现出以下几个特点:

1.生理心理的需求

处于大学时代的人们,各种生理机能逐步增长直至成熟。在此基础上,大学生发展出对异性的渴望和追求,希望了解异性,恋爱关系有可能因此得到进一步的发展。但是此时大学生的社会经验、思维和人生观、价值观都没有发展成熟,缺少理性认识和全方位的思考。如今的大学生大多为独生子女,大多从小就生活在比较优越的环境中,从小受到的保护、宠爱较多,因此他们的独立能力较弱,依赖性过强,同时以自我为中心的个人主义比较强烈,心理成熟较晚,还在处于后童年时期,责任心和自主性不够,这些会对大学期间的恋爱造成不利的影响。

2.大学生自身缺乏奋斗目标和理想追求

由于高校学业压力较轻,生活比较自由,加之来自家庭的溺爱,当前大学生在思想上容易出现空虚的状态。不少大学生在一进入高校后,刚从高中的紧张状态中解脱出来就陷入了新的无所适从中。学习上不求上进,生活上没有计划,甚至不少大学生整日以电脑游戏和谈情说爱来消磨时间,打发寂寞。

3.自我意识强烈，但缺乏独立的价值观

大学生由于年龄和阅历的局限性，自身对爱情、恋爱的了解并不深入，往往缺乏正确的恋爱动机和态度。大学生群体对新鲜的事物总是充满好奇，当校园文化氛围中充斥着恋爱的因素时，大学生就容易出现从众的心理。这样由于从众而开始的恋爱是肤浅和矛盾的，既没有真诚的动机，又没有认真的态度，恋爱的周期也比较短暂。这样缺乏独立价值观的恋爱也容易使大学生恋爱观发生偏离，因而部分大学生认为恋爱只是为了排除寂寞，从而把神圣纯洁的爱情视为儿戏，忽略了恋爱中的责任意识。

4.大学生社会主义道德品质不足

大学生自身对爱情认识不足，他们的恋爱动机和恋爱态度容易发生偏离，恋爱过程也不可能一帆风顺。大学生在恋爱中受到挫折或是失恋时，应坚持基本的社会道德原则，理性地面对问题，客观地认识问题。面对挫折应该冷静面对，认真分析，找到问题存在的真正原因，总结经验，吸取教训，通过挫折让自己获得成长和成熟。万不可因为情绪失控而采取一些过激的行为，从而对恋爱双方甚至其他人造成生理和心理上不可弥补的伤害。

四、当前大学生恋爱问题的调适策略

恋爱是伴随着人类的出现而萌芽并绵延至今的一种社会现象。正值花样年华的大学生，随着性生理的成熟和性心理的发展，渴望爱情，想谈恋爱已成为大学生中较为普遍的心理状态。然而社会不良因素的影响，高校教育内容和方式的不足以及管理手段的弱化，家庭教育的异化等等，造成了大学生在恋爱过程中的一系列问题。因此，改善校园环境，加强高校教育和管理对于帮助大学生了解爱情的真谛，树立正确的恋爱观，培养健康的恋爱心理，正确处理爱情与学业的关系，促进大学生成长成才，具有重要的现实意义。

（一）引导大学生树立正确的恋爱观

爱情是婚姻的基础，恋爱则是将爱情升华为婚姻的过程。在恋爱过程中，恋爱双方对两性恋爱关系有着自己基本的观点和看法，这种观点和看法是自身人生观和价值观在恋爱上的重要体现，也是对恋爱的内在标准和主观看法，也就是我们说的恋爱观。

即便是同一社会历史背景之下的同一时代的人们，面对爱情也会有不同的行为选择和方式。因此，应树立一种在社会主义道德原则指导下的健康的恋爱观，使恋爱主体对恋爱对象作出正确的选择，并积极地影响其对婚姻、家庭责任和义务的承担。大学生正确理解恋爱的本质要求需要从以下几个方面进行认识：

1. 大学生恋爱观应以责任意识为前提

恋爱和婚姻自由是男女两性在交往过程中应该遵循的基本道德原则，也是受到我国法律保护的。大学生在恋爱中有根据自身情况选择恋爱对象的权利，同时也有尊重对方选择的义务。选择和被选择是相辅相成的，是缺一不可的，这也充分体现了爱情在社会生活中的对等性。大学生在享有恋爱对象选择权利的同时也要注意，每一种选择的同时也意味着一份责任的承担。社会道德尊重个人恋爱选择的自由，但是并不表示这种自由选择的无条件限制性，那些只强调恋爱的自由选择，而不用实际行动来承担恋爱责任的人，终究会受到爱情的惩罚。另外，每个人都不是孤立地存在于社会中，爱情的自由选择不仅关乎恋爱双方，也将影响到双方的家庭乃至社会。个人对爱情的自由选择，不仅是对自己、对恋人的责任，同时也是对家庭、对社会的责任。

2. 大学生恋爱观应以文明恋爱为基础

随着年龄的增长，大学生在生理和心理上都已趋于成熟，谈恋爱是顺其自然的事情。在恋爱中，一些大学生缺乏自尊、自爱与自律，抛开了应有的矜持与含蓄，表现得越发投入与大胆，在教学楼、食堂、公寓门口、校内景点、操场等公众场合旁若无人地过度亲密，行为不检，甚至提前进入同居生活，在师生中产生了严重的不良影响，与当前大学生应有的素质有较大出入。

文明的恋爱能够使恋爱双方产生动力，促进双方互相支持，互相帮助，共同进步。文明的恋爱不仅可以避免恋爱双方将自己禁锢在两个人的世界里，而且能够让他们懂得体会他人感受，尊重他人感情，关心他人生活，承担自己的责任，不断适应环境，从而更好地融入集体，锻炼自己，增强适应社会的能力。文明的恋爱也有助于大学生竖立正确的道德观，产生博爱思想，由爱一人而爱他人，爱生活，爱社会。大学阶段是大学生由单纯走向成熟，由学习至上走向德、智、体全面发展的关键时期。正确的恋爱观，文明的恋爱行为，才能有助于大学生在生理和心理方面健康成长。

3. 大学生恋爱观应以互尊互助为核心

社会主义道德要求每一个公民要互相尊重，互相帮助，这同时也是大学生恋爱观的核心内容。大学生恋爱是基于自由选择的前提产生的，互相尊重是爱情高尚性和严肃性所要求的道德准则。恋爱双方在恋爱过程中应始终处于平等的地位，不论在情感上还是在人格上都应实现真正完全的对等。恋爱双方只有平等表述观点，才能达到真正的相知和相爱。互相尊重，平等相处是大学生恋爱关系得以建立和巩固的坚实基础。

另外，对来自他人的爱慕，若本人无意，也应尊重对方爱的权利，绝不可以借此侮辱他人，或以此作为笑谈资料。互相帮助是大学生恋爱中责任意识的体现。爱情在自由选择的同时也意味着责任的承担，也可以说爱情的本质就是承担。恋爱双方在恋爱中不应只在意自身的权利的获得，而是应该多思考自己能够帮助对方什么。恋爱的双方只有在恋爱中互相尊重，互相帮助，才能实现双方的共同成长和发展，也才能最终收获爱情的幸福。恋爱双方坚持互相尊重、互相帮助，这既是马克思主义恋爱观的核心内容，更是衡量恋爱双方心理成熟与否，以及爱情承受能力强弱的标准。

（二）引导学生摆正恋爱的位置

教育的目的是培养大学生身心健康成长，德智体全面发展。要教育和引导他们注重道德修养，培养高尚的道德品质和情操；培养对真善美与假丑恶的爱憎观念和辨别能力，提高美学鉴赏能力；引导他们正确认识爱情与人生、爱情与事业、爱情与友谊的关系，逐步形成正确的恋爱观和婚姻观。当前大学生在享受恋爱的过程中，应树立正确的恋爱观，正确处理恋爱中的关系，形成正确的人生观和价值观，才可能获得真正的幸福。在处理恋爱问题方面应当注意处理好这样几种关系：

1. 正确处理恋爱与道德的关系

真正的爱情是与高尚的道德融为一体的，没有高尚的道德就没有纯洁的爱情。因此，大学生恋爱应该服从社会道德规范，增强爱情的责任感、义务感和忠贞感，以高尚的情趣、理智的行为与恋爱对象相处。受道德维系的爱情，才具有稳定性、高尚性和纯洁性。恋爱是一种特殊的社会活动，它不仅仅是男女双方的事，同时也会对社会、对他人产生影响。爱情因其具有热烈缠绵的心理特点，再加上青年学子热情、冲动，使得当下一些大学生在恋爱过程中，恋爱方式极为开放，恋爱行为非常公开。且不说给他人学习和生活造成诸多的不便，就一个社会公民而言，其行为是否符合社会主义道德准则，是否符合大学生自身社会形象的要求，也值得大学生深思。教育家苏霍姆林斯基曾告诫他的儿子说："许多年轻人的轻率行为使我不安，一个人把应该隐藏在内心的隐秘而又不可侵犯的感情拿出来示众，这是一种愚蠢而下流的行为。"爱情本身是充满激情的，但恋爱一旦变得盲目，也无法带给人幸福。高尚的爱情是与理智和责任相伴的，这样的爱情才是幸福的源泉。

2.正确处理恋爱与学习的关系

爱情是人生的重要部分，但不是人生的全部。大学阶段是成才的黄金期、成才的准备期。这个时期是人生精力最旺盛，智力和能力发展最高峰的时期。因此，大学生要珍惜大好时光，以学习为重，以事业为重，处理好恋爱与学业的关系。

恋爱是大学校园里一道亮丽的风景线，这符合大学生身心发展的规律。但事实上，恋爱同时也是一场费时、费钱、费力、劳心伤神的"疲劳战"，一定程度上会分散学习精力，影响学习效果。大学生的主要任务是学习积累知识，培养对未来社会的适应力。当前应把学业放在首要位置，不要让恋爱过多挤压学习时间，影响学习的效果和效率。因此，大学生应将学业放在第一位，恋爱服从于学业。大学生如果过早地谈恋爱，特别是一旦失恋，很容易就会分散精力，从而荒废大学时光。裴多菲说过"生命诚可贵，爱情价更高，若为自由故，二者皆可抛"，这也告诉我们爱情固然美好，但是青年人应该追求比爱情更加崇高的东西，在青年时期为了伟大的事业而发愤图强，努力为人类做出贡献。

3.正确处理恋爱与友谊的关系

爱的感情丰富博大，不仅有恋人之爱，还有父母之爱、同志之爱、祖国之爱。大学校园宝贵的不仅仅是爱情，真挚的友谊同样难能可贵。而当前大学生在处理恋爱与友谊关系时，往往是一开始恋爱就逐渐地忽略了友谊。正确处理好恋爱与友谊的关系，同时也是处理好与寝室成员、班级成员之间关系的重要内容，是构建和谐校园的重要环节。

正确处理恋爱与友谊的关系，还要注意准确区分爱情与友情两种性质不同的感情体验。爱情与友情虽然性质不同，但都是由于倾慕而产生的深厚情感，二者有着诸多共同点。如爱情和友情都源于好感，都倾慕彼此的长处；二者都存在无私的奉献，一般来说友情是多方面的互助，而爱情更多的是恋人间的互相帮助。

爱情与友情也有着本质的区别：友情的对象是广泛的，爱情的对象是专一的。性爱按其本性来说就是排他的，而友谊并非如此，友谊具有广泛性，是广泛地发生在相同性别与不同性别、相同年龄与不同年龄之间的友好关系。爱情与友情倾慕的指向是不同的。友情一般表现为对于能力、爱好、才干的倾慕，爱情同时还有对恋人本身的倾慕。友情是朋友、同学等之间的平等的、诚挚的情感；在爱情中，恋爱双方都把对方当作自己的一部分。爱情与友情承担的义务也是不同的。友情需要承担一定的社会道德义务，爱情除了承担社会道德义务外，还需要承担建立家庭之后的法律义务。

（三）加强大学生心理健康教育

当前大学生面临着以往大学生不曾遇到的困境和挑战，诸如恋爱、生活、考研、就业等等，这些矛盾汇集在一起，很容易使大学生产生各种心理冲突。当大学生遇到这些困惑与苦恼时，一方面需要自我的调适，另一方面也需要高校教育工作者进行教育和引导。作为高校教育工作者，要从当前大学生的实际出发，有计划、有组织地开展心理健康教育，帮助大学生解决各种心理问题，使其人格健全发展。

1. 培养心理健康意识

心理健康在我国是一个新名词，目前人们对于心理健康重要性的认识有了明显的改变，但是重视程度仍然不足。一是因为国人受传统文化观念的影响，不愿面对自己内心的问题，更难以将心理问题告诉他人；二是心理健康意识的宣传力度还不够，人们对其持有偏见，认为有精神疾病的人才会接受这种教育和帮助；三是高素质的专业人才数量有限，发挥的作用有限。因此，针对大学生心理问题，特别是恋爱问题提供教育和帮助，是大部分国内高校比较薄弱的环节。在这方面，高校作为科学知识的传授地，应该发挥专业人士云集的优势，搭建校际间、学校与社会之间合作的桥梁，吸纳专业人才，设立专门的咨询中心，甚至校际心理咨询流动站，为学生提供专业的心理辅导，及时解决他们的各种心理问题，逐渐培养心理健康意识。

2.普及心理健康知识

教育管理与思想政治工作并不是万能的，特别是针对大学生心理冲突等问题，这就需要加强心理健康知识的学习。当前大学生所面临的困境中有相当部分是来自于爱情方面的心理困惑，而由于年龄的局限性，这些恋爱中的困惑他们往往不愿意向周围的人吐露，但又非常希望得到他人的帮助。这种陷入两难的困惑长期积郁在心中得不到有效的释放，势必影响大学生身心健康发展。针对这些问题，高校应开展形式多样的心理健康知识教育工作，通过举办讲座，开设心理课程，开展心理咨询等，增加大学生心理健康知识，解决遇到的心理问题。通过这些举措，一方面加强高校心理教育，解决大学生的心理问题，另一方面促使大学生身心健康发展。只有帮助大学生掌握更多的心理健康知识，特别是与恋爱相关的心理健康知识，使他们理智地对待恋爱，才能让这些涉世未深的大学生避免盲目恋爱。

3.加强抵抗挫折教育

大学生在校园中经常因为学习、生活、工作和恋爱等问题而遭遇挫折，其中因失恋而引发的挫折屡见不鲜。失恋是恋爱双方在恋爱中通过彼此逐渐深入了解，发现彼此不适合，由恋爱中的一方或者是双方提出中断恋爱过程，即原本相恋的双方彼此分离。失恋者会感到忧郁、失望等。对于恋爱中的双方而言，失恋的影响是很大的，加上大学生对于失恋缺乏一些必要的心理健康知识和经验，在处理失恋问题时，往往使学业、事业和生活受到影响。如何正确处理失恋已经成为当前大学生和高校教育工作者都必须理性面对的人生问题，因此必须引导大学生培养抗挫折的能力。大学生要具备抵抗挫折的能力，首先要求大学生对待失恋要有正确的态度，如果一旦失恋，要积极采取理智的行为。失恋并不意味着失败。大学生本身恋爱经验和生活经历都不足，应该学会从失恋中进一步完善自己。大学生是知识分子，是民族的希望，不能因为失恋而采取一些不道德的言行。因此，当前对大学生进行恋爱规范引导，要充分重视恋爱挫折教育，引导大学生正确面对失恋，努力成为一个德才兼备的人才。

（四）开展性健康教育

在市场经济和西方思潮的影响下，我国社会开放程度不断提高，大学生对性的观念也趋于开放与宽容。高校教育中关于性知识教育的相对滞后又造成大学生对性产生神秘感，并促使他们去尝试婚前的性行为。因此，高等教育中加强性知识教育是非常必要的。

1. 开展性文化教育

为了引导当前大学生正确地对待性，应当在充分尊重和理解大学生的前提下，在大学生中开展各种形式的教育和引导，使他们认识到人进入青春期后，会对异性开始产生兴趣和好感，尤其是进入大学后，会有恋爱的想法和要求，这都是很正常很自然的现象，不要为此感到焦虑和困惑，更不要背上心理负担。同时也要使他们认识到，大学生作为文化人，只有对古今中外的性文化进行整体的了解，才能全面地、客观地、发展地看待“性”。大学生不能片面地把中国的性文化看成是“封建的”“封闭的”文化，把西方的性文化看成是“自由的”“解放的”文化。只有以科学的性知识作为指导，按人的生理、心理发展规律来认识性，才能真正理解“性文明”。高校性教育要以性道德教育为基础，通过教育使大学生明白应该培养怎样的优良品质，懂得应该遵循怎样的原则。

2. 普及性知识教育

高校进行恋爱规范引导的基础是恋爱观教育，而恋爱观教育的关键则是性知识教育。20 世纪开始，关于性的研究和教育在国外迅速兴起。我国教育长期受到传统道德观念的影响，高校对性也通常采取回避，相当数量的高校至今仍未开展正式的性教育。在目前条件下，大学生难以通过正常渠道获取性知识，他们往往通过一些非正常途径进行了解，甚至做出一些违法的事情。为了大学生能够通过正规渠道了解和掌握性知识，高校应以道德观教育为基础，在恋爱观教育中开设一定的性知识课程，让大学生性教育科学化、公开化地进入课堂。通过普及性知识教育，逐渐揭开性的神秘面纱，展现性本身科学的面目。同时，也要使大学生能正确理解性的内涵，进而认识两性差异和发展变化的规律，最终形成健康的科学的性意识。

3.开展性安全教育

2011年3月，《中国产经新闻报》发布《大学生性调查报告》，该调查以北京、上海、广州、重庆、西安等大中城市的高等院校本科生为主要调查对象。在所有被调查大学生中，有三成大学生承认在此之前与他人发生过性行为。一线城市和男性受访者第一次性行为发生时在“16～18岁”的比例高达40%；第一次性行为对象主要集中于异性恋人，占比超过80%，而这其中采取有效避孕措施的只占50%。更令人担忧的是，大一学生由于好奇而发生性关系的比例高达50%，第一次性行为未使用安全套的比例高达60%。另外，选择避孕药的学生有10.1%，没有采取任何避孕方式的将近50%，体外射精的22.1%，安全期的6%。当前大学生在性安全知识方面的匮乏令人担忧，性安全教育刻不容缓。

针对目前所存在的大学生性安全教育缺失问题，一方面要从学校教育入手，正视大学生性安全教育问题，培养学生形成良好的性观念；另一方面，大学生也应克服对性问题所产生的羞怯心理，从正规渠道获取相关性安全知识。通过性安全教育，使大学生具备正确的性安全知识，掌握正确的避孕方法，减少因怀孕、流产造成身心伤害的事实发生，有效预防性疾病尤其是艾滋病的传播，保证大学生的身心健康。同时加强对大学生进行法律教育，特别是与两性关系有关的法律规定，增强大学生的法制观念。

(五)培育健康高雅的校园文化

由于大学生自身的不稳定性和可塑性，他们容易受到来自社会环境、校园环境以及大学生群体等的负面影响。作为高等教育要加强高校校园文化对大学生的教育作用，为大学生的健康成长创造良好的校园环境。

1.营造健康的校园环境

大学生从紧张的高中学习转入相对较为宽松自由的大学生活，往往一下子难以适应，再加上远离家人和朋友，不适应独立生活，很容易感到孤独寂寞。在此情况下，大学生很容易走入种种心理误区，包括盲目地追求爱情,并引发恋爱问题。如何帮助大学生走出心理误区,以健康积极的心态融入校园生活,根本途径在于校园环境的优化,营造出积极进取、勤学深钻、高雅健康的氛围。

要营造健康的校园环境,就必须加强相应的管理工作。作为高校教育工作者,在面对大学生恋爱现象时,其中一个重要职责就是尽量避免大学生在恋爱中出现问题。在学校教育中,我们既要对大学生进行恋爱观教育和引导,同时也要进一步加强管理。高校管理的内容是比较丰富的,既有学风建设方面的,也有日常管理。在高校管理中,给大学生适当的学习和就业压力能够激发他们的动力,使大学生将更多的经历投入到学习和工作中去,成长为高质量的人才。

2.加强校园网络综合治理

良好的校园文化氛围能够陶冶情操、规范行为,对大学生的健康成长具有不可忽视的作用。随着科技的发展,人们的生活方式也在发生着日新月异的变化,网络日益成为大学生校园生活不可或缺的一部分,同时也成了思想政治教育的另一个重要渠道。校园网络作为高校思想政治教育的新渠道,不仅可以使大学生的课余生活更加丰富多彩,也可以作为开展校园文化活动和倡导校园文明行为的平台。越来越多的高校开始重视校园网络的重要作用,通过校园网络开设的网上咨询活动,为一些有心理冲突的大学生缓解心理压力、疏导心理障碍提供了帮助,也为大学生提供了一个健康文明的信息环境。如何加强网络综合治理,也是高校教育管理工作必须面对的问题。

网络已经与现代人的生活密不可分,对于网络的作用我们要坚持辩证的观点。对于网络文化中的负面因素,我们不能简单地采用"封杀"的办法,高校必须建立健全完备的网络思想教育体制。从学校、院系、专业到班级,从领导、思想政治教育工作者到教师,都要明确具有实际操作性的网络思想教育工作要求和职责。随着科技发展的日新月异,高校思想政治教育工作者要主动加强对新科技的适应性,以新科技为工具,开创思想政治教育工作的新局面。

3.丰富大学生课余文化生活

课余文化生活在大学生的精神生活中占据着非常重要的地位,对他们的世界观、人生观和价值观的形成具有举足轻重的作用。同时，它与高校的思想政治工作、管理教育、后勤服务都密切相关，课余文化生活的开展和管理工作对我们实现教育目标有着十分重要的意义。

大学生正处于思想活跃、精力充沛的时期，他们乐于创造，喜欢了解和尝试新事物。单调枯燥的学习生活容易使大学生感到厌倦，当前大学生也渴求同学间比以往更多的正常交往。这是一种正常的心理需要。目前很多高校的学生活动形式和内容比较单一，知识含量和文化品位较低，很难满足大学生们丰富多彩的成才和课余文化生活需要。不少同学就是因为生活单调枯燥，异性之间缺少正常交往、沟通机会而走上追求爱情之路的。

为了促进大学生身心的健康发展，高校教育工作者应积极开拓创新，在课余时间开展丰富多彩的活动。各种课余活动的开展，一方面有利于培养大学生的道德情操和兴趣爱好，促进大学生健康成才；另一方面，大学生也能利用课余活动彼此增进友谊，培养能力，提高素质。

案例1　交往背后的秘密

一、案例基本情况

（一）基本资料

阿正，男，20岁，大四学生。父亲在外做小本生意，母亲是全职主妇，家中还有一个大自己6岁的姐姐，已结婚生子。家庭成员关系和睦，父母、姐姐对其宠爱有加。与女友刚认识不久，此前无恋爱史，目前在同一高校学习不同专业。与同学关系融洽，能积极主动参加学校活动。学习成绩良好，目前正准备找工作就业。

飞儿，女，21岁，大四学生，独生子女。父母均为机关单位干部，家庭经济条件优渥。认识阿正前有3段恋爱史，均不欢而散。兴趣广泛，擅长乐器、素描、篮球。与同学关系一般，被学校男生视为“女神”，能积极主动参加学校活动。学习成绩优异，已报考硕士研究生，还有半年就要参加考试。

第一印象：阿正，相貌一般，身材矮小，言语清楚，情绪低落，精神萎靡不振。飞儿，相貌姣好，身高比阿正略高，衣着时尚，言语清楚，思维敏捷，情绪起伏较大。

（二）自述

阿正：大学期间追求过两个女孩，每一次都是全情投入，可都被对方拒绝。两个月前，在一次社团活动中认识了女友，觉得女友又漂亮又有才华，非常仰慕她。但自知配不上女友，就一直与女友保持距离，默默喜欢她。没想到女友竟然主动和自己闲聊，两人相见恨晚，越聊越投机，还约着一起去写生、听摇滚乐。一个月后两人正式走到了一起，并发生了性关系。认为自己能俘获“女神”芳心十分幸运，对女友关怀备至，只要是女友提出的要求，无论合理不合理，自己都会唯命是从。然而，好景不长，交往两个月后，女友却像变了一个人，不但经常怀疑自己跟以前追求的女生联系，还时常因自己一句话莫名其妙勃然大怒。一开始女友用自残来威胁自己，后来语言粗暴地骂自己，现在升级到打耳光，按着自己的头往墙上撞。自己身为男性也不好还手，当然自己非常爱女友也不舍得还手。现在非常痛苦，每天以泪洗面。多次考虑过分手，但均不能狠心开口。

飞儿：进入大学后，得到不少男生追求，非常享受这种过程。谈过 3 次恋爱，阿正是自己的第四段恋情，也是唯一一段自己主动追求的恋情。很多人不理解自己为什么会看上阿正，也有同学在背后笑话自己，可自己根本不在乎那些俗人的眼光。阿正和自己的前男友们完全不同，无论从兴趣还是价值观上，他都和自己很同步，而且对自己呵护有加，这些自己心知肚明。当知道阿正之前追求过其他女孩后就开始耿耿于怀，觉得阿正还和她们保持联系，为了让阿正承认和其他女孩联络，开始自残，后来怒火中烧便忍不住对阿正拳打脚踢，可阿正根本不还手，任由自己欺负，那副可怜兮兮低三下四的样子更让自己怒不可遏。

（三）问题形成过程

1. 阿正

阿正出身农村，后来父亲做生意赚了点小钱，家庭条件有所改善。父母吃尽了没有文化的苦头，深知教育改变命运，便花费巨额学费把他送到国际学校上中小学。班上同学家庭条件都非常好，有时候大家聊起自己的家庭，聊起吃穿用度，聊起所见所闻都不自觉地刺痛了阿正的自尊心。阿正的父母都是老实巴交的农民，从小教育阿正要学会隐忍，在外不要惹是生非，退一步海阔天空。阿正很懂事，知道父母为他付出很多，便潜心学习，终于考上了理想的大学。

大学期间，看着舍友都成双入对，阿正内心也燃起了对爱情的渴望。阿正先后遇到过两个心仪的女孩，每次阿正都鼓起勇气全身心投入去追求对方，但都被明确拒绝。阿正认为自己身材矮小、颜值不高，小时候班里同学就笑话他长得丑给他起外号叫“猩猩”，试问哪个女孩儿会喜欢长得像“猩猩”的男孩？于是阿正对爱情不再抱有幻想。就在这时，幸运从天而降，学校里的女神主动和他交往，和他确立了恋爱关系。阿正认为这是一种恩赐，一种至上光荣，千依百顺的同时又患得患失，生怕飞儿哪天看不上他而弃他远去。

当飞儿性情大变，对阿正施虐后，阿正想过分手，但又害怕分手后再也找不到像飞儿这样才貌双全的女友，所以每次飞儿吵闹，阿正都选择忍而不发。长期的忍耐让他痛苦不堪，想解决问题又苦于没有办法，故前来求助。

2.飞儿

飞儿从小到大都是在别人艳羡的目光中成长的。家境好，外貌佳，学习优，特长广，飞儿喜欢这种优越感并享受着这种优越感，她从不允许自己比别人差，不允许自己失败。

飞儿父母在外人面前表现得关系亲密，可回到家关起门，母亲就各种看不惯父亲，指责父亲碌碌无为。飞儿与父亲感情很深，每次母亲挑剔父亲的时候飞儿都会与母亲顶撞。母亲对飞儿管教十分严格，并且无论大事小事都要插手，这使得飞儿更加反感母亲，母女俩的关系势如水火。有一次母女俩爆发了激烈的冲突，飞儿用刀划破自己手心向母亲示威，母亲非常害怕，于是妥协。自此，飞儿每每与母亲发生争执，便用自残的方式逼迫母亲退让。

步入大学后，飞儿开始恋爱。第一次恋爱付出很多，却遭遇男友背叛，关键是男友出轨的对象是一个各方面条件都不如自己的女孩，这让她感到非常羞辱。之后的两次恋爱，都是以游戏的态度进行的，也算是对前男友的报复。得知阿正以前喜欢过其他女孩，便不自觉怀疑阿正不忠，通过施暴发泄心中怒火，甚至用自残的形式逼迫阿正承认。阿正拉着飞儿来做心理咨询，飞儿本不想来，可耐不住阿正软磨硬泡还是来了。

二、案例分析

（一）评估与诊断

两位来访者因恋爱问题前来咨询求助，表面上看本案例是由恋爱问题引发的情绪困扰，但情绪困扰背后隐藏着更为深刻的深层原因，两位来访者的自我意识、人格、沟通姿态、认知观念的交互作用，共同引发了恋爱冲突。

从阿正的角度来说，自卑心理、对爱情错误的认知评价以及讨好式的沟通姿态导致了目前的恋爱现状。

从飞儿的角度来说，其问题更加严重些。通过会谈，认为飞儿具有猜忌、多疑、嫉妒、偏执等人格特点，符合《中国精神障碍分类与诊断标准（第三版）》（CCMD-3）中诊断标准的第 1、2、3、5、6 条。同时，对飞儿进行 SCL-90 测试，结果显示，敌对、偏执、人际关系因子得分均在 3 分左右（一般以 2 分为临界值，超过 2 分考虑筛选为阳性）。排除精神障碍、器质性疾病和人格改变后，初步诊断飞儿为偏执性人格障碍。偏执性人格、对爱情的错误认知及指责式的沟通姿态等各类因素交互影响，使得飞儿在恋爱中表现出极端行为。

【延伸阅读】偏执性人格障碍

人格障碍是指人格特征明显偏离正常，使人形成了一贯的反映个人生活风格和人际关系的异常行为模式。偏执性人格障碍是人格障碍的一种，以猜疑和偏执为主要特点，主要表现为：

（1）对挫折和遭遇过分敏感。

（2）对侮辱和伤害不能宽容，长期耿耿于怀。

（3）多疑，容易将别人的中性或友好行为误解为敌意或轻视。

（4）明显超过实际情况所需的好斗和对个人权利的执意追求。

（5）极易嫉妒，过分怀疑恋人有新欢或伴侣不忠。

(6)过分自负和自我中心的倾向，总感觉受压制、被迫害，甚至上告、上访，不达目的不肯罢休。

(7)具有将其周围或外界事件解释为“阴谋”等的非现实性优势观念，因此过分警惕和抱有敌意。

(二)原因分析

1.成长经历导致的自我意识偏差

对阿正来说，家境一般以及外貌上的缺陷导致他自我评价过低，对自己不满，否定自我。这种过低的自我评价致使他在自我意识确立过程中形成过分自卑的心理缺陷，自我意识发展出现偏差。这种自卑心理在亲密关系中体现为始终以一种低姿态讨好对方，甚至在遭受暴力虐待后仍因担心未来找不到女朋友而继续委曲求全。

与阿正相反，飞儿从小的优越感使得她表现出极度的自我中心主义倾向，骄傲自大，不允许别人批评，也缺乏自我批评，继而产生过高的自我评价，形成过分自负的心理缺陷。因而在亲密关系中表现出颐指气使、盛气凌人的态度，同时，在亲密关系遇到问题时，采用极端的自残行为逼迫对方妥协，不达目的不肯罢休。

2.家庭教养方式引发的性格缺陷

阿正从小到大被父母灌输了“凡事要忍”“忍一时风平浪静，退一步海阔天空”的观念，养成了他相对软弱的性格，遇到问题往往采取回避的态度，不积极寻求解决方案。因此，当二人关系出现问题时，阿正一味选择妥协和回避。

飞儿则是在母亲的高压管制下成长起来的。母亲对飞儿的生活事无巨细都要插手，引起飞儿的强烈反感，母女间缺乏尊重、平等、沟通，久而久之飞儿选择以各种叛逆举动反抗母亲的管教，甚至不惜以伤害自身为代价。当反复尝到自残带来的母亲妥协这一“甜头”时，自残行为不断得到强化，于是遇到类似问题时飞儿习惯性采用这种不成熟的方法解决问题。不良的家庭结构也是造成飞儿人格缺陷的原因之一。在女强男弱的家庭氛围下，父亲角色间接缺失，飞儿不自觉地把母亲的角色作为认同对象，模仿母亲的强势和自我，不容易谅解他人和做出让步，形成偏执人格。此外，父母长期关系不和，缺乏对飞儿一致的、和谐的关爱与教导，也使得飞儿性格敏感多疑和叛逆。

3.相关生活事件树立的错误观念

连续两次求爱遭拒的负性情绪记忆再次强化了阿正的自卑心理，即认为自己是不值得被爱的。当终于有人爱自己，并且对方还是学校里的风云人物时，阿正便产生“自己低人一等，只能通过对她好来维持她的爱”“和她分手后，再也不会有比她更好的女孩爱上自己”的想法。这类错误认知调节下的委曲求全行为，不但没有解决矛盾，反而加重了负性情绪的死循环。

飞儿初恋受挫，无法正视失恋现实，将痛苦、悲伤、羞辱等创伤性情绪积压于心，不能合理宣泄并积极转移情绪，由此产生了一些对爱情的错误认知，认为“男人都是不可信的”“爱情不过是一场游戏”“如果他真的爱我，就会完全包容我”。这些不合理的错误观念也严重影响了两人亲密关系的正常发展。

三、案例辅导过程

（一）解决思路

1.萨提亚家庭治疗模式

萨提亚家庭治疗模式是由国际著名心理治疗师维吉尼亚·萨提亚创立的心理治疗理论体系。它强调家庭、社会系统的动力和力量，认为不能仅仅关注来访者个体，而应将个体纳入到整个家庭体系中进行治疗。通过干预整个家庭系统，改进家庭成员间的沟通方式，使原有的功能不良和紊乱的家庭状态转换为一种更加健全、和谐、满意的内部关系状态，使个体获得身心整合、表里一致的高自尊，实现个人潜能的最大限度发挥。

萨提亚十分强调自尊的概念，她认为在父亲、母亲和子女构成的基本三角关系中，没有感受到父母的爱、欣赏、接纳与认同的孩子容易认识不到自我价值，发展出低自尊。这种低自尊和不平衡的状态久而久之内化成了个体意识层面之下的自动化模式——沟通姿态，来访者据此对外部刺激进行反应。

萨提亚总结出了5种沟通姿态（又称“生存姿态”），分别是讨好、责备、超理智、打岔和表里一致。前4种姿态均不能很好地兼顾自我、他人与情境，又被视为不一致沟通。

(1)讨好。讨好以牺牲自我价值为代价去取悦他人，充分尊重他人却否定自身自尊和真实感受，其宗旨是“我将为你做任何事情”。当讨好他人时，即便讨好者自身感受并不舒服，也会对别人和颜悦色。只要对方看上去有一点点痛苦，讨好者都会把自己的一切献给对方，以减少对方的困扰和麻烦。此外，讨好者还习惯性地将错误进行内归因，即便自己的错误只占很少一部分，也要承担起全部责任。然而，这种讨好姿态并不总是能引发他人的预期反应，相反会激起他人的轻蔑、辱骂或伤害，因为最有可能接受讨好姿态的人往往采取责备的沟通姿态。

(2)责备。责备是一种与讨好截然相反的姿态。责备者为了保护自身，不断指责、否定、藐视他人，其宗旨是“我要让你感到内疚”。责备者的行为往往具有攻击和评判性，由于隔绝了与他人的亲密关系，内心体验孤独又无助。

(3)超理智。超理智沟通模式的人漠视自己和他人的价值，保持着极度客观的态度，其情感严厉、冷淡，其行为僵化、独裁，既不允许自己也不允许他人关注自己的感受，无论说话还是思考都力求完美无缺，不断运用复杂的术语和详尽的描述来证明自己是正确的。其宗旨是“我要从现实中分离出来”。

(4)打岔。打岔是超理智的对立面。打岔者不能将注意力集中在某一客体上，不断变换想法，且不断试图将他人的注意力从正在讨论的话题上转移。其言语往往毫无意义，脱离重点，其情感混乱，行为多动，宗旨是“我要否定现实”。

(5)表里一致。表里一致是兼顾自我、他人与情境的一致性沟通，即站在一个既考虑自己，又关心他人，同时也充分意识到当前情境的角度上，对问题作出反应。一致性沟通中言语信息与非言语信息一致，内心体验和谐，具有高度的自尊感。其宗旨是“我会做最合适的事情”(与讨好相对)，“我尊重我们的差异性”(与责备相对)，“你我都是整体当中的一部分”(与超理智相对)，“我接纳所处的环境”(与打岔相对)。表里一致是萨提亚倡导的沟通姿态。但并不意味着要消灭其他任何沟通姿态，相比“消灭”，萨提亚更强调“转换”。

在本案例中，当阿正与飞儿产生分歧时，出于保护自身的目的自动启动习惯化的沟通姿态应对对方和情境，这种沟通姿态又直接反作用于二人的亲密关系，将分歧演变成了妥协和争吵，一定程度上加剧了矛盾。萨提亚认为，幸福的亲密关系不是双方没有分歧，而是分歧产生时，双方能够在分歧里相互支撑，相互学习，相互滋养，最终彼此成长，共建和谐的亲密关系。使用一致性沟通可以有效促进双方关系和谐，增进感情。因此，如何转换他们的沟通姿态是本案例中需要解决的问题。

本案例首先采用雕塑技术使来访者双方理解并察觉自己当前的沟通姿态。雕塑技术即利用空间、姿态、距离和造型等非言语方式生动形象地重新再现家庭成员之间的沟通模式和关系状态。其次，当来访者觉察到自己的沟通姿态后，不要让来访者消除这些姿态，而是通过增加一些新的知觉、新的关联方式、对自身感受的新体会、重新修正的期望以及新的选择，使沟通姿态得以转换。如对于讨好者，需要增加对自我的觉察，多关注自己的感受，像关心对方那样关心自己，以便更充分地体验自我价值感和平等性。对于指责者，保持自己的自信和决断，同时不带有责备或是评判，增加自己对对方感受的觉察，增加自己对对方期待的觉察，将内心的空虚感用爱填满，使自我内心的空虚转变为自我确认和对对方的接纳。

2.认知疗法（CT）

该疗法认为错误的认知和观念是导致情绪和行为问题的根源，咨询的根本目标就是要发现并纠正错误观念及其赖以形成的认知过程，使之改变到正确的认知方式上来。本案例的主角阿正和飞儿均存在错误的认知观念，且飞儿伴随有偏执性人格障碍。认知疗法是有效纠正错误观念，改善人格的治疗方法。因此，在家庭治疗模式的基础上，本案例结合认知疗法解决来访者的问题。

具体步骤如下：首先通过提问和自我审查技术尽快发现来访者问题行为背后错误的认知观念。阿正认为“自己低人一等，只能通过对她好来维持她的爱”“和她分手后，再也不会有比她更好的女孩爱上自己”，飞儿则认为

“男人都是不可信的”“爱情不过是一场游戏”“如果他真的爱我，我做什么他都会接受”，这些都是来访者的错误观念。其次，分析来访者的错误观念。阿正的错误观念来源于他的自卑心理，因此，采用语义分析技术纠正其核心错误观念，提高其自信心；飞儿的错误观念与其偏执性人格相关，可通过“重新归因”对飞儿初恋受挫进行分析，使她看到自己思维的不现实性，从而对挫折和失败做出更客观的归因。最后，通过布置家庭作业的方式进行认知复习，巩固新观念。

（二）具体辅导过程

1.第一阶段的咨询

通过倾听、共情、无条件积极关注等技术与两位来访者建立良好的咨询关系。通过摄入性会谈获取来访者的相关资料，并借助心理测验作出初步评估诊断。

2.第二阶段的咨询

为来访者创造一个相对舒适安全的环境氛围，介绍萨提亚治疗模式，使用雕塑技术让他们扮演不同的沟通姿态，表达在这一过程中自己看到的、感受到的东西。通过雕塑，外化来访者的沟通姿态，使来访者能产生更多的知觉和改变的希望，建立一致性沟通。

本阶段要求两位来访者同时在场。部分咨询过程如下：

【对话节选】

咨询师：现在你们的感情似乎遇到了一些瓶颈，这让你们很不开心。事实上，我们每个人在面对这些困难和问题的时候都有不同的应对方式（向来访者简单介绍萨提亚治疗模式中的5种沟通姿态），你觉得，你们在与对方的关系中，属于哪种沟通姿态呢？

男来访者：讨好吧，我还挺符合讨好的。

女来访者：我是指责。

咨询师：能说得更详细些吗？

男来访者：反正她一发脾气我就赶紧道歉，哄她，平常也都让着她，希望这样可以获取她的关心和爱。

女来访者：我是经常发脾气，责备他。

咨询师：好，现在我们再来体会一下这种感觉，想象一下你们现在正在争吵，然后做出相应的沟通姿态。

（教会来访者讨好与指责姿态的相应动作。讨好姿态为单膝跪地，向上伸出一只手做乞讨状，另一只手紧紧捂住胸口，身体蜷曲，其身体语言为“我愿为你做任何事情。如果你看到我正在保护自己，也许就不会指责我”。如图 1-5 所示。指责姿态则要挺直脊背站立，并伸出食指用力指向他人，迈出一只脚，身体略向前倾，另一只手叉腰，皱眉并绷紧脸部肌肉。如图 1-6 所示。）

图 1-5　讨好姿态

图 1-6　指责姿态

咨询师：现在请你们相互扮演对方的沟通姿态。

……

咨询师（转向女来访者）：在扮演讨好姿态时，你是什么样的感受？

女来访者：我想起了张爱玲的一句话，卑微到尘埃里。很委屈，没有自尊，摇尾乞怜。这种感觉很不好（望向男来访者一眼）。

咨询师：很好，你提到了自尊。这种姿态是一种低自尊的状态。那么，当你卑微到尘埃里，而对方仍然是指责姿态时，你又是怎么想的呢？

女来访者：我在想，我都已经放弃尊严了，为什么还要指责我，能不能换种方式对待我？

咨询师：你希望换成哪种方式？

女来访者：希望两个人坐下来面对面好好交流。

咨询师：很好，你体会到了讨好的人的感受，并且发现指责并不是一种很好的沟通姿态。

咨询师(转向男来访者)：当你在扮演指责姿态，你的女友扮演讨好姿态时，你是什么感受？你会可怜她，给予她更多的爱吗？

男来访者：不会，我看到这样的人反而会更生气，更厌恶，更想指责她。

咨询师：非常好，你体会到了指责的人的感受，他并不会因此可怜并给予，而是更加地指责。

男来访者：是的。

咨询师：问题也根本不会得到解决对吗？

男来访者：对。

咨询师：很好，我希望你们能够记住这种感觉，并且尝试着女方刚刚提到的坐下来好好说，平等交流。

3.第三阶段的咨询

在前期咨询中，两位来访者均表现出一些不合理的认知。通过认知疗法，探讨两位来访者的认知偏差。

第5次咨询：与男来访者会谈，改善其自卑心理，提高自尊感，纠正其不合理认知。

【对话节选】

男来访者：其实我也考虑过分手，真的太痛苦了。

咨询师：但你最终并没有作出这个决定。

男来访者：嗯，真的很难。我不知道分手后会怎样。

咨询师：你认为分手后会出现哪些更糟糕的情况？

男来访者：其实我能交到女朋友挺不容易的，分手以后还不知道能不能再有女孩爱上我。

咨询师：你担心分手后交不到女朋友。

男来访者：是，我这么差劲，能有女孩肯和我交往就很不错了。

咨询师：你说“我这么差劲”，这里的“我”指什么呢？

男来访者：我没听懂您的意思，我就是我呀。

咨询师："我"是一个非常抽象又宽泛的概念，由"我"的具体内容构成。比如我的衣着、我的学习、我画的画等等，脱离了这些具体内容，"我"就没什么意义了。你说是吗？

男来访者：是。

咨询师：现在你重新整理一下你刚刚那句话的措辞，好吗？

男来访者：我的外貌很差劲。至于其他方面……其实我学习还挺不错的，很多同学也请我给他们素描，我的人缘也很好，同学都喜欢和我玩。

咨询师：看来你并不是在每件事上都表现得很差劲。在一些事上你做得比他人好很多。

男来访者：(点头)是呀，我自己竟然没意识到。

咨询师：嗯，因为你习惯了用这个先入为主的观念考虑问题。

男来访者：确实是这个道理。

咨询师：你回去后还可以用这个方法做其他类似的分析。

第6次咨询：与女来访者会谈，纠正其不合理认知，改善其偏执人格。

【对话节选】

咨询师：很多人都经历过失恋，相比其他人的反应，第一次恋爱失利对你的打击好像更大些？

女来访者：是啊，男人没一个好东西。

咨询师：你很爱你的初恋男友吗？

女来访者：肯定爱啊，毕竟是我的初恋，不爱也不会在一起。

咨询师：那他呢？他也很爱你吗？

女来访者：不是，如果他爱我就不会出轨，也不会眼睁睁看着我自残还告诉我别演戏了。

咨询师：真正爱你的人应该是什么样的呢？

女来访者：无条件接受我的一切。

咨询师：真正的爱情就应该无条件接受对方的一切？

女来访者：对。

咨询师：照你这么说，你爱他，你也可以接受他的背叛，两人继续在一起。

女来访者：当然不是了。他不可饶恕！

咨询师：可是你刚刚说真正的爱情就是无条件接受一切。

女来访者有所触动，沉默……

咨询师：这样看来，在爱情中并非对方所做的一切另一方都能够接受，并且乐于接受。

女来访者继续沉默。

咨询师：你虽然爱他，但你不能接受他的背叛。那他呢，你认为你身上也有他无法接受的东西吗？

女来访者：他接受不了我用自残威胁他。

咨询师：除此之外呢？

女来访者：（陷入思考）我脾气比较暴躁……有时候会责备他，他曾说过我管他管得太严，控制欲很强。

咨询师：这些对你们分手有什么影响吗？

女来访者：可能因为这样他才出轨吧，事实上分手前几个月我们经常吵架。

咨询师：抛开他的出轨，单独来看你在这段感情中的行为，看来也有需要改进的地方。

女来访者：是啊，我总是在逼迫他，责备他。

咨询师：我们无法控制别人出轨与否，但我们能决定自己的行为。

女来访者：是啊，以前总觉得他欠我的，是罪人，其实我自己也有问题。

咨询师：那这段感情对你和现任男友的关系有没有影响？

女来访者：多少会的。我总觉得阿正也和他一样，背着我和之前追的女孩联系。

咨询师：你为什么作出这样的判断，有什么依据吗？

女来访者：我没有证据，我就是怀疑。男人不都这样吗？

咨询师：你认为所有男人在爱情上都不忠诚。

女来访者：嗯。

咨询师：你有什么证据可以证明这一点？

女来访者：我前男友就出轨了……

咨询师：你从前男友不忠诚推出所有男人都不忠诚。

女来访者：难道不是吗？

咨询师：假如你在街上看到一只黑猫，于是你得出所有猫都是黑色的结论。你认为事实上是这样吗？

女来访者：不是，我知道你在说我，前男友出轨不代表所有男人都不可信。

咨询师：你也许觉得这个比喻太幼稚，让你感觉不舒服，但事实上你的逻辑正在进行这样的推理过程，把单一的个体作为一个大圈子，套在整体这个小圈子外。

女来访者有所触动。

咨询师：前男友的出轨对你来说是一种伤害，这确实是一种直接伤害。但还有一些伤害是无形的，比如，他的行为不自觉地影响了你对待阿正的态度。事实上阿正和他并没有任何关系，他们是完全独立的两个个体，阿正不应该为你前男友的行为“买单”。

女来访者：（开始抽泣）我知道，我不该怀疑他的。

咨询师：他现在依然陪伴在你身边，现在改变还来得及。同样的，我们也不能被同一块石头绊倒两次，要从上一段恋情中吸取教训，做更好的自己。

四、咨询效果

在两个月内进行了6次心理辅导。第1次是男来访者独自前来，咨询结束后邀请女来访者加入；第2次是女来访者独自前来；第3、4次是男女来访者均在场；第5、6次是男女来访者分别进行。第6次咨询后，因来访者备考、外出实习被迫中断。

1. 来访者自我评估

来访者均表示认识到了自己的沟通姿态，通过咨询了解到一致性沟通的重要性，并开始向此方向努力。男来访者表示心情好很多，觉得自己并不是一无是处，自己也有很多优点，值得别人的尊重。女来访者表示能够有意识地用认知疗法驳斥自己的不合理信念，缓解疑虑和愤怒情绪。

2.咨询师评估

通过观察和后期回访，发现双方虽仍有冲突，但频率和激烈程度均有所减少，自残和暴力行为未再发生。二人能较好地调适不良情绪体验，对行为进行控制。咨询过程对男来访者触动较大，开始重新审视这段恋爱关系，寻求最佳的解决方式。

五、关于案例的思考

本案例的主人公们面临的困扰不是一般的恋爱心理问题，而是在恋爱困扰的外衣下隐藏着双方性格上的缺陷，并且从严重程度上来说，女来访者的偏执性人格障碍在治疗上相对棘手，不是单纯的几次心理咨询便可解决的。虽然此类问题在大学生恋爱中并不典型，但其咨询与治疗方法是处理两性情感问题的有效手段，值得其他案例借鉴。

案例中采用的萨提亚模式虽又被称为“家庭治疗模式”，但其应用并不局限于家庭系统，它同样适用于两性情感关系的互动，因为情侣双方也可被视作家庭大系统中的夫妻子系统。萨提亚所提出的沟通姿态模型可以帮助来访者在两性情感关系中识别出自己所使用的沟通方式，并进行有效改变，促进更一致有效的沟通。

本案例最终因来访者备考而中断，如后期继续进行，还可采用萨提亚的冰山模型理论探索来访者隐藏在水平面下的冰山山体——来访者的感受、观点、期待、渴望。也可采用绘制原生家庭图的方式了解彼此原生家庭的差异，了解来访者观点及性格的形成，帮助他们从另一个角度来理解对方，通过家庭重塑技术帮助他们完善自己的人格特质。

此外，本案例也折射出当代大学生恋爱信仰和恋爱能力的缺失。受不同恋爱动机驱使和双方个性碰撞的影响，许多大学生出现了恋爱困扰，这些困扰以各种方式影响着他们的学习、生活与心理健康。这就要求辅导员针对大学生开展心理健康教育，帮助他们树立正确的爱情观，培养他们爱的能力。恋爱不是为了打消寂寞，也不是亦步亦趋，而是双方理想观念、精神境界、生活追求的契合，辅导员要帮助大学生端正恋爱动机，承担起爱的责任，把握行为分寸。除了对爱情最基本的判断力，还应培养大学生给予爱和被爱的能力、拒绝爱和维持爱的能力以及失恋后的受挫能力，只有这样才能使大学生真正的爱自己与他人，在大学生活中体验到爱的甜美与欢乐。

案例2　让往事随风

一、案例基本情况

（一）基本资料

小张，女，20岁，大三学生，因与男友分手而情绪抑郁、焦躁。父母工作稳定，家庭经济条件中等。从小依赖父母，自立性弱，性格敏感多疑，爱哭。

第一印象：小张衣着整洁，体态匀称，神情悲伤，情绪低落，逻辑思维清晰，低头陈述时语速缓慢且常叹气，有强烈求助愿望。与咨询师沟通时，小张一直在哭或不语。

（二）自述

我与男友小李是在一次聚会上认识的，他是我舍友的老乡。当时我刚刚来到大学，人生地不熟。我这个人平时也不善于与人交流，朋友不多，对环境与身边的人都很陌生。不适应导致我对很多事情都提不起精神，感到孤独，就想找一个男朋友陪伴，疏解自己的寂寞感。当时在聚会上认识小李，觉得他是一个很细心、很不错的男生，就一直有联系，不久后我们在一起了。交往以后，小李对我很好，悉心照顾，并且他什么都愿意听我的，和他在一起我觉得非常幸福甜蜜。但没想到好景不长，刚过了一个学期，他就对我委婉地提出了分手。他说和我交往感到很疲倦，我太强势了，他每天都要报备去了哪里，和谁在一起，要和其他女生保持距离，可我是因为在乎他啊。有一次，他出去玩，一直不接我的电话，我非常担心他，他回来后就和他吵了起来，一激动还打了他。后来他一直避着我，他甚至向老师请假回家，我连续好多天见不到他。我觉得十分生气，无法想象他为什么要离开自己。我打遍了他舍友、同学的电话，不停询问他在哪里，每天在他宿舍楼下等他。

终于有一天看到他的时候，愤怒、希望、伤心的情绪涌上心头，冲上去哭着问他为什么要离开自己，自己那么爱他，他为什么要辜负自己！

二、案例分析

(一)评估与诊断

1. 鉴别诊断

(1)与精神病相鉴别：根据病与非病的三原则，该来访者知、情、意协调统一，有自知力，主动求治，逻辑清晰，无幻觉、妄想等精神病症状，无家族精神病史，可排除精神病。

(2)与神经症性问题相鉴别：根据许又新教授诊断神经症的标准，该来访者的心理冲突属于常形，因此可以排除神经症。

(3)与严重心理问题相鉴别：严重心理问题由较强烈的现实刺激引起，病程大于 2 个月，反应对象已经泛化，对社会功能造成严重影响。该来访者的症状是近期发生的，持续时间小于 2 个月，未出现内容泛化，对社会功能也未造成严重影响，因此可以排除严重心理问题。

2. 诊断结果

根据综合分析所收集的来访者资料可判断，来访者是正常心理范畴内的心理不健康，可诊断为一般性心理问题。

(二)原因分析

1. 个人成长经历造成的认知偏差

小张为独生女，从小跟随父母生活，家境中等。她正值青春期，第一次谈恋爱，并且为之付出大量的精力与感情。她的外表清秀美丽，但对自己没有什么自信。在小张的家庭中，通常都是母亲做决定，母亲是一个很强势的女人，雷厉风行，从小约束小张，不允许小张违背自己，一旦有一点违抗她的意思，小张就会受到责备。父亲在家里没什么主见，凡事都听小张母亲的话，受到小张母亲脾气的影响，不想产生冲突与争吵，所以事事顺着她。因为妈妈控制欲望太强，小张从小就没有自己的生活，从未作出独立的决定，且爸爸没有及时替她说话，提供依靠，这让她很失望，所以小张希望到家以外的地方，通过谈恋爱去寻找温暖与保护。小张的母亲反对早恋，认为她应该专注学业，反对每一个与小张结交的男孩。

2.生理原因

小张未见异常，没有器质性病变。

3.社会原因

(1)从小父母管制多，自身未曾有恋爱经历，成长过程对小张的个性形成和发展有较大影响。

(2)深爱的男友向她提出分手，发生负性生活事件。

(3)朋友少，社会支持系统较弱。

4.心理原因

(1)心理有强烈的不安全感，不能接受男友提出分手。

(2)无法接受现实，被抑郁、焦虑情绪所困扰，自身缺乏有效的解决模式。与家人关系纠结，沟通不畅。

(3)人格特征：自卑、敏感、多疑。

5.其他

小张为缓解心理困惑使用的防御机制主要有：退行(如向男友与辅导员哭闹)、攻击(如打男友)、否认(如否认与男友分手)、幻想(如男友依然很爱她)等。

三、案例辅导过程

(一)咨询目标

1.近期目标

帮助来访者缓解焦躁情绪，树立正确的恋爱交往观念，加强自我意识。

2.长期目标

促进来访者自我成长，人格完善，以积极的心态去对待亲密关系。

(二)解决思路

1.合理情绪疗法

合理情绪疗法的核心理论——ABC理论认为，情绪或不良行为并非由外部诱发事件本身所引发的，而是由于个体对这些事件的评价和解释造成的。通过纯理性分析和逻辑思辨的途径，改变求助者的非理性观念，以帮助他解决情绪和行为上的问题。可分为以下3个阶段：

(1)心理诊断阶段:咨询师的主要任务是根据ABC理论对求助者的问题进行初步分析,找出他情绪干扰和行为不适的具体表现(C),以及与这些反应相对应的诱发性事件(A),并对两者之间的不合理信念(B)进行初步分析和诊断。

(2)领悟阶段:咨询师的任务是寻找和确认求助者的不合理信念,同时领悟到他的情绪等问题不是由于早年生活经历的影响,而是由于他现在所持有的不合理信念造成的,因此他应该对自己的问题负责。

(3)修通阶段:是合理情绪疗法中最主要的部分,咨询师通过运用多种技术,使求助者修正或放弃原有的非理性观念,并代之以合理的信念,从而使症状得以减轻或消除。与不合理信念进行辩论是合理情绪疗法最常用的最具特色的方法。

2.人本主义积极心理学理论

人本主义心理疗法是20世纪60年代兴起的一种新型心理疗法,其指导思想是,任何人在正常情况下都有着积极的、奋发向上的、自我肯定的、无限的成长潜力。积极心理学是人本主义心理学的一个分支。积极心理学是致力于研究普通人的活力与美德的科学,从只重视对个体缺陷的弥补、伤害的修复转移到加大对人类自身存在的诸多正向品质的研究和培养是积极心理学思想的核心所在。在积极心理学的治疗中运用灌注希望、塑造力量和叙述3种方法,其内涵均是增强被治疗者的力量,而不仅是修复来访者的缺陷。该来访者心理问题主要源于从小受情感所牵制,迷茫、失落,到行为失控。她未能理解爱的本质,在原生家庭关系中过于回避,在异性亲密关系中过于敏感。

(三)具体辅导过程

1.第一阶段的咨询

与来访者初步建立良好的咨询关系,收集来访者成长背景及家庭环境信息的相关资料,确立咨询目标和方案。了解来访者有关因恋爱受挫需缓解情绪问题的原因、恋情的经历、诱发事件,帮助来访者理清症结以及身心变化等信息。

2.第二阶段的咨询

加深咨询关系,使来访者了解自己,主观体验幸福感,设定积极的目标,停止消极或负向思考,接纳自我。

第 4 次咨询:本阶段咨询让来访者知道情感的症结源于控制欲望太强的母亲,虽然小张表面上看起来较为叛逆,但其实,因从小在父母的保护下,她内心对母亲较为依赖。父母的管教与束缚让她从小到大内心缺乏爱的安全感和归属感。通过咨询和练习,小张接受了现实的自己,并体验感动自己的主观幸福感。

【对话节选】

咨询师:你觉得最近自己的状态怎么样?

来访者:我觉得很烦。

咨询师:能和老师说说吗?

来访者:我知道自己很急躁,可有时候就是控制不了自己,他也不能体谅我。

咨询师:你以前不开心的时候都会如何调节呢?

来访者:我不开心时脑海里总会浮现出刚记事时妈妈的笑容。

咨询师:你提到了小时候,妈妈很爱你吧?

来访者:是我内心很依恋她,从小到大什么事情她都会给我意见,但是老师,我又很害怕她,因为……

咨询师:因为什么? 可以和老师说说吗?

来访者:她反对我早恋,更反对我与结交的男孩去谈恋爱。

3.第三阶段的咨询

集中关注来访者的积极力量和积极品质的发掘和培养,引导来访者把注意力从负面的事件中移开,关注生活中积极的有希望的一面,强调其优点和长处。从而使来访者能够更好地建立自信,发挥优势,形成一个良性循环。

第 6 次咨询:本阶段咨询梳理来访者与其男友的关系,纠正其不合理的认知。

【对话节选】

咨询师:你喜欢小李吗?

来访者:当然很喜欢,他其实对我很好,陪我吃饭、上课,很照顾我的情绪,我害怕他离开。我控制不了情绪,所以我与他争吵,我先动手打了他。

咨询师:你知道爱的含义吗?

来访者摇了摇头不语。

咨询师:大学里的爱情很单纯,你在没有搞清楚如何爱他人之前要先爱自己,这样你才懂得爱的涵义。你强制的爱会让小李累得喘不上气,他是有些疲惫了。

来访者：我内心也有察觉了。

4.第四阶段的咨询

使小张合理期待具体可行的目标，运用内在和外在资源，体验如何在爱中学习生活，感受亲情友情等。

【对话节选】

咨询师：你现在怎么看待男朋友对你提出分手的感受。

来访者：(面露微笑)我现在觉得已经走出那种悲伤和愤怒了。

咨询师：能和老师举例说说吗？

来访者：当然可以。记得我和他有一次很激烈争吵是因为本来约好晚上一起吃饭然后去看电影，突然他告诉我，有高中同学来本地聚会不能陪我。

咨询师：你当时的反应是什么？

来访者：我从中午一直到晚上11点都张皇失措，在不安和紧张中度秒如年。

咨询师：你当时怎么做的？

来访者：我坐在家里不停看时钟，給他发短信过了30分钟才收到回复。我又连发了5个短信，一个小时也没收到回信，我开始不可遏制地焦躁起来，各种念头一股脑地呼啸而来。为什么同学聚会不带上我呢？是不想让人知道我们的关系吗？那他是不是和我玩玩而已？

咨询师：看你现在说话的表情很轻松啊。

来访者：是啊，现在想想觉得自己那会儿给予他的爱那样不成熟，控制欲很强烈，并且我每次跟他吵完架都十分后悔，躲在被窝里大哭。

四、咨询效果评估

本案例在两个月内进行了8次心理辅导。

1.来访者自我评估

来访者表示认识到了自己目前的状态，通过咨询了解到爱情的真谛，学会认同自我，发掘自己的优点与长处，并去提升自己；并且表示能够有意识地用认知疗法驳斥自己的不合理信念，缓解疑虑和愤怒情绪。

2.咨询师的评估

来访者在咨询后抑郁、焦躁情绪得到了缓解，在认知、情绪、行为模式上出现了积极变化。从长远和最终目标上看，帮助来访者认识到了爱的本质是接纳自我，使其对今后的生活充满信心，促进了来访者自我认识趋于合理，心理健康成长。此次咨询取得了比较圆满的效果。

五、关于案例的思考

两性关系中绝大多数问题和矛盾的根源是辨别真爱和假爱。虽然“假爱”也能帮助建立亲密的恋人关系，但是通过咨询要使来访者明晰“真爱”意味着还需要更多的东西。这些“更多的东西”就是真爱不光是给予，它是合理的给和合理的不给，是合理的赞美和合理的批评，是合理的争执、对立、鼓励、敦促和安慰。

案例3　最好的我们

——亲密关系团体辅导方案

一、团体名称

最好的我们。

二、团体性质

以发展性及成长性为主的团体。

三、参加对象

与异性交往有障碍，或有恋爱困惑的学生。

四、团体目标

(1)认识两性的心理与行为，学习与异性的沟通技巧。
(2)让团体成员科学地认识健康情感的重要性，树立正确的恋爱观。

五、团体背景及理论依据

（一）背景

大学生正处于青春期，是性生理成熟与性意识觉醒的时期，大学阶段成为青年人恋爱的“活跃期”，恋爱已经成为校园中的普遍现象。但是此阶段的大学生情感丰富，缺乏对于自身情感状态的深入了解，情绪容易波动，极易出现问题，由恋爱而引发的心理问题严重影响着他们的健康成长。

如何增加大学生心理健康的综合水平，提高大学生恋爱中的耐挫折能力，加深大学生对自身和他人的认识程度，引导大学生从恋爱的误区中走出来，形成正确的恋爱观，减少恋爱问题对成才的影响，这些问题的解决无疑对大学生正确的人生观、价值观、道德观的形成，对于大学生健康人格的培养，都具有十分重要的意义。

（二）理论依据

1. 马斯洛的需要层次理论

马斯洛需求层次理论，亦称“基本需求层次理论”，是行为科学的理论之一，由美国心理学家亚伯拉罕·马斯洛于 1943 年在《人类激励理论》论文中提出。按马斯洛的理论，个体成长发展的内在力量是动机。而动机是由多种不同性质的需要所组成，各种需要之间，有先后顺序与高低层次之分；每一层次的需要与满足，将决定个体人格发展的境界或程度。马斯洛认为，人类的需要是分层次的，由低到高。它们是生理需求、安全需求、社交需求、尊重需求、自我实现需求。5 种需要像阶梯一样从低到高，按层次逐级递升，但这样次序不是完全固定的，可以变化，也有种种例外情况。

生理需要不是简单的食欲、性欲等，而是一种更高层次的抽象概括。当一个人的机体受到某种需要的统治时，他很可能对生命前途的整个哲学观念都随之改变。通常，人的需要从低到高有一定层次性，但并不绝对固定，其满足过程逐级上升。当较低级的需要满足后，就向高层次发展，层次越高，越难满足。人的行为是由优势需要决定的。同一时期内，个体可存在多种需要，但只有一种占支配地位。优势需要在不断地变动。各层次的需要相互依赖，彼此重叠。较高层次的需要发展后，较低层次的需要依然存在，只是对人行为的影响力比重降低而已。不同层次需要的发展与个体年龄增长相适应，也与社会的经济与文化教育程度有关。高级需要的满足比低级需要满足的愿望更强烈，同时，高级需要的满足比低级需要的满足要求更多的前提条件和外部条件。人的需要满足程度与健康成正比。其他因素不变的情况下，任何需要的真正满足都有助于健康的发展。马斯洛认为，需要的产生由低级向高级的发展是波浪形推进的，在低一级需要没有完全满足时，高一级的需要就产生了，而当低一级需要的高峰过去了没有完全消失时，高一级的需要就逐步增强，直到占有绝对优势。

2. 斯滕伯格的“爱情三元素”理论

美国心理学家斯腾伯格提出的爱情理论，认为爱情由 3 个基本成分组成：激情、亲密和承诺。激情是爱情中的性欲成分，是情绪上的着迷；亲密是指在爱情关系中能够引起的温暖体验；承诺指维持关系的决定期许或担保。这 3 种成分构成了喜欢式爱情、迷恋式爱情、空洞式爱情、浪漫式爱情、伴侣式爱情、愚蠢式爱情、完美式爱情 7 种类型。

3. 发展心理学理论

恋爱是青年释放日益强烈的性冲动的重要途径。通过恋爱接触异性，使人不再感觉到性的压抑紧张，懂得如何在保持自身独立性的前提下调整自身缺陷以适应对方。这对于提高人的社会交往能力，积极适应社会生活具有重要影响。但大学阶段，由于各种因素的影响，大学生常常不能妥善处理恋爱问题，以至于影响正常生活和学业，因此，有必要及时对其进行引导。

六、团体结构

(1)这是个志愿性团体，成员依据自己的意愿参加。

(2)成员由团体开始到结束都是固定的。

(3)采用结构式的方式。

七、团队带领者

辅导员或心理老师。

八、团体进行过程

(一)第一次团体(非诚勿扰)

地点	时间(85 分钟)	目标	内容	所需物资
团体辅导室	10 分钟	破冰,协助成员互相认识	给每位成员 3 分钟的时间,思考如何用最好记的方式介绍自己的名字和特点。领导者可以先进行自我介绍,作为示范	笔、纸
	15 分钟	澄清团体目标和成员参加团体的动机,帮助成员了解团体的性质	活动:许愿精灵 按逆时针顺序,让每个团体成员将下两个句子补充完整,以澄清每位成员参加团体的动机和对团体的期望 (1)我加入团体的希望是 (2)我希望我们的团体是	
	15 分钟	协助成员订立团体规范	(1)领导者说明订立团体规范的原因 (2)团体成员共同讨论和制定团体规范,加以归纳,写在一张大白纸上,形成《团体契约书》 (3)每个团体成员在《团体契约书》上签名,以示自己愿意遵守这些团体规范	
	20 分钟	引导成员参与活动	游戏:滚雪球	
	20 分钟	总结感想	领导者引导成员进行思考和讨论 (1)在刚才的游戏中,你一共记住了几个人的名字 (2)你采用了哪些方法来记住别人的名字 (3)当别人准确地说出你的名字时,你内心的感受如何?当别人叫不出你名字时,你的感受如何	
	5 分钟	结束活动	领导者总结,宣布活动结束,确定下次活动时间	

（二）第二次团体（走向亲密）

地点	时间(85分钟)	目标	内容	所需物资
团体辅导室	10分钟	让成员回顾上次活动的感受	成员谈一下对上一次参加这个小组的感受，引导大家积极分享	
	5分钟	领导者进行总结并介绍本次活动	提出本次活动的目的是帮助大家发现一些沟通中存在的问题，掌握沟通的技能，促进大家的交流，增强了解与沟通，并给组员介绍本次活动的方式	
	45分钟	活跃气氛，引导成员参与活动	游戏：①你喜欢我吗？②收获“糖弹”	纸、笔
	20分钟	总结感想	领导者引导成员进行思考和经验分享 (1)收到“糖弹”与人目光接触时的感觉是什么 (2)收到的“糖弹”是甜的还是有伤害的 (3)当你看到别人对自己的赞美时，感受如何 (4)你是否还有赞美想送出去	
	5分钟	结束活动	领导者总结，宣布活动结束，确定下次活动时间	

注意事项：

(1)因为可能每个人收到的“糖弹”不一样多，主持人要关注收到较少的或根本没有收到的学生，所以主持人应事先准备几个“糖弹”备用。

(2)在制造“糖弹”时，主持人可以暗示同学们，赞美可以是浅表的，也可以是深层的，最好是独特的。可以赞美熟悉的人、尊敬的人，也可以是初识的人、需要鼓励的人等。

(3)发射“糖弹”时一定要有目光的交流和真诚的回应。

（三）第三次团体（因为爱情）

地点	时间(100 分钟)	目标	内容	所需物资
团体辅导室	10 分钟	让成员回顾上次活动的感受	成员谈一下对上一次参加这个小组的感受，引导大家积极分享	
	5 分钟	领导者进行总结并介绍本次活动	提出本次活动的目的是增强成员的信任感，澄清成员对爱情的认识。并给组员介绍本次活动的方式	
	30 分钟	引导成员参与活动，建立信任感	游戏：信任后仰	
	10 分钟	总结感想	领导者引导成员进行思考和经验分享 (1)信任后仰活动中，当你分别担任自愿者和台下的支撑者时，各有什么样的感觉？你会怎么做或怎么想，才会相信其他人会安全地支持你 (2)经过这样的活动，你觉得大家彼此间的关系会有什么改变	
	40 分钟	引导成员进行自我探索，树立正确的爱情观	活动：爱情拍卖	桌子、拍卖清单、代币
	5 分钟	结束活动	领导者总结，宣布活动结束，确定下次活动时间	

注意事项：

(1)注意绝对安全，场地选择相对要松软些，最好有保护性的海绵垫。

(2)自愿者倒下时需两脚直立，且双手交叉抱在胸前；倒下时身体尽量保持直线，不要扭曲。

(3)台下的同学在组成手臂网时，要摘掉眼镜、手表等易碎或易损坏的东西，以保证台下同学的安全。

(4)自愿者往后倒下时，台下的同学组成的手臂网可以由低到高形成一个斜坡，这样可以减少自愿者身体对台下同学手臂的冲击力，减少疼痛。

(5)身体健康状况有问题的同学(如哮喘、心脏病、恐高心理者等)不能参加。

(四)第四次团体(品味爱情)

地点	时间(110分钟)	目标	内容	所需物资
团体辅导室	10分钟	让成员回顾之前活动的感受	成员谈一下对往期参加这个小组的感受，引导大家积极分享	
	5分钟	领导者进行总结并介绍本次活动	提出本次活动是最后一次活动，并给组员介绍本次活动的方式	
	35分钟	引导成员参与活动，了解“喜欢”与“爱”的分别，清楚自己的感情	活动：喜欢与爱	
	20分钟	总结感想	领导者引导成员进行思考：什么是爱，什么是喜欢	
	30分钟	使成员了解自己在团体中的表现	活动：背后留言	16开白纸、大头针
	10分钟	结束活动	领导者总结，处理离别情绪，宣布活动结束	

注意事项：

(1)在活动开始之前，主持人最好要强调对待这次活动的态度：真诚、客观、负责。

(2)留言过程中，同学们不能说话，要用非语言形式进行交流。留言内容是你对这个人的认识，包括优点、缺点以及建议，还可以写上自己最想对他说的一句话，不用留名。

(3)如果成员内部关系融洽，做这个活动应该会取得比较好的效果。

(4)在活动中，有一个细节需要工作者及时做出调整。有的男女成员关系放得开，在活动中男女生会打破界限，让异性对方为自己写“留言”，他们感觉这是很正常的事，不会有什么大惊小怪的。但有的男女成员关系比较矜持，就会出现男生只找男生写，女生只找女生写，都不好意思让异性同学写。这个时候，需要主持人来打破这个单调的局面。

附件1 操作流程

一、第一次团体活动

1.滚雪球

内容及形式：

(1)每个成员先用一句话介绍自己，这句话中必须包含两个信息：姓名以及自己与众不同的特点，比如“我是活泼好动的王军”。

(2)当成员A作完自我介绍后，小组的其他成员依次向A提一个关于个人信息的问题。

(3)从第二个成员开始，每个成员在用一句话介绍自己时都必须从上一个人开始讲起(如“我是坐在好动的王军旁边的内向害羞的李倩”)，直到最后一个人都必须从上一个人开始讲起。

二、第二次团体活动

1.你喜欢我吗

内容及形式：

(1)所有人围成一个圆圈，一人站在圆心。

(2)工作员宣布规则：由站在圆心的人随机问圆圈里的人(比如说A)：

你喜欢我吗？如果A回答喜欢，则A周围相邻的两个人就要互换位置，在互换位置的时候，站在圆心的人就迅速地插到A周围相邻的两个位置之中，这样A周围相邻的两个人有一个就没有位置，那么就由他表演一个节目或做自我介绍，然后由他站在圆心，游戏开始下一轮。

(3)如果A回答不喜欢，则站在圆心的人将会继续问A："那你喜欢什么？"如果A回答我喜欢戴眼镜的人，则场上所有戴眼镜的人都必须离开自己的座位寻找空位，而站在圆心的人需要迅速地找一个位置，这样没有找到位置的人就要表演一个节目或做自我介绍，然后由他站在圆心，游戏开始下一轮。

(4)A如果回答不喜欢之后，还可以回答例如"我喜欢男人"，那么在场的男人必须全部换位，如果A是男的，他自己也要换位。为了增加难度和趣味性，还可以回答"我喜欢穿白袜子的人"等不被人马上发现的细节。

2.收获"糖弹"

内容及形式：

(1)每个成员根据需要领取做"糖弹"的漂亮纸，在5分钟时间内，对其他成员尽可能多地赞美，把赞美话写在纸上，做成"糖弹"。

(2)5分钟后大家把"糖弹"抛给想要赞美的人，直到把手中的"糖弹"全部送完后，才能打开自己收到的"糖弹"。

(3)小组交流自己收到的"糖弹"，并把它读出来。

三、第三次团体活动

1.信任后仰

内容及形式：

(1)团队成员分组。每组成员10人左右，两人为一搭档。

(2)一名成员站在台子上，下面的同学两人为一搭档。一名同学先用左手握紧自己的右手腕，搭档也是如此，然后让搭档的右手握住自己的左手，自己的右手握紧搭档的左手，形成一个非常牢固的"手结"。其他几对搭档也是如此，然后让他们排成一排，形成一道比较安全的手臂网。

(3)台上的成员用左右手交叉抱住自己的双臂，并闭上双眼，准备从高台上往后仰面倒下。此时台上自愿者需对台下的同学说："你们准备好要支持我了吗？我相信你们!”台下面的同学需要大声说:“我们准备好要支持你了！请相信我们!”然后，自愿者往后倒下，台下的同学接住。接着再换另一位自愿者，遵循上述的程序，如此依序直到小组内所有自愿者皆完成这项体验活动。

2.爱情拍卖

内容及形式：

(1)拍卖活动:①海报上列出的16项价值是爱情的理由(见附件2)，是否有人要补充项目。②每人有100万元，由工作者进行拍卖，叫价以一万元为单位，至16项卖完为止。

(2)拍卖完，讨论下列题目:①各买到何者？②经何考虑而买到自己所得之项目？是自己所需或喜欢？③依我们对每位成员的认识，认为他会买该项吗？为什么？④若重选一次，结果是否会相同？⑤让选相同价值者合成一组讨论其合适度及理由。

(3)当你的价值与你的男(女)朋友相冲突或不同时，该怎么办？

(4)若以人生目标来看，会和爱情价值观相同吗？工作、爱情、亲情、朋友、嗜好，何者最重？

四、第四次团体活动

1.喜欢与爱

内容及形式：

(1)询问大家觉得“喜欢”与“爱”是否一样。

(2)是否有遇到疑惑不清的时候，现在一起来搞清楚，弄明白。每个人以比“圈差”手势来分辨，描述的是“爱”的比圈，只是“喜欢”的比叉(“爱”的题目与“喜欢”的题目见附件3)。

(3)也许现在你有男女朋友或是欣赏的人，大家可以从这几点去看看：自己是喜欢他，还是爱他。喜欢是爱的基础，爱情需要更多的包容与真诚，要付出与托付，这是值得我们用时间来慢慢学习的。

2.背后留言

内容及形式：

(1)工作者首先公布活动规则:每个人一张16开白纸，在纸的最上面一行写下自己的姓名和对留言者说的一句话，大家相互帮助用大头针把纸固定到自己的后背上。

(2)接下来大家在成员的后背上写留言。

(3)10 分钟之后，工作者示意大家停下，成员们再次围坐在一起，拆下背后的白纸，看看成员们对自己的评价。

附件 2　爱情的理由

爱情价值观——与异性交友过程中，你最盼望得到什么？

项目	顺序
1.可以和他(她)分享生活中的点点滴滴	
2.可以因他(她)而扩展生活领域	
3.可以和他(她)相知很深	
4.可以和他(她)共同建立一个家庭	
5.可以因他(她)提携、激励而成长进步	
6.可以多一个学习和工作伙伴	
7.可以获得爱和支持的感觉	
8.可以享有和他(她)的美好性生活	
9.可以有他(她)随时随地陪在身边	
10.可以和他(她)一起赚很多钱	
11.可以去照顾他(她)和爱他(她)	
12.可以因他(她)而生活更有变化	
13.可以有他(她)照顾生活起居	
14.可以和他(她)一起生儿育女	
15.可以因他(她)而增加生活乐趣	
16.可以因他(她)而获得安定感	

附件 3　喜欢与爱量表

喜欢	爱
和他(她)在一起,感觉很好	使他(她)幸福是我的责任之一
肯定他(她)的能力,对他(她)有信心	认为他(她)值得信赖
认为他(她)特别成熟	对他(她)无怨无悔地奉献
认为他(她)是很受欢迎的	容易宽恕他(她)的过失
和他(她)有些地方很相似	对他(她)具有独占欲
他(她)具有某些令人尊敬的特质	若无法与他(她)同在会感到不幸
觉得他(她)很聪明	他(她)是我解除寂寞的第一人选
他(她)有令人喜欢的特质	我对他(她)愿意全心全意地关怀
愿意向他(她)学习	希望他(她)完全信赖自己
他(她)是值得信任的人	我无法忍受失去他(她)
对他(她)整体评价蛮高的	当他(她)情绪低落,我有义务陪伴他(她),帮助他(她)

第二部分

心理健康教育工作案例

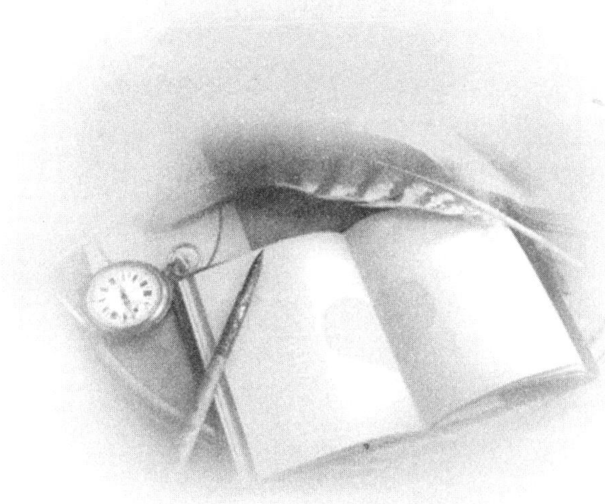

案例1　打造“心晴”教育品牌，培养同伴教育队伍

——山东建筑大学构建学生自我教育和朋辈互助网络

中共中央16号文件下发以来，我校把加强学生的心理健康教育作为加强和改进大学生思想政治教育的重要途径，逐步建立健全心理健康教育体系和机制，以打造“心晴”系列宣传教育活动品牌为主线，以培养学生同伴教育队伍为重点，积极探索构建参与式、体验式、分享式的心理健康教育模式。2016年10月，教育部思政司工作组到我校进行大学生心理健康教育工作专项调研检查，对我校大学生心理健康教育工作给予“党委重视、认识到位，成绩明显、亮点很亮，尚有不足、空间很大，后劲很足、充满希望”的评价，充分肯定和赞扬了我校心理健康教育工作打造“心晴”品牌，充分发挥学生主体作用开展同伴教育的特色和亮点。

一、打造“心晴”系列教育活动品牌

“心晴”是我校近年来着力打造的心理健康教育和校园文化品牌，意在倡导大学生拥有健康积极的心理品质。“心晴”以学校心理中心“心晴工作室”为阵地，以心晴网、心晴报、心晴博客、心晴微信为宣传教育平台，以每年10月“新生心理健康宣传月”及“5·25大学生心理健康节”两次大型活动为载体，引导大学生的健康发展和人格完善，努力培养大学生的积极心理品质。

1. 两项活动载体

充分利用10月“新生心理健康宣传月”及“5·25大学生心理健康节”两次大型活动，大力开展宣传教育活动，营造关注心理健康的氛围。我校每年

开展以“学会适应，健康成长”为主题的“五个一”心理筑基工程。“五个一”即让每一学生能够听一场心理讲座，参加一次体验活动，阅读一本心理健康书籍，参加一次心理测试，写一份心灵感受。引导新生尽快地融入新的环境，尽早确立学习目标，保持正确的自我意识，悦纳自我，科学地看待心理咨询，让关注心理健康的理念深入学生心中。“5·25 大学生心理健康节”活动期间，我校积极组织开展系列宣传教育活动，通过心晴讲堂、心晴剧场、我的心晴日记——成长中的故事征文活动、心晴影院、心晴小组等多种形式灵活、参与性强的活动，引导学生积极参与，亲身体验。这些活动的开展，营造了关注健康、积极向上的校园文化氛围，同时也把“快乐生活，快乐学习”的理念深深地植入了学生的心里。

2. 四个宣传平台

注重网络、报纸等新闻媒体的宣传作用发挥。充分利用校报、心晴网、建大心晴微博、博客、建大心理中心微信平台等载体开展网络心理健康教育，贴近学生，贴近生活，贴近实际，在潜移默化中培养学生积极的人生态度。在校报开设“心晴在线”专栏，通过案例剖析、咨询感悟等内容的文章，引导学生正确认识生活和学习中遇到的问题，并学会以积极的心态去面对和解决。微信平台通过一些名人故事、哲理文章、案例分析、趣味测试等宣传普及心理健康知识。

“心晴”系列教育宣传活动获“山东高校校园文化优秀成果”二等奖；在全省大学生心理健康节活动中，我校连续 5 年获得“心理健康节优秀组织奖”，两人次获得全省“心理健康教育工作先进个人”荣誉称号；连续 4 年在全省高校校园心理剧大赛中分别获得一等奖、二等奖等；我校“心晴网”获评“山东省十佳心理网站”；学校两位老师的博客曾获“山东省心理健康教育十佳博客”；2015 年 6 月全省大学生心理健康节颁奖典礼上，我校心理剧《让世界充满爱》应邀在山东大学演出，获得了在场专家、评委和大学生们的一致好评。

二、培养同伴教育队伍，构建学生自我教育和朋辈互助网络

近几年，我校不断探索学生参与式教育管理模式，心理健康教育工作重视学生干部作用发挥，以社工专业为依托，建立社工小组专业团队、班级心

理委员及心理社团等学生组织，开展同伴教育，建成了多交叉、广覆盖的学生自我教育和朋辈互助网络。

一是社工小组专业团队——朋辈互助，共同成长。充分发挥社工工作专业学生的作用，引导他们运用社会工作的专业知识，结合心理健康教育工作的特点，开展多种主题的小组工作坊，通过参与式、体验式、分享式的形式，不断提升我校大学生的人际交往能力、适应能力、交流沟通能力等。经过多年的实践探索，目前已经形成了自信心成长小组、人际交往小组、交流沟通小组、新生适应性成长小组等多个完善的小组工作坊。自2005年以来，开展了一百多场小组活动，尤其是2011年以来利用军训期间面向全校新生开展的适应性成长小组活动，起到了良好的作用。

二是班级心理委员——探测异常，及时疏导。班级心理委员是开展心理健康教育工作的基层队伍，为充分发挥他们的基层调研和宣传的作用，我校从选拔、培训、考核、奖励等各环节加强管理和引导。学校自2006年下发《关于建立心理健康教育三级网络体系的通知》以来，要求全校每个班级设立班级心理委员，并明确了班级心理委员的选拔条件和工作职责。每年组织开展班级心理委员培训班，培训内容包括班级心理委员意义职责、个人成长、大学生常见心理问题及应对、心理危机的识别及干预方法、朋辈咨询的基本技巧、团体心理辅导的体验活动、心理健康主题班会的开展等，并通过结业考试的方式筛选合格的心理委员。每年组织评选“十佳班级心理委员”，对优秀工作者进行表彰，以充分调动他们的工作积极性，发挥他们在心理委员队伍中的模范带头作用。我校举办的“放飞梦想，助人自助——首届心理委员技能大赛”活动被评为2015年“山东省高校十佳心理健康教育创新活动”。

三是心理社团——自发组织，传递幸福。鼓励心理社团的发展，发挥他们自我教育、传递幸福的作用。目前学校建立心理类社团17个，包括大学生心理健康协会、心晴社、心晴小组、阳光社工服务社、心生活健康俱乐部、阳光心灵协会等，拥有会员500余名，他们以自由灵活的形式，开展兴趣活动。2015年，我校大学生心理健康协会获得“山东高校十佳大学生心理社团”荣誉称号。心理社团与班级心理委员形成了多交叉、广覆盖的学生自我教育和朋辈互助网络。

学校为全面推进学生心理健康教育,创办了专兼职心理咨询教师学习交流、督导等活动的平台——“心晴读书会”。设置专项资金鼓励辅导员参加心理咨询师职业资格认定,逐步实现辅导员持证上岗。加强心理健康教育主渠道建设,将心理健康教育纳入必修课程体系,设1学分,16学时。每年新生入校后即开展心理健康普测工作,构建了“学校—学院—班级”三级心理健康教育工作网络体系,完善“个体咨询、团体辅导、网络咨询、朋辈咨询”四位一体的咨询服务模式,建立完善预防为主的心理危机干预机制,有效促进我校心理健康教育工作实现规范化、科学化。

(山东建筑大学学生处　屈艳红　周秀艳)

案例2 “心灵寻宝”

——特质教育探索

一、项目背景和意义

(一)项目背景

心理学家将人格优势特质分为24项,比如创造力、洞察力、勇敢、正直、善良、自律、乐观、感恩等,这些优势特质就是人类心灵的宝藏,或呈现,或埋藏,或待成长。每个人都有不同的气质、性格和缺点,同时也都有不同的优势特质组合。目前,很多大学生存在对自我认知不全面合理,自信心不足,优势潜能挖掘不够等问题。如何引导大学生正确合理认识自己,挖掘实现优势潜能,是本项目开展的背景和初衷。

(二)项目意义

“心灵寻宝”以积极心理学为理论基础和导向,旨在通过一系列体验式、互动式实践探索活动,引导大学生进行正向、积极的、深入的、全面客观的自我认识，使大学生了解自身的优势特质，选择自己的优势特质，明确未来待培育的优势特质，更客观地认识自我，悦纳自我，完善自我。

二、项目开展情况

（一）项目内容

1. 认识优势特质

以雕塑、表演等表达性心理形式，分小组合作呈现优势特质，使大学生对特质有更深刻、更生动形象的认识，使小组成员之间相互了解。

2. 挖掘优势特质，使大学生更加清晰地明确自身优势特质

（1）优势轰炸活动。分小组进行，每5～6人一组。小组其他成员对每个成员进行优势特质分析，将特质标签汇总到小组成员处。

（2）社会回访活动。联系5～7名至亲、挚友等，汇总他们对你的优势特质分析。（短信内容需由主办方提前准备好）

（3）特质述事。根据汇总情况，选择前两名特质，讲述关于本特质的故事。

3. 探索期待特质

假如你有机会可以做另外一种人，你想做什么人？过什么样的生活？以雕塑、表演等形式进行呈现。通过该项活动，使大学生了解自己内心期待、想要培育的优势特质。

4. 分享收获和感悟

请同学们现场写出收获感悟和活动改进建议。

（二）活动具体流程

（1）活动以一个暖场素质拓展小游戏开始，游戏结束后进行分组（根据特质分为勇气组、感恩组、智慧组、善良组、公正组、谦逊组）。

（2）分组结束后进行社会回访环节，把事先编辑好的短信发给5～7名亲朋好友；继而各小组每个成员抽取两张OH卡牌，以本组优势队名为主题，成员卡牌内容为线索，组织一个小故事展示给大家（使同学们进一步理解优势的含义，从内心深处主动思考什么是优势，并尝试把优势运用语言的形式表达出来，使优势更加形象化）。

(3)各小组故事展示结束后,进行认识优势,选择本组内的两个优势分别用表演和雕塑的形式进行表演,使得同学们对特质有更深刻、形象的认识。

(4)挖掘优势特质,贴标签。每个人整理他人给自己贴的标签以及前期社会回访回复的特质,找出别人评价自己的最多的3条特质。通过比较别人对自己的评价以及自己的自我评价,发现区别与相同。通过旁观者更进一步了解自己,对自己的优势更进一步掌握。

(5)自由发言,发表对本次活动的感受以及收获,对活动的意见和建议。指导老师给出评语以及期望。

三、项目特色与亮点

(1)设计理念以积极心理学为导向,引导大学生进行正向、积极的内在探索,发掘以前不曾注意的自己的特质,对自己更加肯定。

(2)活动方式采用雕塑、表演等表达性心理方法,使参与者更加积极地思考、学习,深入了解自己。

(3)系列活动设计均为体验式、互动式,能够调动参与积极性,提高效果。

(4)当前,大学生自我意识问题较为突出,或自卑,或自我中心,或追求完美等,项目内容能够切中要害,对症下药。

(5)学院两位老师为国家二级心理咨询师,担任学校心理学公开课授课老师,有专业经验。

四、项目成效

1.项目效果

通过该项目实施,大学生能够进行正向、积极的内在探索,发掘以前不曾注意的自己的特质,对自己更加肯定;使大学生了解自身的优势特质,选择自己的优势特质,明确未来待培育的优势特质,更客观地认识自我,悦纳自我,完善自我;使大学生更加深入地探索自己,对自己有了更加深刻的认识和了解。

2.学生说

(1)潘同学:从参加训练营至今,我收获很多,认识了很多朋友,不管是身体上还是心理上都得到了锻炼。接到要参加“心灵寻宝”活动的通知，开始会担心因为老师的在场，会让我很拘束，但是等到真正到了现场，进入活动的时候，所有的顾虑都抛之脑后。整个活动过程，我一直很投入，因为从大学开始，我一直很迷茫，觉得自己每天都很忙，但又不知道自己在忙什么。有一天，忽然发现已经很多天没有联系父母。“心灵寻宝”的活动中“社会回访”环节是要发消息给自己亲密的人，消息发出去以后，他们都回复得很及时，此刻心里是满满的感动。最后的活动总结，我感触颇深。通过这个活动猛然发现我从来没有这样正视过自己，也没有认真思考过自己的优势特质。这次活动让我更好地正视自己，发现了自己以前没有注意到的优势，甚至是自己忽略掉的，也让我认识了很多朋友。

(2)刘同学：一开始大家都相互不熟悉、不认识，在介绍自己的优缺点的时候，大家比较害羞，甚至说不出自己的优点。但是在游戏的环节中，大家都相互帮助，相互合作，增加了彼此之间的交流与沟通。让我印象最深的一个环节是“优势轰炸”，大家互相评价，身上贴着各种各样的标签，每个标签代表一种优势，这些优势很多是我们自己没有意识到的。我进入大学校园之后一直活在自卑当中，觉得自己并没有什么优点可言。但是这次“心灵寻宝”活动给了我一次机会，让我通过他人的肯定来认识自己，肯定自己，这是很有意义的。

(3)刘同学：本次“心灵寻宝”的活动主题是“发掘个人的优势特质”。我觉得这一主题对于现在的大学生来说是极其重要和需要的，现在的大学生对自己的认识匮乏，缺少对自己的自我肯定。同学们参加这次活动在对自我审视时，部分同学说出的是模糊的大概，缺点和优势是不明确的。由于“只缘身在此山中”，要求自我评价时，这是件困难的事。通过别人来了解自己是另一种很好的方式，这是我通过本次活动感受到的。活动主要是游戏互动模式，我觉得比纯理论说教要活泼有趣有吸引力得多，而且活动中需要的就是交流互动，互相了解，这种模式是再合适不过的。一开始一个房间里每个人都保持着距离，是陌生的，经过分组，小组交流合作，共同表演，让人觉得与人交流合作是愉快的，在人们面前表现自己是不困难的，我觉得这是一个宝贵的感受和收获。与此同时，在这种交际中，大家互相了解，互相走近一步，到最后互相评价，大家能在其中发现自己的优点，变得自信并且能变得更好。最后我的感受是，一开始大家是放不开的，不敢表现的，在这一下午的活动里，潜移默化中，自信心慢慢建立，距离慢慢化解了，这是如此神奇。不止这个房间的人，大到每个人的人际生活，需要的也是一种经历，一种尝试吧。

五、关于项目的思考

(1)参与群体方面，应选择有意愿探索自己、认知自我的学生参与该活动，这种群体能激发更大的团体动力。

(2)本项目应针对不同的群体策划实施不同方案，例如，针对彼此熟悉和不熟悉的群体要有不同的运行方案。

(3)该项目主要通过一系列体验式、互动式实践探索活动实现最终目的，在具体实施过程中，领导者很关键，要注意引导同学们深入活动中，并能够积极思考和探索。

(山东建筑大学材料学院　肖建卫)

案例3　艺术疗法在心理健康课程教学中的运用探索

一、项目背景

我校自开展新生心理健康课程教育以来，心理健康课程逐步规范化、体系化。为进一步提升课程质量，落实教育目的，拟将发展性艺术治疗概念引入该课程体系，增强课程的互动性和参与度。通过拟订课程目标，设定课程方案等，使课程具有可操作性及可推广性。目前我校的心理健康课程分为6个主题：积极适应教育、积极的自我认知、情绪有效管理、和谐人际关系、恋爱心理调适、生命教育。每个主题内都可适当加入艺术治疗手段，提高课程的参与度和体验性；并可依据任课教师的专业水平，设计不同级别的教学方案。另外，艺术作品本身即带有疗愈作用，学生们可在进行艺术创作的同时更深入地认识自我。艺术作品亦可作为个体心理健康状况的辅助测量工具，如“自画像”和“房树人测试”，有助于辅导员开展工作。

二、项目开展情况

2017 年 9～11 月，在建筑城规学院 2017 级新生心理健康课程中开展了本项目的实验操作。围绕适应教育、自我认知、情绪管理、人际关系、生命教育等主题，结合发展性艺术治疗的方式方法，将心理健康课程的相关内容以互动、参与的形式传递给学生。

（一）自我认知

以绘画疗法为主，通过个人手绘“自画像”了解其自我认知水平和心理健康水平。该项目显示，“自画像”上呈现出的衡量指标失常的个体与新生心理健康普测出的问题学生有近 80％的重合。笔者认为，“自画像”可作为心理健康水平测评的辅助工具，用于后续心理健康测评工作。自画像作品如图 2-1 所示。

图 2-1　自画像作品

（二）情绪管理

以电影疗法为主，通过观看动画电影《头脑特工队》，将人类的基本情绪——乐、怒、忧、恶、恐生动呈现，并告知学生每种情绪的存在都有其价值和意义，在生活中要善于管理和把握自己的情绪。

（三）人际关系（含爱情）

以合作绘画共同完成艺术作品为中介，通过“我的朋友圈”的绘制教育引导学生珍惜、爱护自己的社会支持系统，并善于利用核心支持系统的资源帮助自己成长。

（四）生命教育

以绘制“鱼骨图”及心灵书写来帮助学生梳理、整合自己的生命历程，勇敢面对过去，诚实活在当下，积极迎接未来，以此引导教育学生珍惜生命，热爱生命，更加理解生命的意义。如图 2-2、图 2-3 所示。

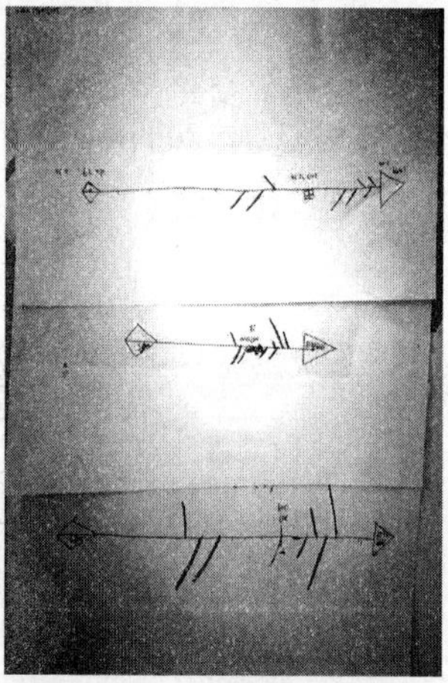

图 2-2　生命鱼骨图

图 2-3　心灵书写

除新生心理健康课程之外，还尝试利用发展性艺术治疗针对心理普测中问题学生群体开展团体辅导，图 2-4、图 2-5 为针对新生心理健康测试问题学生开展的团体辅导。

图 2-4 热身活动

图 2-5 分组交流

三、项目特色与亮点

项目采用积极心理学的理念，发展性艺术治疗的方法实施大学生心理健康教育，这种思路和教育方法在国内尚不多见，以课堂教学的方式融入大学生心理健康教育中更不多见。课程力求通过深入的理论研究和实验教学，通过各种主题性艺术活动引导学生进行积极的自我探索和自我整合，调整、提升他们对现实与自我的认识，进而促进其身心的健康成长和优势才能的积极开发。此外，在安全、自由、受尊重和受保护的艺术活动过程中进行成长心理的教育引导，不仅避免了普通心理课堂耳提面命式的说教，更容易引起学生的身心共鸣，而且改变了学生在普通艺术课堂学习的被动性与机械性，学生们真正感受到了艺术活动中自由表达的快乐和作为创造者的自豪感。本项目开发的教学方案和课程融学生的“知、情、意、行”于一体，是现代大学生的自我意识教育的理想方案与实践途径。该成果可以为我校学生的自我意识教育、社会适应教育等心理健康教育提供可行的、富有价值的思路与支持成果。

四、项目成效

心理健康教育作为学校学生教育的重要组成部分，近年来随着心理问题井喷式爆发越来越受到重视。本项目立足积极心理学理念，采用艺术治疗方式方法，应用于心理健康的课程教育，形式新颖，内容丰富，受到了学生的一致好评。

(1)学生感悟一:“上学期心理课上,李佳老师通过几个有趣的小活动,让每位同学对自己有了更深的认识,其中自画像最为有趣。自画像,顾名思义,就是将自己心中的‘我’用画笔呈现在纸上。同学们充分发挥想象,自画像形态各异,有的令人忍俊不禁。一幅幅自画像反映了一面面心镜,让我们对自我有了更深刻的认识。生命鱼骨图则直观表现了绘画者自出生以来人生几次悲喜的时间节点与影响程度以及未来展望,有助于我们分析自我性格的形成,从而深入认识、反思、提高自己。”

(2)学生感悟二:“在李佳老师的带领下,我们开展了活泼生动而又非常具有教育意义的团体辅导,大家从中受益匪浅。一开始大家都很腼腆,通过暖场游戏和自我介绍环节,大家对团队其他成员有所了解,渐渐打开话匣,积极参与到接下来的活动中。在动物卡活动中,我们根据所选卡片图画联想自我性格并寻找相似的伙伴,进一步了解了自己。自我评分环节则让我们对如今的自己有所反思,以更好地发展。相似圈活动中,大家吐露了心声,如高考发挥不佳,学校离家远而思乡,并通过相似圈认识了有相似遭遇的同学,有助于我们释放压力,并进一步克服困难,解决心理问题。”

五、关于项目的思考

(1)课时受限:因艺术创作所需时间较长,一次课只能完成一项内容,所以在加入创作环节之后,不得不压缩其他内容。

(2)场地受限:因教室桌椅固定,无法开展较为自由的交流与互动,一定程度上影响了课程效果。

(3)人数受限:因传统教学模式为大班制、整年级制授课,老师无法完全照顾到如此庞大的群体,因此在课程的深度推进上有待提高。

(山东建筑大学建筑城规学院 李 佳)

案例4　朗读人生

——阅读疗法的实践探索

一、项目背景

2017年2月，由中央电视台推出的大型朗读类真人秀节目《朗读者》初入荧屏便受到了公众的关注。节目以“朗读打动人心”为口号，通过朗读的方式分享故事人的心得和故事，展现了丰富多彩的人文生活，描绘出中国几代人具有时代特征的生活画卷。节目开展至今广受大众好评，更是受到了当前在校大学生的广泛喜爱。

与此同时，阅读疗法的概念也因此被公众所关注。阅读疗法是一种很常用的心理保健自助方法。针对当代大学生存在较多的心理困扰，诸如人生目标不明确、交际困难、就业压力、恋爱苦恼、心烦焦虑、缺乏自信、厌学、当众讲话紧张、身患疾病、孤独、怕不及格、遭受挫折等，可以借助朗读的方式帮助缓解。具体到我校来看，工科院校的人才培养和其他高校相比，既有共性，又有差异，这种人才培养的差异性决定了工科院校大学生的心理素质的发展方向，也决定了大学生的心理困扰问题的特殊性。

大学生作为社会关系的一个特殊群体，在校四年是性格养成的关键时期。大学生心理发育还未完全成熟，对待事情的处理能力还不完备，在对待社会问题的时候，由于缺乏经验，在处理问题时不能很好地找到解决方法，易导致负面情绪不断滋生，最终产生心理问题。

据相关研究发现，由于理工科大学生心理特点的特殊性，部分理工科大学生在人际交往方面的能力较有欠缺，尤其是在大学适应和宿舍人际关系方面较明显。甚至很多“学霸”级别的学生，常年与公式、定理、实验室打交道，一定程度上也减少了他们与外界接触的机会，以自我为中心现象较多，从而产生诸多的影响大学适应的问题。

图书馆借阅书籍数据分析表明，带有一些励志性质类型的书籍比较受我校大学生的喜爱。这一现象也反映了当今时代激烈的社会竞争让理工科大学生们潜意识地选择能够对自己成功有帮助的书籍，希望通过这些书籍对自己的学习生活有一定的指导和借鉴作用。而喜欢看心理类书籍的理工科大学生则相对较少，这也进一步论证了理工科大学生在自我调试方面的薄弱。

在此基础上，借助朗读作为阅读疗法中解决心理问题的理想方式之一，具体问题具体分析，通过“朗读人生，感悟心灵”心理健康特色项目的开展，为不同的性格特点和情绪特点的大学生群体推荐不同的朗读和分享方案，鼓励大学生自由表达生活中被压抑的问题，在降低焦虑和提供情感释放的同时进行放松训练，帮助学生克服在成长中遇到的一般问题。使工科院校大学生在认知、情感及行为诸方面得到有效改善，引导学生树立科学的心理健康理念，让学生增强心理适应能力、社会适应能力以及人际交往能力。

二、项目开展情况

（一）项目内容

“朗读人生，感悟心灵”活动是针对全校各年级不同学生群体，通过原创文章、书信、美文和书籍等多种形式，以个人成长、情感体验、背景故事与传世佳作相结合的方式，通过朗读分享自己平凡生活中的温情与感动，传递爱和温暖。本项目的开展借助了土木学院公众号的推送平台，针对九大群体开展了不同层次不同类别的推广与实施，尤其是在以社团为平台的朗读与志愿、实践活动相结合的情况下，成效明显。

“朗读人生，感悟心灵”项目以阅读疗法为基础，并选择读书与分享的形式。阅读疗法的科学性不仅体现在阅读活动起源于人类治疗身心疾患的需要，自发生之起就具有治疗的功能，更重要的是朗读的过程能带来共鸣、净化、平衡、暗示、领悟等各种复杂的心理活动，调动着五脏六腑做着看不见的“体操”，这些活动起到了调节情绪、锻炼器官机能的作用。朗读之所以能够治病，在于它传达给读者的情感恰好能减弱或抵消郁藏于读者心中的不利身心健康的情感，从而减轻读者的病情，这就是阅读疗法的作用机制。朗读是一个思考过程，能充分调动人的注意力，人在书的引导、启示下不断提高对人生、社会、生命、疾病的认识，心胸豁然开朗，加上书中美好的欢乐情绪的感染，心态变得乐观安详，从而收到意想不到的治疗效果。朗读是一种心理体验，阅读的过程就是读者与作品的感情内涵融合共鸣的过程，从而产生美的享受，激起某种崇高的感情，改进处世态度，拓宽知识面，激发审美兴趣，陶冶情操，树立心理健康意识，优化心理品质，增强心理调适能力和社会生活的适应能力，预防和缓解心理问题，帮助大学生处理好自我管理、学习成才、人际交往、交友恋爱、求职择业、人格发展和情绪调节等方面的困惑，提高心理健康素质。

（二）具体实施过程

1. 调查研究

通过查阅文献等方式系统学习了阅读疗法的理论文献和实践研究，并充分借鉴泰山医学院宫梅玲的阅读疗法研究和实践经历。“朗读人生，感悟心灵”项目进行了多方面、多途径的研究与宣传，让学生了解普通阅读和阅读疗法的区别在于阅读过程的强度，也在于是否有针对个体心理问题进行科学的读物选择。对我院城市地下空间专业 3 个年级 364 名学生进行有关对阅读疗法认知的调查中发现，近 83％的人对阅读疗法和心理健康疾病认识不足。本项目通过知识讲座、宣传海报、社团宣讲会、学生干部座谈会等多样化的手段和方式，让更多的学生了解阅读疗法，让一些存在心理问题的大学生明白问题的所在，使大学生学会了解自己，学会使用阅读疗法，提高大学生的心理素质。

随后通过问卷调查以及图书馆借阅书籍类别数据的分析，对我校大学生喜欢的书籍类型进行调查。制订了以“朗读人生，感悟心灵”为主题的心理健康活动方案，并与不同年级群体的学生充分讨论后制定了具体的实施细则，通过 300 名土木专业学生的座谈和问卷调查，初步得到我校大学生喜欢的书籍类型调查结果，如表 2-1 所示。

表 2-1 我校大学生喜爱的图书类型

类型	数量	比例
自然科技	172	57.3%
名著	102	34%
言情	61	20.3%
金融	42	14%
漫画	76	25.3%
科幻	100	33.3%
武侠	97	32.3%
传记	65	21.7%
时尚杂志	83	27.7%
政治	63	21%
生活	72	24%
心理	26	8.7%

由表 2-1 可知，我校大学生除了看学习类相关书籍外，日常生活中大多数人还是喜欢看课外书籍的。在这些书籍的种类中，我院学生最爱看的书籍类型是自然科技类和名著，而对于心理类和金融类书籍则比例较低。这一方面与土木学院专业学科特点相关，另一方面也说明了，在我院学生群体中带有一些励志性质类型的书籍比较受到关注。这现象反映了当今时代的现状，激烈的社会竞争让理工科大学生们潜意识地选择能够对自己成功有帮助的书籍，希望这些书籍对自己的工作道路有一定的指导和借鉴作用。而作为很少受到关注的心理类书籍，喜欢看的理工科大学生相对较少。这也进一步论证了理工科大学生自我调试能力的薄弱。

2. 针对低年级学生群体

本活动针对新生心理普测中出现心理困扰较明显的大一新生进行了重点宣传。目的在于让他们积极参与，开阔胸怀，通过朗读排解烦恼，缓解心理压力。同时针对大学生普遍存在的交际困难、性困惑、恋爱苦恼、就业焦虑等心理问题整理专题书目、刊目和文章并进行推荐，包括《演讲与口才》《做人与处世》《家庭》《走出情绪低谷》《自卑挑战》《奇妙的自我心理暗示》《浪漫爱情的心理奥秘》《名人传记》《钢铁是怎样炼成的》《海伦凯勒的故事》等数十本著作。鼓励大一新生勇敢创作，说出心声，融入笔尖，化成文字，并以“土木·心语”的形式推送到土木学院公众号，使得同学们获得成就感的同时，也将心情分享给了他人，让朋辈之间的辅助作用充分发挥。

3.针对土木学院全体学生

学生在成长过程中出现的一些学习和生活中遇到的困扰，在积极心理学的视角上，应给予学生更多的正能量。借“朗读人生，感悟心灵”活动平台，通过访谈一些优秀毕业生和学生干部，提炼成文字稿，推送至学院公众号，帮助学生看到希望，克服困难，找到方向，从而在彷徨中寻找到自我前进的目标，在阅读中找到光明。

4.针对毕业生

毕业生在就业择业过程中会出现多种心理问题，走入多个心理误区。经过多次调查沟通、文献查阅和学生干部座谈会了解后，发现在面对考研、考公务员还是就业的问题时，超七成的同学会出现彷徨和无助；在毕业设计、爱情和生活多重压力下，毕业生焦虑倾向十分明显。因此，在开展相应活动的基础上，借助“朗读人生，感悟心灵”活动的平台，土木学院在公众号中特别推出了“土木·荐读”部分，帮助毕业生缓解在就业择业过程中产生的焦虑、依赖、嫉妒心理和无所适从的困扰。

5.针对全校学生

借助我校“5·25心理健康节”的平台，土木学院成功开展了第二届“朗读者”活动，让更多的同学了解和参与“朗读人生，感悟心灵”的活动，增进师生感情，丰富校园生活，实现文化感染人，鼓舞人，教育人的传导作用，展现有血有肉的真实人物情感，真实有效地帮助学生度过大学的迷茫期、焦虑期、困惑期。

6.针对学生党员

通过学生党支部开展了两期朗读分享活动，让书籍传递给我们的不再限于知识，更为我们打开一扇认识世界的大门，帮助我们于问题荆棘中看到希望，于历史幽暗中看到璀璨未来，于人性冷漠中看到道德之光。推荐学生党支部成员朗读的书籍有《习近平谈治国理政》《做正能量党员》《党员就是责任》等。开展了两期读书分享会，学生党员表示愿意更多地参与其中，效果非常理想。

7.针对青年志愿者学生

通过青年志愿者协会（简称“青协”）的平台，开展了一次读书分享会，并与水滴筹合作，开展了3期以“朗读人生，感悟心灵”为主题的白血病儿童伴读活动。活动得到了社会的高度认可，并取得了良好的效果。青协志愿者也纷纷表示在活动中感受到患病儿童对于书本中世界的渴望，对未来生活的希望。

8.针对传统文化朗读

借助经典诵读会等社团，定期开展晨读传统经典活动，朗读《论语》《诗经》《学庸论语》《大学》等书籍，并开展了两次诵读经典的分享活动，邀请了校外专家，并以网络直播的方式进行了推广，鼓励和引导学生参与朗读经典，传承传统文化，真正达到了愉悦精神、调试心理的目的，帮助学生以积极健康的心态面对学习和生活。由于形式比较新颖，活动得到了广大同学的认可，效果非常理想。

9.各班组织心理健康主题班会

各班组织了心理健康主题班会，让学生了解心理健康，正视成长过程中遇到的困扰，直面心理问题的症状及危害，增强心理保健意识。如有的学生可能正在被难耐的负向情绪所困扰，可能由于生活和学习的压力或不幸而正在遭受精神的痛苦，或者是隐私无法向朋友或家人倾诉，阅读疗法可以成为他们精神解放的归宿。在主题班会的过程中，积极推广朗读对于心理健康的作用和方式方法。大一、大二学生的主题班会覆盖率为百分之百。

三、项目特色与亮点

（1）本项目的开展将阅读疗法从理论走向具体实践，证明了阅读疗法是有效治疗大学生心理障碍的方法。本项目是高校大学生心理健康教育的大胆尝试，分布在各层次的学生群体都能广泛地积极参与。在借助阅读疗法的基础上，着重训练学生的情感体验和情感表达能力，并注重“阅读—反思—沉淀—再阅读”的深层精神体验。

(2)根据心理学的相关研究，理工科大学生由于自身的学科特点，更容易在生活中遇到焦虑、烦躁、恐惧、自卑、兴奋等情绪。如果这些负面的情绪不能够被解决，会对大学生的生活甚至是心理健康产生非常严重的影响。朗读是一种精神活动，本项目能够充分利用书籍的特点来缓解大学生的多种不良情绪。

(3)目前国内阅读疗法的理论研究和实践经验都十分空缺，本项目的开展为我国阅读疗法的研究以及阅读疗法解决大学生心理问题，尤其是理工科大学生的心理问题的研究提供了宝贵的实践经验和反馈资料。

(4)本项目创新采用以层次分析法为基础的权重分析法，对在校大学生的心理困扰问题进行权重分析，确定不同年级、不同专业大学生最为主要的、最为普遍的心理健康问题，从而“对症下药”，对不同类型的心理健康困扰确定与之对应的推荐朗读书目列表。

(5)本项目的活动形式与中央电视台推出的大型朗读类真人秀节目《朗读者》相呼应，吸引的学生参与人数多，开展效果好。借助朗读的形式，在大学生中广泛宣传阅读疗法，让学生在表达作品思想感情的同时，逐步掌握一定的心理调试方法，提高学生的心理素质。

(6)以读传情，“朗读”二字重文字，“感悟”二字重人。该项目更注重展现有血有肉的真实人物情感，所以更加看重对同学们的身心健康有帮助的、思想健康的、鼓舞人的、教育人的、感染人的朗读。借此营造健康成长、快乐学习的校园文化氛围，也塑造阳光，充满活力的当代大学生的形象。

(7)本项目积极与学生党支部、学生社团、学生组织等进行合作，依托多种平台进行活动开展，宣传力度大，影响面较大。通过问卷调查、学生干部座谈会、社团宣讲等多种形式，对不同年级、不同专业的大学生的心理困扰进行具体划分，通过权重分析法确定相关心理健康问题的比重，以找出大学生最喜欢的心理问题排解方式。根据我校学生年级、专业特点，依托学生组织、学生党支部、学生社团，针对不同年级和专业举办不同的以“朗读人生，感悟心灵”为主题的朗读活动，并在线上线下进行积极宣传，例如土木工程学院心理健康系列活动之“朗读者”活动、水滴筹和青年志愿者协会共同举办的齐鲁医院“朗读人生，感悟心灵”伴读活动、“朗读人生，感悟心灵”心理健康知识普及班会、经典诵读会相关朗读活动、“朗读人生，感悟心灵”书目征集活动、第一届“朗读中的你我他”朗读交流分享会等。

四、项目成效

（一）项目取得的效果、成果

(1)成功举办第一届“青年之声·朗读者”活动，活动面向全校师生开展，围绕我校第十五届大学生心理健康节“以爱之名，共筑青春”的主题，以弘扬社会正能量为主，提倡并征集朗读的音频视频作品。本次活动的内容主要包括“遇见”“选择”“家”“告别”四大部分。活动的举办，吸引了大量师生，他们通过朗读表达感情，净化心灵。参加者的作品正在“山东建大土木年华”微信公共账号上展示。活动覆盖全校，前后进行外场宣传10余次，进行心理健康教育宣讲会暨活动报名会、心理健康主题班会、学生干部座谈会20余次，发动心理健康协会等学生组织进行参与，累计报名300人次，选拔优秀朗读作品20余部，并在土木学院微信公众号“山东建大土木年华”进行推送。

(2)第二届心理健康系列活动之“朗读者”活动，切合十九大精神，以社会主义核心价值观为引领，弘扬社会正能量。本次活动选取“勇气”“信仰”“眼泪”3个主题，参赛师生可制作一个或叙述或朗诵的视频(音频)文件作为参赛作品，分期由微信公众号“土木心协”推送，通过微信公众号展示参赛作品并进行匿名投票。本次活动还为积极关注、参与“朗读者”活动的同学们提供面对面交流的舞台，邀请学院教授、团委老师及优秀作品的作者们跟大家分享自己平凡生活中的温情与感动。

(3)2018年4月，由水滴筹和山东建筑大学青年志愿者协会共同组织的齐鲁医院“朗读人生，感悟心灵”伴读活动完美落幕。该活动在陪伴白血病儿童读书的同时，也呼吁社会给他们更多的关爱和帮助，帮助白血病儿童在读书中感受快乐，正视疾病，勇敢坚强。我校青年志愿者协会的志愿者们带领孩子们一起朗读书籍，也帮助孩子们更好地克服因疾病困扰而产生的心理上的自卑、与人接触的抗拒，让孩子们在医院里同样可以收获书籍带来的知识和乐观向上的情感，让空气沉闷的病房时时传来孩子们的欢笑声，让孩子们和家长们感受到了来自社会的关心、帮助与支持。本次活动也受到社会各界广泛好评。

(4)土木学院2017级新生班均成功举办“朗读中的你我他”读书交流分享会，各班全部朗读爱好者参与分享交流。大家纷纷感到意犹未尽，感叹道这样的读书交流活动很有必要，可以让大家逐步养成多读书、读好书和好读书的好习惯，通过读书不断充实自己，丰富自我，努力提升自己内在的素质和修养。

(5)依托山东建筑大学经典诵读会、映雪湖书院等鼓励和引导学生参与朗读者等系列活动，以达到愉悦精神、调试心理的目的，帮助学生以积极健康的心态面对学习和生活。

(6)通过问卷调查、外场交流、座谈会分享等形式，使用以层次分析法为基础的权重分析法，对在校大学生的交际困难、就业压力、恋爱苦恼、心烦焦虑、缺乏自信、厌学、性困惑等10余种心理困扰问题进行权重分析，确定不同年级、不同专业大学的最为主要的、最为普遍的心理健康问题，从而“对症下药”，对不同类型的心理健康困扰确定与之对应的推荐朗读书目。

(二)参与人员的具体感受

(1)土木工程专业2016级1班邱天朔：“土木学院第一届朗读者活动结束了，这次活动给我最大的感受是美。朗读文字和公众号推送的文章都给我一种美的享受，或激情洋溢，或温婉可人，或娓娓道来，或饱含深情。还有一个感受就是爱，在这次活动里处处都有爱的体现。从班级这个小集体到土木学院这个大集体，我们时时感受着爱的流动。这次活动中我也看到了每个人身上无限的潜能。朗读是为了与最美最真的自己相遇，每次朗读过后我的心灵都感受到了温暖与阳光，每次朗读过后我紧张的学习生活都得到了放松与慰藉！下一届朗读者活动，希望我能和更多的朗读者一起出发，你会来吗？”

(2)土木工程专业2016级6班李佳润：“在科学技术飞速进步，知识爆炸的今天，人类也随之进入了情绪负重的年代。当代大学生作为现代社会的组成部分，对社会心理这块时代的'晴雨表'自然就十分敏感。但是，大学生作为一个特殊的社会群体，本身存在着许多特殊的问题，如对新的学习环境与任务的适应问题，对专业的选择与学习的适应问题，理想与现实的冲突问题，人际关系处理的问题，学习、恋爱中的矛盾问题以及对未来职业的选择问题等等。种种心理压力积压在一起，久而久之，会造成心理上的障碍。这次朗读者活动及时为我疏通了心情，排解了压力，指引了方向。"

五、关于项目的思考

(1)我国关于阅读疗法的研究以及阅读疗法解决大学生心理问题的研究仍然有很大的不足。随着当代大学生群体心理问题的日益突出，"朗读人生，感悟心灵"系列活动应逐渐向科学化的方向进行发展，应在全省范围内寻求较早将阅读疗法应用于大学生心理健康教育的高校及机构进行合作。

(2)"朗读人生，感悟心灵"项目应争取与校图书馆、心理咨询室进行合作，项目的发展应与大学生的心理健康教育相辅相成、相得益彰，并通过设立大型朗读分享会、朗读角等多种线上线下的形式，在全校进行普及，争取做到全校全员覆盖。图书馆在满足高校的教学与科研工作的同时，应当增加能够提高学生思想文化和文艺修养、道德素养的社科类和文学艺术类文献以及有关大学生心理健康教育的指导性读物，有针对性地采购图书，优化馆藏。根据学生心理健康的需求特点，建立心理健康书籍虚拟数据库，根据不同的心理问题整理出相关书籍，建立有关文档，便于学生查询。

(3)"朗读人生，感悟心灵"项目应建立学生自主服务平台，使相关活动开展程序化、高效化、专业化。项目也应与心理协会、青年志愿者协会等学生社团组织建立长期的合作关系，做到活动定期开展和定期总结反馈，使得项目的开展既能帮助学生树立正确的三观，又能接地气，真正做到"顶天立地"。

（山东建筑大学土木工程学院　刘　莹）

案例5　学为心声

——学业困难学生的心理帮扶探索

一、项目背景

《中共中央国务院关于深化教育改革全面推进素质教育的决定》中明确指出:“要加强学生的心理健康教育,培养学生坚忍不拔的意志、艰苦奋斗的精神,增强青少年适应社会生活的能力。”在大学开展心理健康教育,既是学生自身健康成长的需要,也是优化学生心理素质的必然要求。

山东建筑大学测绘地理信息学院开展“学为心声”心理健康教育活动的出发点和立足点在于“学”。我们希望通过围绕“学”搭建“一学两会”平台,即“读书会”和“补习会”,从而可以从实质上为我院学生提供切实有效的帮助与指导。具体意义如下:

(1)通过开展“读书会”,引导并督促学生阅读心理学书籍,可以让学生掌握心理学的必要知识。一方面有利于从源头预防心理问题的产生,另一方面在出现心理问题时也更有利于对学生进行开解,弱化心理健康教育的难度。

(2)通过开展“补习会”,重点对学困生进行帮扶。从“积极心理学”的视角开展思想引领,引导学困生树立自信心,切实了解并疏解学困生的心理问题。这一方面有利于学院中这一特殊群体的发展进步成长成才,另一方面也有利于带动班级、学院的学风建设,从而塑造学院积极向上、生动活泼的文化氛围。

二、项目开展情况

心理健康是大学生全面发展的重要内容,也是大学生全面发展的重要条件。大学生健康的心理素质是大学生道德素质、思想素质、能力素质的基础，学院也高度重视学生的心理健康教育。测绘地理信息学院在开展相关活动的基础上，总结经验，提炼内容，举办“学为心声”心理健康教育活动，并在活动开展的过程中不断修整完善，以期形成具有学院特色的教育活动。

测绘地理信息学院“学为心声”心理健康教育活动分为两个篇章：

（一）“学为心声”心理健康教育活动“一学两会”之“读书会”篇

本篇主要由“心花怒放”阅读心得分享会、“你的心思我会懂”心理健康主题讲座、“心心相印”测信好青年3部分组成。

1.“心花怒放”阅读心得分享会

本环节主要是基于学生在阅读心理学书籍的基础上进行心得分享。为扩大影响力以及学生的参与面，分享会采取班级认领的方式。指定的书籍在指定的时间内阅读完毕后，分班级组织开展主题分享会，通过讨论交流碰撞出思想的火花。分享会全程由学生会信息宣传中心通过测信好青年QQ号同步直播。

2.“你的心思我会懂”心理健康主题讲座

本环节主要采取讲听结合的方式，为具有较强表达能力的学生搭建平台，注重心理学知识的“输出过程”。为提高讲座的有效性，讲座主题在选取方面注重结合大学生心理实际，就大学生普遍存在的心理问题开展讲座，如“克服拖延症”“抗挫折能力养成”“健康的恋爱观”“压力疏导”等。

3.“心心相印”测信好青年

作为线上宣传的主流方式，“测信好青年”QQ平台在全院学生的覆盖率已高达90%。通过“测信好青年”QQ平台定期推送以“心心相印”为主题的心理学阅读心得体会，将对大学生的心理健康教育融入到日常一点一滴的积累中，使学生在通过QQ的日常沟通交流中润物无声地得到教育。

（二）“学为心声”心理健康教育活动“一学两会”之“补习会”篇

本篇主要由“困惑在心口难开”匿名心声表达、“心中有你”学习观引领、“月亮代表我的心”爱心讲学、“不负我心”自学引导4部分组成。

1.“困惑在心口难开”匿名心声表达

设定本环节的目的在于全面了解学生，尤其是学困生的心理问题。通过设立“悄悄话”信箱，使学生能真正放下顾虑。针对全部学生，有效收集他们关于学业、情感、生活等各方面的问题，并就不同方面的问题进行分类归纳整理，形成测绘地理信息学院学生心理问题报告。针对学困生，单独进行匿名“悄悄话”收集，了解并分析这类学生的心理问题，形成针对学困生的心理问题报告，从而在具体工作开展中做到有的放矢，抓住问题的核心。

2.“心中有你”学习观引领(天使行动)

本环节主要根据《积极心理学》的指导，采取主题班会的方式对学困生进行学习观的思想引领，培养学生的积极潜能，引导学生用一种更欣赏性的和开放的眼光去看待事情，关注希望、毅力、乐观、积极、勇气等，通过塑造或者唤醒积极力量使之成为真正健康并且幸福的人，帮助学困生树立学习的自信心，以积极的视角应对学业困难问题。

3.“月亮代表我的心”爱心讲学

本环节在充分了解学困生具体学业困难的基础上，由学习成绩比较好的同学进行分组式一对多辅导讲学，针对不及格人数较多又难以理解的困难科目对学困生进行辅导。

4.“不负我心”自学引导

本环节主要是从外界督促学困生养成良好的学习习惯。在自学引导方面，以宿舍为单位，实行舍长负责制，主要由舍长定期通报本宿舍学困生的自学情况，及时把握学困生的学习动态。

三、项目特色与创新

(一)特色

测绘地理信息学院“学为心声”心理健康教育活动是专门为测绘地理信息学院学生量身打造的活动。本活动以“心”为宗旨，以“学”为核心，从学生和学习两个方面搭建“一学两会”平台。在学生层面，通过开展“读书会”丰富学生的心理学知识，对学生的心灵进行滋养；在学习层面，通过开展“补习会”对学困生的心理问题进行疏导，对其学业进行帮扶，最终引导学困生树立正确的学习观。

测绘地理信息学院“学为心声”心理健康教育活动的开展重视普遍性与

特殊性的统一。在普遍性方面，通过“读书会”着力培养并提高全学院学生的心理素养；在特殊性方面，重视“学困生”这一特殊群体的心理问题，并针对这一群体开展系列教育活动。

测绘地理信息学院“学为心声”心理健康教育活动根据学院特点分为两个篇章：

(1)“学为心声”心理健康教育活动“一学两会”之“读书会”篇：①“心花怒放”阅读心得分享会；②“你的心思我会懂”心理健康主题讲座；③“心心相印”测信好青年。

(2)“学为心声”心理健康教育活动“一学两会”之“补习会”篇：①“困惑在心口难开”匿名心声表达；②“心中有你”学习观引领；③“月亮代表我的心”爱心讲学；④“不负我心”自学引导。

(二)创新

1.模式创新

测绘地理信息学院“学为心声”心理健康教育活动采取篇章式，不同的阶段进行不同环节，不同的篇章代表不同的教育主题。“读书会”篇侧重于通过开展的心理学读书系列活动，从“阅读”输入以及“分享”输出全面提高我院学生的心理素养；“补习会”篇注重提高学困生的自控能力，着力解决这部分学生的思想、心理问题，通过思想引领以及优秀学生的帮扶使其在学业上能有明显进步。

2.组织创新

测绘地理信息学院“学为心声”心理健康教育活动在组织方面是由心理协会牵头，重点发挥心协成员、班级心理委员、学优生群体的模范带头作用，学生会党团教育中心、信息宣传中心、培训中心、自律会等各中心鼎力支持，每个同学全方位参与，最大限度地发挥每个学生的主动性，培养学生的参与意识。

四、项目成效

(一)项目取得的效果、成果

测绘地理信息学院通过开展“学为心声”心理健康教育活动，为学生提供了一个展示自我的平台，可以提高学生的心理素养，同时为营造良好的学风提供了有效的指导和引领。在活动开展过程中通过修正和总结，形成了一套比较完善的机制或者模式。希望今后在此基础上不断研究大学生心理健康教育的模式，形成相应的理论成果，在更多的地方推广。

（二）参与人员的具体感受

（1）地理信息专业2017级2班张金海："我是参加了学院组织的'学为心声'活动的一名大一新生。参加这次活动我感受颇深，不仅从心理上得到了疏导，更是从精神上取得了很大的收获。这次的'读书会'不仅激起我对心理书籍的兴趣，更使我掌握了许多心理学的必要知识。而'补习会'更是让自己树立了自信心，对学习产生了更浓厚的兴趣。感谢这次的活动让自己在心理和学习上得到了更好的帮助。"

（2）测绘专业2016级3班赖伟超："通过参加本次'学为心声'活动，我感受到学院内浓郁的读书、学习氛围。本次活动形式新颖，令我耳目一新。我不仅和同学们一起读书，还能参加讲座，得到专业的心理知识辅导。通过'测信好青年'，我了解到其他人的感受，我也在网络上发出了我自己的第一篇帖子，让更多人听到我的'声音'。在读书分享会上，我和一些高年级的'读书大神'们一起交流，更让我受益匪浅，这鞭策我向他们学习。这次活动不仅提高了我的学习成绩，更使我明确了大学生活的奋斗方向，衷心希望这样的活动可以在学院内多多开展。"

（三）项目利用线上线下形式进行宣传的情况

测绘地理信息学院心理健康教育特色项目得到了学院的大力支持。在线上，主要通过本学院"测信好青年"公众号进行宣传，本公众号在学院具有一定的宣传力度和可信度。在线下，通过各班心理委员在各班积极开展班会主题活动，帮助学生积极面对心理健康问题。总而言之，宣传的方面广，力度大，实施性强。

五、关于项目的思考

该活动的项目设计大多针对的是部分感兴趣、有能力或者心理问题比较突出的同学，有些项目不能够涉及大部分同学，适用范围不广。该活动的目的是让每个同学都能全方位地参与活动，最大限度地发挥每个学生的主动性，培养学生的参与意识，但所达到的效果并不十分理想。

（山东建筑大学测绘地理信息学院　贾德芳　常淋林）

案例6　快乐起航，筑梦成长

——大学生人际能力提升团体训练营

一、项目背景

大学生正处在人生的重要转折阶段，虽然生理上已基本成熟，但心理上尚未成熟，存在着这样那样的问题。研究发现，不同年级大学生的主要心理问题存在着不同的特点，但是人际关系问题贯穿大学生涯始终，对大学生的学习、生活有着重要影响。

大一是高校适应的困惑期，大一新生普遍存在着对生活、学业、人际等环境不适应的“大一综合征”；大二是心理问题的多发期，相互熟悉的大二学生为人行事消除了拘束感，以往存在的问题逐渐暴露，各种人际冲突也随之出现；大三是情感的冲突期，情感冲突在大三表现得尤为突出；大四是择业求职的盲目期，人际心理问题因求职择业而产生。

本项目针对不同年级大学生的心理特点和人际能力发展需求，通过活动化的团体训练，培养学生的适应性、独立性，提升人际沟通能力、组织协调能力、团队协作能力等，不断优化学生人际关系处理能力，提升整体心理素质。

二、项目开展情况

针对一年级学生的适应困难进行“破冰”训练；对二年级学生进行人际沟通、自控等能力训练；对三年级学生进行组织协调、领导等能力训练；对四年级学生进行团队合作、创新等能力训练。

（一）一年级：初来乍到——“破冰”训练

1.活动一：回旋交流

让小组成员充分认识，使大家建立初步认识，形成第一印象。

2.活动二：情解千千结

进一步打破相互不认识的尴尬，使大家逐步增加相互认识的程度。

3.活动三：左手右手（又叫“举一反三”）

制造紧张刺激气氛，令参加者强记其他组员的名字，促进组员间的初步认识了解。

4.活动四：大风吹

让陌生的小组成员互动，调换座位打破组员的隔膜，增加组员的投入感，活跃小组气氛。

5.活动五：花开几朵

(1)加强同学之间的接触，巩固刚刚建立起来的记忆。

(2)带动气氛，使活动在欢乐的氛围中完成。

（二）二年级：君子之交——沟通、自控等能力训练

1.活动一：你来比划，我来猜

培养同学之间的心意相通，提升他们的默契程度，增加他们相互理解的理念与意识。

2.活动二：驿站传书

使学生强烈意识到，充分沟通对团队目标实现的重要意义；制度规则的建立与修正，然后内化于身，形成自律、自制意识。

3.活动三：珠行万里（对抗游戏）

感受团队间有效的配合，责任感的培养。培养学生的自我控制能力，为共同的目的以及团队的责任感做好每一个环节。

4.活动四：班级辩论赛

辩论主题：大学生是否应该恋爱。

引导学生树立正确的爱情观，在讨论中促进学生思维的活跃，提升沟通能力。

(三)三年级:相濡以沫——组织协调、领导等能力训练

1.活动一:轰炸大队

(1)加强彼此之间的了解,增强团队合作精神。

(2)增强班级认同感和班级凝聚力,真正地融入班集体,强大班级力量。

(3)通过一些小细节去发掘部分小组成员的领导能力。

2.活动二:解手链

锻炼新团队的沟通、执行及领导能力。

3.活动三:支援前线

培养班级同学的沟通、组织协调意识与能力,增强班级凝聚力。

4.活动四:盲人方阵

这个任务体现的是团队队员之间的配合和信任。一个有领导,有配合,有能动性的队伍才能称之为团队。本活动既能锻炼成员的组织协调能力,也可以锻炼团队合作能力,还可以锻炼领导能力。

(四)四年级:玉琢成器——团队合作、创新等能力训练

1.活动一:叠叠乐

训练同学们之间的合作意识、创新能力等。

2.活动二:信任背摔

信任背摔是一项心理素质拓展的活动,目的是通过这个活动建立起彼此间的信任关系。同时,这个活动还可以锻炼心理素质,克服恐惧,对业务人员的心理素质提升有很大帮助。还可以提高组员的人际沟通能力,引导组员换位思考,让他们认识到责任与信任是相互的。

三、项目特色与亮点

该项目针对不同年级大学生人际能力的不同需求,进行有针对性的团体训练。如一年级的"破冰"训练,使新生入校后很快便和班级其他同学熟悉起来,缓解了他们新入校后的那种陌生感,有利于他们建立良好的人际关系;二年级的沟通、自控能力训练,使已经熟悉的同学们学会沟通交流的技巧,破除熟人交往过程的一些"不好意思"等情况,使他们更加深入地相互了解,增进同学们之间的友谊;三年级的组织协调能力训练,则主要是锻炼同

学们的协调领导能力，为个体成长、发掘自身能力提供机会；四年级的团队合作训练，则为同学们的就业打下基础。

针对该项目，学院领导高度重视，积极支持；我们学院有经验丰富、具备心理学知识的专业课教师设计、指导活动；学生有心理学相关课程基础和活动经验，且以“社工学社”“阳光社工服务社”为支撑，有团队优势；我院已经连续多年为我校多个兄弟院系开展“新生破冰训练”等团体辅导，活动品牌已形成，影响力不断扩大，效果良好；我院多次承办学校组织的心理朋辈辅导技能大赛，对参赛队员进行专业辅导。该项目利用社会工作专业方法设计体验式活动；以“参与-体验-感知”为手段，以提升人际能力为核心，通过互动交流、团队活动、集体竞赛等训练方式，来提升不同年级学生的人际交往能力。

四、项目成效

该项目得到法学院领导及老师的大力支持，活动前不仅在线上通过公众号推广，并且线下在映雪长廊进行宣传，得到了广大同学的认可，活动参与度在90%以上。在活动中，同学们积极性较高，彼此之间相互合作，相互信任，共同完成整个素质拓展活动。活动完成后，我们随机抽取参与活动的同学进行活动感想调查。例如，周慧鑫说：“这次‘破冰’活动，拉近了我和同学们之间的距离，使我对同学们的了解更加深刻。在游戏活动中，我了解到了团结协作的重要性，同时我也看到了同学们精彩的才艺展示。我认为，在以后的学习生活中，我们不仅要努力提高自己的学习成绩，也要不断提高自己的人际交往能力，在和同学们的交往中提高自己的语言表达能力和团队协作能力，这不仅对于我们现在有着重要的意义，还对我们将来投入工作岗位中有着不可或缺的意义。”同样，刘雪同学也简单说了她对于整个素质拓展活动的感想：“通过本次的拓展训练，我明白了以下几点：①选择行之有效的工作方法。第一步，集思广益；第二步，确立统一的领导；第三步，确定完善的方案；第四步，分工明确；第五步，认真实施。②一个优秀的团队需要有‘人人为我，我为人人’的精神。③相互信任是团队合作的基础。正是有了相互信任，才能积极达成每一个目标。④无论做任何事情，当我们遇到困难和挫折时，都不要轻言放弃。要牢牢树立必胜的信念，要敢于拼搏，战胜自我。短短的训练让我认识了自己，每一次游戏之后的沟通，都会让我有新的收获，带给我无穷的启迪，启迪我在今后的工作生活中，要不断挑战自我，超越自我，将自己融入团队中。”

五、关于项目的思考

“快乐起航，筑梦成长”大学生人际能力提升团体训练营活动开展的效果是显而易见的，同学们在活动中积极表现，主动在同学面前展现自我，这不仅是同学们相互认识的契机，更是同学对于自我的认识和认可，有助于他们尽快融入班级大集体，提升班级的凝聚力。

此次活动，社工学社全体社团成员参与度很高，很多同学都积极主动成为活动组织者，通过组织活动，锻炼他们的人际沟通、语言表达、组织协调、领导等能力。

本次活动也存在很多不足的地方。第一，大一有部分班级整体时间观念淡薄，活动时间到了，人员还没到齐。第二，组织者对活动的具体流程熟悉度不够，组织协调能力有一定的欠缺。第三，参与者随着年级增高，参与的积极性、主动性降低，因此需要加强宣传，做好前期的动员工作。

（山东建筑大学法学院　张庆强）

案例7　共享最美青春梦想

——生涯发展角度的教育实践探索

一、项目背景

大学生的心理大多数处于半成熟期，对网络环境下各种信息的诱惑难以抵挡，加之部分大学生可能对学业和前途的追求处于迷茫状态，所以他们更容易迷失在网络环境中，容易产生网络依赖，减少人际交往，从而产生一些心理问题，导致人生观、价值观不稳定。为此，商学院特举办“共享最美青春梦想”系列活动。此次活动强调发掘个人成长的可能性和潜能，重视团队成员之间的互动，通过老师的观察、协助和指导寻求解决问题的办法，帮助学生获得成长。

此次活动运用发展心理学及朋辈心理学等理论，通过组织主题活动，分享个人梦想愿望清单。学生通过自我分析和情绪宣泄，逐步肯定自我的存在价值，理清职业生涯规划。活动目的是提升大学生的学习动力，增强就业能力，协调各方关系，从而最终达到身心的健康成长和实现认识自我，提升自我，超越自我。此次活动的项目负责人具有国家二级心理咨询师资格，讲授“管理沟通”“招聘与面试”课程，从专业角度指导活动开展。活动由学院领导支持，团委负责实施。此次活动包括 4 个项目，分别为解忧杂货店、“青春飞扬，商梦起航”明信片设计大赛、“青春梦想”主题演讲比赛、制作视频合集。

通过分阶段活动，激励大学生思考正确的世界观、人生观和价值观，丰富大学生的校园文化生活，指导大学生通过征文和演讲等形式分享并展示自己的青春梦想愿望清单以及自己为实现梦想所做的努力，选出大学生心目中的青春梦想代言人，学院进行总结表彰，并倡导健康的学习生活方式，从而促进大学生身心健康成长。

二、项目开展情况

（一）项目具体内容

1. 解忧杂货店

书本《解忧杂货店》采用穿越时空手法，描述了卷席门后的杂货店“变身”为烦恼咨询室，现实中的人们纷纷将生活中遇到的有关亲情、爱情、家庭、梦想、未来等各式各样的烦恼、心理问题写在信中，通过牛奶箱传递给店里的人，并从那里收到充满睿智的回信。“共享最美青春梦想”解忧杂货店活动借鉴书本中书信投递的方式，结合现代互联网技术，通过线上问答的形式来解决同学们的心理困扰。此活动由山东建筑大学学生工作处、心理健康教育与咨询中心主办，商学院团委承办，活动进行时在商学院微信公众号每周推送 2～3 期一系列心理健康书籍、心理学视频、讲堂等，同学们可在评论区写下自己的疑惑与烦恼，通过专业老师的解答，不久就会在这里收到暖心的回复。该活动为大学生搭建了一个舒缓压力、解忧答疑的平台，帮助同学们消除对大学新生活的迷茫和无助，感受学校的温暖。

2.明信片设计大赛

青春是激情的，梦想砥砺我们前行。明信片设计大赛为丰富校园文化，积极传递青春梦想正能量，激发学生对创作的兴趣与爱好，同时培养坚定的理想信念、良好的思想道德修养而创办，展现了新时期青年的“青春、激情、梦想、励志”精神。明信片设计的主题为“青春飞扬，商梦起航”，设计内容要求突出青春、梦想、创意、时尚、友情、爱等元素，学生可以通过摄影、电脑制作等多种形式来设计作品，表现对青春梦想的追求。作品要求为：电子版，内容不限，每份作品单面即可。活动最终评选出最佳设计奖 10 名，授予获奖证书及订制明信片一套和毛绒玩偶等奖品。

活动评选以符合主题，有创意，并且能够表达自己的思想为原则，分为预赛和决赛两个环节。预赛环节邀请学院五大组织主席、部长担任评委进行打分，要求实名制打分，取平均分优选 30 份明信片进入决赛；决赛环节邀请商学院团委老师和校心理老师担任评委，最终选出 10 份优秀的明信片，获奖作品由商学院大学生生活服务中心微信公众号以及商学院学生会微信公众号进行推送。此活动不仅让同学们正确审视了自己，并且为富有创意的同学提供了一个展示自己的平台。

3.“青春梦想”主题演讲比赛

生活在校园里的我们，每一个人都是青春的代言人。在作为青春代言人的同时，我们还怀揣梦想。然而在实现梦想的路上，免不了受现实的影响，产生一些心理问题。本演讲比赛以“青春梦想”为主题，各参赛选手尽情发挥自身风采、主张观点及演讲才能，以新颖的角度和方式，阐述对“青春梦想”的理解与追求。演讲比赛分为预赛和决赛，学生通过演讲的形式分享展示自己的青春梦想愿望清单以及自己为实现梦想所做的努力，最终选出优秀的青春梦想代言人，学院进行总结表彰。比赛现场如图 2-6 所示。

图 2-6 “青春梦想”主题演讲比赛

（二）项目实施过程

第一阶段：

活动总体设计，预算经费，撰写策划案，准备物资，召集各班委讲解活动主旨和要求，初步宣传活动。

第二阶段：

1. 下发活动通知

由各班委负责组织召开本班内部的“共享青春梦想愿望清单”活动系列主题班会，介绍“共享最美青春梦想”系列活动，发动同学们积极参加本次活动。

2. 召开班会

第一次班会：团队沟通。学生共同讨论及列出自己的人生梦想愿望清单，讨论结束后布置主题征文，要求每位同学通过认真反思，写下自己梦想目标中的愿望清单，并陈述自己为实现青春梦中每一个目标已经做出的努力以及将采取的具体行动。

第二次班会：征文展示。通过班会形式，每一位同学在班级内通过演讲形式展示自己的青春梦想征文，述说梦想清单以及详细的实现计划。全班同学表决选举出本班最优秀的征文 6 篇，及最有代表性的 1 位班级青春梦想代言人参加学院活动。

第三阶段：

(1)收集评论中给“解忧杂货店”的“老爷爷”的留言，向心理老师寻求解决办法，以问答的形式推送心理老师的留言。

(2)征集“青春飞扬，商梦起航”明信片作品。

(3)根据作品要求评选出10份优秀明信片作品，并发放奖状、奖品。

第四阶段：

(1)学院组织“青春梦想愿望清单”主题演讲比赛预赛，每班选拔1人参加比赛，演讲内容丰富新颖、感情真挚，宣传和展示了大学生健康积极的人生态度，由主席团成员作为评委用心聆听了每位参赛者的演讲并进行了打分，评选出部分优秀代言人参加决赛。

(2)学院组织“青春梦想愿望清单”主题演讲比赛决赛，演讲全程录像，由活动指导老师和校心理老师以及主席团成员等作为评委进行打分，共同选出优秀青春梦想代言人10人，由学院总结表彰。

第五阶段：

印发“青春梦想”优秀明信片作品，编辑优秀“青春梦想”演讲视频合集，通过网络进行宣传和展示，如图2-7所示。

图2-7 “青春梦想”优秀明信片作品

三、项目特色与亮点

（一）项目特色

（1）运用发展心理学，在大学生价值观形成的关键时间点通过环境影响使其自发进行调节。

（2）运用朋辈心理学，同学之间通过正确的典型相互影响。

（3）运用教师指导下的参与式管理，让学生自发组织活动，锻炼能力。

（二）项目亮点

（1）在互联网盛行的时代，充分利用网络，采用线上问答的形式，给予同学们更方便解决心理问题的途径。

（2）电子版明信片的设计活动激发了同学们学习相关设计软件的兴趣，丰富了同学们的课余时间。

四、项目成效

（一）项目成果

“解忧杂货店”活动一定程度上为学校的心理教育工作解了忧。它相当于一个隐秘的精神驿站，给学生们带来愿意脱下盔甲的安全感，并为其提供心灵的慰藉。大家在评论区写下的每个字都是情感的寄托，通过专业老师的解答，既解决了疑惑，又宽慰了同学们茫然不适的心，对于处于迷茫与忧愁交织之中的大学生，“解忧杂货店”堪称一道靓丽风景。它用一种温情的创新，为“以学生为本”注入了更丰富的现实内涵——“你愿意敞开心扉，我就努力把温暖的阳光洒进来！”本次活动让同学们的大学生活丰富而充实，深得广大师生的好评。

明信片设计大赛活动发动商学院2016、2017级学生参赛，并采取鼓励政策，报名人数超过了各班人数的30%。该活动以适应新时期大学生的思想特点和心理需求为基础，激发了大学生对青春梦想的追求，提升了大学生的学习动力。该活动融入创作元素，创造了积极向上的校园文化，展现了商院学子风采，释放他们的青春活力。本次活动不仅让同学们正确审视了自己，并且给了那些富有创意的人一个展示自己的平台,同时这次活动也提升了大学生的学习动力,增强了就业能力。

“青春梦想”主题演讲比赛通过微信公众号对获奖选手的演讲稿进行推送,优秀的演讲稿使大家受益匪浅。各位选手不仅展现了良好的精神风貌,更体现了他们身上积极向上、努力拼搏的进取精神。后期我院将组织获奖选手发表自己的获奖感言,并通过微信公众号进行推送。本次比赛加深了大学生对自己心理的认识,让大学生结识了许多朋友,也更加确定自己的梦想和责任。

(二)参加项目人员的感受

1.参加“青春梦想”演讲比赛的李艳鹏

我由衷地感谢主办方和相关的工作人员,感谢他们提供了这么一个平台,让怀揣着演讲热情的我们来到这理想的殿堂,让我们用自己的语言去践行对“青春梦想”的渴望。

我们的大学生活不是用来让我们浪费的,而是应该不断努力不断发展,争取在毕业之前我可以从容不迫地站在台上讲话,能够表达出自己的真实想法,而不是做那种心里想得很明白,但是无法用语言表达出来的人!

从预赛到决赛,我的演讲稿改了很多遍,每一次修改演讲稿都是对内容、思想以及构架的进一步完善。在准备比赛的过程中,我曾经对着小树林里面的树进行演讲,也曾经在宿舍楼里想象自己在台上的样子。但是等真正到台上对着老师和同学们的那一刻,你就会觉得原来自己可以如此强大!

感谢各位评委老师,同时感谢主办方的学长学姐,在初赛后,不止一次给我们进行详细的辅导,详尽到了每个句子应该用什么样的语气来表达,每段话配什么样的音乐,怎样控制时间等。比赛期间,我还收获到友谊,遇见了与自己志同道合之人。谁的青春不折腾啊,在折腾的同时,敢审视自己的梦想,反思自己的现状,再作出正确的反应,就是值得的青春!

2.参加“青春飞扬,商梦起航”明信片设计大赛的郝若彤

接到报名通知时,我犹豫了许久,抱着试试的心态参加了明信片设

计大赛，从构思到绘制，再到细节修改，差不多用了两三天时间。这其中，要特别感谢朋友和室友的大力帮助与支持，让我初次涉猎全新的设计领域。

一直以来，我就对明信片一类的事物抱有兴趣。小小的卡片，从天南海北风尘仆仆地辗转而来，寄托的却是沉甸甸的愿望，让每个收件者在不经意间就收获慢慢的幸福感。我们的青春韶光灿烂若花，应该记录下这美好的青春，记住我们在这璀璨年华里洒过的汗水和受过的伤痛以及收获的成长和快乐。在草长莺飞的季节里，大自然带给了我无限灵感，由此，我设计了有着浓浓春意的明信片，希望让身边每个人感受到暖意，对青春岁月里的梦想怀有追逐之心。

这次参赛使我明白，要勇于尝试，敢于创新，每个今天都要比昨天更加努力，只有不断学习新知识新技能，才能走得更远。时光不染，青春不淡，愿每个努力的青春都不被辜负。

五、关于项目的思考

1. 考虑不全面

没有充分发挥商学院微信公众号对明信片设计大赛的辅助作用，明信片设计大赛忽略了线上投票环节，过分看重主席团的作用。

2. 对于部分不配合的心理委员未进行深入交流

没有根据当时各班级的实际班情，与心理委员进行深入交流和探讨，共同寻找方法使同学们配合，重视此项活动的开展。

3. 班级内部配合不到位

个别班级的同学对班级心理委员工作不配合，没有认识到班级荣誉和综合测评对个人的重要性，报名不主动积极，信息上交不及时，导致心理委员上交文件不及时。

4. 宣传效果不好，影响力不大

虽然活动在线上和线下同时进行了宣传，但效果并不是很好，部分同学的参与积极性依旧不大，不重视活动，为活动开展造成了一定的困难。

一是宣传力度不大，活动时未每天都进行宣传；二是宣传的方式依旧用之前的创意，不够新颖，不够吸引眼球。在以后的活动中，在宣传方面要着重注意。

（山东建筑大学商学院　赵凌云　周蓓蓓）

案例8　天使在身边

——大学新生守护计划

一、项目背景

大一新生是大学校园中相对特殊的一个群体，他们因生活环境、学习环境、人际关系等因素的变化，思想上、生活上等会产生许多不适应。另外，当他们面对大学陌生的一切时，常感迷惘，不知所措。如不及时引导帮助，他们极易被诱惑，失去方向和目标，荒废学业。新生班级作为新生最基本的活动单位，在新生教育中有着极其重要的作用。班级不仅是学校实施教育与管理活动的基层组织，也是大学生们进行自我教育、自我管理的基层群体，班级内部是否和谐影响着班风甚至院风学风。所以，班级友爱团结彰显着班级凝聚力、号召力和向心力。通过此项活动让大一新生寻找身边的“天使”，在爱与奉献中成就彼此，结伴而行。

二、项目开展情况

1.准备工作

2017年10月25日，召集大一所有班级临时负责人（学生导员），对其解说“天使在身边”活动准备工作注意事项，并邀请团委老师对活动进行全院动员。学生会统筹安排各班负责人在班级开展活动，准备好本班级全体人员姓名纸签（要求大小一致，折好后纸签相同），可以让每位同学在自己的纸签上写上自己的一个小愿望（愿望应符合实际，便于同学帮助实现）。

2. 开展活动

10 月 26 日晚，申请专门的教室，团委老师莅临现场指导新生“破冰”之旅活动进程，两名文体发展部司仪准备好“天使在身边”活动纸签箱，将班级内所有标有班级同学姓名的纸签放入签箱，摇匀后请全班同学按照学号依次抽取自己需要守护的同学并即日起担任其“天使”。若在抽取过程中抽到自己的名字，将重新抽取。每个班级负责人撰写解说词在自己班级开始抽签前进行解说。每个班级都有相应的第三秘书处负责人协助活动举办。

三、具体细节

（一）“天使之眸”（10 月 26 日～11 月 10 日）

班内活动负责人应在举办活动前，写好相应的策划，并交由学生会第三秘书处审核通过后方可举办。策划及相应准备阶段应在 10 月 29 日前完成。

各班举办以个人展示和宿舍风采展示为主题的班级活动（时间不得短于 40 分钟）。在班级活动中，各班以宿舍为单位制作视频或幻灯片，进行个人自我介绍、宿舍介绍，展示每位同学的风采风貌，促进班内同学的进一步了解与认识，增进同学感情，增强新生班级凝聚力。宿舍介绍可包含宿舍的名称、标志（logo）、口号展示，也可安排宿舍才艺表演。此外，让每位同学明确自己本学期或大学四年的计划或目标，可写好拍照，也可自己录像留存（第三步会用到）。安排负责的干事进行活动评分，并进行公布。活动照片见图 2-8、图 2-9。

图 2-8 “天使之眸”相关活动照片-1

图 2-9 “天使之眸”相关活动照片-2

(二)“天使之行”(11 月 11～25 日)

1. 守护日记

守护活动进行中，各班每位同学统一书写守护日记。各班自主设计班徽，分别购买相应记录本，并发放给每位同学一定数量的纸张，由每位同学自己保管。每位同学应将在守护活动中所做的事情及时间以日记的方式记录下来，字数不限。在后期的揭秘活动中，由每位同学将其展示出来(展示方式不限)。各班活动负责人最终将全班同学书写的守护日记装订，自行装饰，将自己班级的班徽设计在守护日记的封面。守护日记也将会列入最终的评比之中。

除守护日记，还可在日常守护过程中在不被发现的情况下抓拍被守护的人点滴，以及留存自己为守护人守护时的照片或视频。

2. 户外素质拓展活动

户外素质拓展活动的内容在学生会素质拓展部的指导下，由每班自行策划。班内活动负责人应在举办活动前，写好相应的策划，并交由学生会第三秘书处审核通过后方可举办(策划及相应准备阶段应在 11 月 11 日前完成)。

在学生会素质拓展部的指导下，各班开展素质拓展活动。通过素质拓展活动，为“天使”提供一个为守护的同学提供帮助的平台，也让同学们在互动中更直接地接触与感受来自“天使”们的关爱。

素质拓展活动可以以班级为单位组织出游，以沟通熟悉感情为目的，可联谊，并邀请老师出席。可在室外举行户外素质拓展活动，抽签分组进行游戏(可综合新生干部培训的素质拓展活动的游戏项目)，强调安全问题，可联谊。

各班均安排拍摄人员拍摄活动照片并留存。将各班的活动照片、新闻稿交由新闻中心统一整改。活动照片见图 2-10～图 2-13。

图 2-10 “天使之行”相关活动照片-1

图 2-11 “天使之行”相关活动照片-2

图 2-12　“天使之行”相关活动照片-3

图 2-13　“天使之行”相关活动照片-4

（三）“天使揭秘”（11 月 25 日～12 月 9 日）

班内活动负责人应在举办揭秘活动前，写好相应的策划，并交到学生会第三秘书处，最终统一交由新闻小组审核，审核通过后才可举办（策划及相应准备阶段应在 11 月 25 日前完成）。

11 月 25 日～12 月 9 日举办“天使揭秘”班会。班会之前，每个人必须与自己守护之人完成一次合影，班级组织人员将各个阶段视频、图片汇总制作视频合集，播放并永久留存，并制作班级守护日记。

各个班级相继开展“天使在身边”揭开天使神秘面纱活动暨活动闭幕式，由学生会各部长出席各班班会并进行打分，最终根据各班策划、新闻稿交稿时间和质量、天使日记质量、投票结果等活动资料评选出优秀班级奖项。最后，办公室干事统计负责班级每个同学守护的对象，制作目录，放置在天使日记首页，留作班级记忆。

活动各阶段需新闻中心在公众号全程报道，办公室负责活动的整体策划与分数统计，新闻中心负责推广，组织宣传部负责提供素质拓展活动素材，素质拓展部做好活动奖项及素质拓展分统计，新闻小组进行活动新闻稿撰写。活动照片见图 2-14～图 2-17。

图 2-14　“天使揭秘”相关活动照片-1

图 2-15　“天使揭秘”相关活动照片-2

图 2-16　“天使揭秘”相关活动照片-3

图 2-17 “天使揭秘”相关活动照片-4

（四）“天使之家”

12 月 9 日，第三秘书处将各班天使活动期间的成果进行了收集整理，活动成果包括以下几方面。

1. 守护视频

将各个阶段的视频进行整理汇总，由新闻中心以“无言的守护”为主题进行集中编辑，以期通过视频的方式展示活动的整个流程以及活动中的闪光点。

2. 守护照片

新媒体时代，手机成为拍照的重要工具。在“天使在身边”活动中，人人都会拿起手机为自己的守护过程和守护对象拍照，学生会在各个阶段收集每个班级的照片并选出优秀的照片存档。之后，将各个阶段的优秀照片以幻灯片的形式或者其他形式汇总成册，展示给班内的成员。

3. 守护日记

活动过程中会统一为班级成员下发纸张，同学可根据自己的守护过程及经历将亲身感悟记录下来。每一次记录都是自己一次成功的奉献与付出，也是给被守护者一份无言的守候。守护日记作为本次活动最重要的成果，最后将汇总成册——为被守护者展示，在无言的感动中将整个活动的情感推向高潮，最大限度地激发守护者与被守护者的情感共鸣。这对良好同学关系的建立，对大学生活的更好开展具有重要的价值与意义。“天使日记”见图2-18～图2-21。

图2-18　“天使日记”展示照片-1

图2-19　“天使日记”展示照片-2

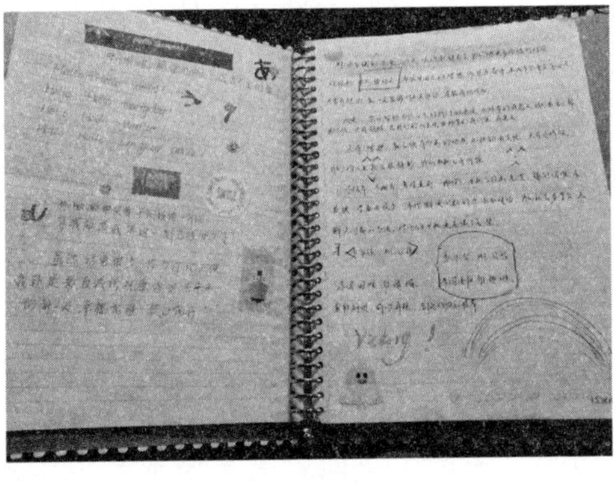

图2-20　“天使日记”展示照片-3

图2-21　“天使日记”展示照片-4

12月10～13日在映雪长廊举办外场活动，号召全校同学根据各班的成果展示，通过关注我院官方微信号“在山建机电的日子”为喜欢的班级进行投票，并发放各种小礼物。外场期间除安排第三秘书处的干事进行外场值班之外，还会安排各个班级的负责人进行外场值班，对各班的成果进行宣传。本次展示邀请新闻小组成员参与，由新闻中心拍摄活动照片以及撰写新闻稿，并在"在山建机电日子"及校内其他宣传网站、公众号等进行宣传。

四、项目特色与亮点

天使活动从浅到深分5个层次展开："破冰之旅""天使之眸""天使之行""天使揭秘""天使之家"。活动全程由院团委老师牵头，学生会相关部门负责，大一各班组织实施。活动内容的设计依照新生心理的变化和感情的深入层层递进。"破冰之旅"打破新生之间感情的寒冰，点燃新生之间交流的星星之火。"天使之眸"通过新生心愿的吐露和自身的展示，增进彼此间的了解。"天使之行"通过户外活动，使身体和心灵进一步碰撞，拉近彼此之间的距离。"天使揭秘"揭秘这段时间以来悉心守护你的"天使"，但是守护不止于此，大学四年，时光不老，我们不散。

五、项目成效

（一）项目取得的效果、成果

本活动为大一新生提供了一个更快认识同班同学以及适应大学生活的平台，帮助他们尽快互相了解，互相认识，互相熟悉。活动中的守护不只是帮助，也是同学们彼此之间的监督和督促，从而达到共同进步。陪伴是最长情的告白，而守护是最无言的陪伴。在守护过程中，同学们所有苦涩的孤独，都有了归途，规避了学生的部分心理问题。

（二）参与人员的具体感受

1. 天使活动参与人员感受（一）

我认为天使活动是一个比较暖心的活动，能帮助同学们尽快了解，互相认识，互相熟悉，同时在以后的学习和生活中产生正面影响来增强班级凝聚力，更重要的是能给同学们增加交流的机会，让宿舍与宿舍之间变得更和谐，更熟悉。

在我们班级的天使活动中，每个人都拥有着自己的守护者，对于我们来说，这个活动可是充满了挑战。但是这也是一个机会，让同学们去帮助去守护自己的守护对象，去完成自己的守护任务，进而增加同学间的友谊。

第一个环节是“破冰之旅”，我怀着忐忑的心情抽取了自己要守护的人。第二个环节是“天使之眸”，每个宿舍均展示了自己宿舍的幻灯片，展示了自己宿舍的风采，使得班级同学之间更加了解。第三个环节是“天使之行”，我们班在情人坡进行了撕名牌活动，大家都积极参与，都笑得很开心，把友谊又进行了升华！“天使揭秘”的时候同学们以不同的形式揭秘了自己守护的人，有的以幻灯片的形式演绎了一段精彩的守护历程，有的用口述的方法讲述了自己独特的守护方式，有的用一段动听的音乐播放了自己精心的付出。

在这个活动中，我收获颇多。通过这个活动，我可以表达出一些自己平时不好意思表达的情感，彼此之间相互守护，那种神秘与温暖让我记忆深刻。这个活动最大的魅力在于每个人都有不同的想法和做法，可以在无形之中加深同学之间的友谊和信任！

总的来说，这个活动是一个走心的活动，这些彼此守护的小“天使”们，不仅仅是这次活动期间的守护者，更是大学四年的守护者，这会是大学里重要的收获之一。这是一个非常有意义的活动，我们将受益终身！

2.天使活动参与人员感受(二)

在2017级全体新生共同的努力下，持续月余的机电工程学院优秀传统活动——“天使活动”圆满地落下帷幕。作为活动的真实参与者，我深有感触。

“天使活动”由“破冰之旅”“天使之眸”“天使之行”“天使揭秘”等板块组成，是一项让新生们相互了解、相互关爱的活动。在“破冰之旅”活动中，同学们都各自抽取了装有同学名字的心形卡片，一位位美丽的“天使”诞生了。在“天使之眸”活动中，每个班都举办了丰富多彩、乐趣横生的班会，每个宿舍也通过视频或幻灯片的形式展示了宿舍中的你我他，向同学们积极介绍了宿舍内的风趣事。这积极地拉近了各宿舍同学之间的距离，消除了刚入大学的同学们之间的陌生感。班级内的各位才子们也不再隐藏，纷纷上台展示自己的特长，无疑使同学们之间更加了解、熟悉。在经过一个多月的默默守护之后，“天使”的身份在最后一个环节——“天使揭秘”中揭晓。“天使”们通过讲述、视频的形式，揭秘自己的守护对象，展示了自己和守护对象所经历的一点一滴，使全班笼罩着一种温情的氛围。

“天使活动”作为机电学院优秀传统活动，使同学们学会了如何照顾、关爱和感恩他人，使同学们增进了彼此的感情，拉近了彼此的距离，让大家感受到了家一般的感觉，增强了班级的凝聚力，也为同学们留下了一段美好的回忆。

六、关于项目的思考

本项目在主题含义上紧抓当代大学新生面对大学生活的心理状态，解决他们在大学生活的困惑，帮助大学新生更好地适应大学生活，顺利完成向一名有理想，有追求，有担当，有作为，有品质，有修养的大学生的转变。同时，本项目增强了班级凝聚力，打造了团结互助、积极向上的班级氛围，为学院的新生教育与培养做出了杰出贡献。

但本项目还存在着一些不足，如活动开展形式不够丰富，活动形式还不能涵盖学生生活的很多方面，对于新生心理的全方面教育引导还有待提高。在活动开展后，对活动进行的学思践悟也有待加强，要更好地让新生在活动开展后做到有思考、有提高，更加认真地落实活动感悟，真正地让心理健康教育深层次、多方位开展。

（山东建筑大学机电工程学院　潘祖超　孙爱花）

主要参考文献

[1]弗里德里希·恩格斯. 家庭、私有制和国家的起源[M]. 北京:人民出版社,2018.

[2]郭念锋. 心理咨询师(三级)[M]. 北京:民族出版社,2005.

[3]郭念锋. 心理咨询师(基础知识)[M]. 北京:民族出版社,2012.

[4]怀特海. 思维方式[M]. 刘放桐,译. 北京:商务印书馆,2004.

[5]钱铭怡. 心理咨询与心理治疗[M]. 北京:北京大学出版社,1994.

[6]瓦·亚·苏霍姆林斯基. 给儿子的信[M]. 张田衡,等,译. 北京:教育科学出版社,1988.

[7]谢守成. 大学生职业生涯发展与规划[M]. 武汉:华中师范大学出版社,2009.

[8]邓验. 当代大学生恋爱现状及对策研究[D]. 长沙:湖南师范大学,2009.

[9]张颖. 大学生恋爱观及其伦理审思[D]. 长沙:湖南师范大学,2006.

[10]周进. 大学新生心理适应教育存在的问题及其对策研究[D]. 重庆:西南大学,2011.

[11]朱宇. 当前大学生恋爱问题及规范引导对策研究[D]. 重庆:西南大学,2011.

[12]李虹. 大学生自尊状况的调查研究[J]. 心理与行为研究,2003,1(2):133-136.

[13]李庆祝. 当代大学生恋爱心态及其对策[J]. 华北煤炭医学院学报,

2002,4(6):798-799.

[14]励骅,郭本禹.阿德勒心理治疗方法与当代心理治疗整合精神的契合[J].心理科学,2012,35(5):1267-1271.

[15]刘晓华.大学生恋爱心理误区及对策研究[J].咸宁学院学报,2008,28(1):134-136.

[16]马忠丽,张玉堂.大学生恋爱观的偏离、成因及对策思考[J].甘肃高师学报,2002,7(4):106-108.

[17]任婵媛,费艳颖.大学生未婚同居现象的原因分析及对策建议[J].沈阳农业大学学报(社会科学版),2008,10(3):308-311.

[18]申艳娥,刘以榕.班杜拉自我效能理论及其对学习策略教学的启示[J].厦门教育学院学报,2002,4(1):62-65.

[19]魏源.心理动力学的新修正与发展:内在小孩疗法原理及其应用[J].中国临床康复,2006,10(6):127-129.

[20]肖燕秋.开展阅读疗法对提高大学生心理健康的优势及措施[J].中国科教创新导刊,2011(1):255-256.

[21]熊华军,闵璐.美国高校的新生教育及其启示[J].大学(学术版),2012(1):67-73.

[22]张帆.把力量还给学生——叙事疗法在学校心理健康教育中的运用[J].中小学心理健康教育,2016(16):36-38.

[23]Ainsworth M D S, Wittig B A. Attachment and exploratory behavior of one-year olds in a strange situation[J]. Determinants of Infant Behavior,1969(4):113-136.

[24]Pavot W G,Diener E,Colvin C R. Further validation of the satisfaction with life scale: Evidence for the cross-method convergence of well-being measures[J]. Journal of Personality Assessment,1991,57(1):149-161.